KB252986

현대
호주사회의
이해 Ⅱ 변화하는 호주

이 책은 한호재단의 후원에 의해 출판됨.

현대 호주사회의 이해 Ⅱ

변화하는 호주

이희진 · 장해성 외 엮음

연세대학교 동서문제연구원 호주연구센터

호주와 우리나라는 아태지역에서 여타 어느 국가보다 더 서로에게 소중한 파트너 국가로 발전하고 있다. 정치·군사 면에서는 60여 년 전 호주군의 한국전 참전을 초석으로 삼아 혈맹관계를 형성한 이래 공통의 이념과 가치를 바탕으로 아태지역의 평화와 안정을 위해 긴밀히 협력해 왔으며, 경제적으로는 상호보완  적인 산업구조에 힘입어 한국은 호주의 네 번째 교역대상국, 호주는 한국의 다섯 번째 교역대상국이 되었다.

국제무대에서도 양국은 협력의 폭과 깊이를 더해가고 있다. 양국은 1989년 APEC의 창설을 공동으로 주도하여 아태지역 국가 간 경제협력의 틀을 마련하였으며, 동아시아정상회의(East Asia Summit), 유엔 등 다양한 다자협력체제에서 상호 긴밀한 관계를 유지하고 있다. 또한 글로벌 경제위기 대응 및 아태지역 경제의 활성화를 위해 G20에서의 공조체제를 강화해 왔으며, 양국 모두 2013~2014년 임기 유엔안전보장이사회 비상임이사국으로 선출됨으로써 세계평화와 아태지역의 안보 분야에서도 양국 간 협력을 더욱더 강화할 발판이 마련되었다.

우리나라가 아태지역의 선도적 중견국으로 발돋움하기 위해 노력하는 과정에서 호주는 늘 우리를 곁에서 도왔다. 2010년 G20 서울 정상회의 개최 시에도 호주의 도움을 많이 받았으며, 최근에는 호주 측의 적극적인 지원에 힘입어 글로벌녹색성장연구소(Global GreenGrowth Institute) 설립을 성공적으로 주도하고 녹색기후기금(Green Climate Fund) 사무국을 송도에 유치하는 성과를 거둘 수 있었다.

인적 교류 측면에서도 최근 호주달러의 강세로 일부 감소하기는 했지만 호주 내 우리 유학생과 워킹홀리데이 참가자 수가 각각 3만 명에 달하고 있으며, 호주를 방문하는 한국인 관광객 수도 연간 20만 명을 상회하고 있다.

하지만 양국 국민의 서로에 대한 이해는 이러한 관계 발전의 속도를 따라가지 못하고 있다. 상당수의 호주인들이 아직 우리나라의 경제적 발전상이나 국제사회에서의 위상을 제대로 모르고 있으며, 우리나라 사람들도 호주를 쇠고기와 와인이 좋은 나라, 광대한 영토와 풍부한 광물자원을 보유한 나라, 백호주의 정책을 포기한 나라 정도로만 알고 있다.

이러한 상호 이해의 부족은 서로에 대한 정보의 부족에서 비롯된다고 할 수 있다. 다행히 최근 K-Pop을 비롯한 한류의 인기가 호주에서도 확산되면서 호주인들의 한국에 대한 관심이 높아지고 있다. 호주 언론도 싸이의 '강남 스타일' 등 한류 열풍에 관한 기사를 자주 보도하고 있고, 호주 총리실이 2012년 10월에 발표한 『아시아 세기의 호주』(Australia in the Asian Century) 백서에도 아시아 지역에서 호주에 전략적으로 중요한 주요 5개국 중에 우리나라가 포함되어 있다. 즉, 호주 내에서 우리나라에 대한 관심과 이해가 높아지고 있는 것이다.

『현대 호주사회의 이해 Ⅱ』는 1권에 이어 호주를 좀 더 깊이 이해하려는 사람들에게 유용한 읽을거리를 제공해 줄 것으로 생각된다. 1권이 호주의 정치, 경제, 사회, 개발협력 등 여러 분야를 다룸으로써 호주 전반에 대한 이해의 폭을 넓히는 데 도움을 줬다면, 2권은 최근 우리나라에서도 화두가 되고 있는 복지정책과 다문화 정책의 분석에 초점을 맞춤으로써 호주의 사회정책을 심도 있게 이해하는 데 일조할 것으로 생각된다. 앞으로도 "호주연구총서" 시리즈의 발간 모멘텀이 지속되어 분야별로 심화된 호주 관련 연구물들이 속속 출간되기를 기대한다.

조태용

주(駐)호주 대한민국 대사

최근 호주에서 한인, 유학생들을 대상으로 하는 폭력 사건들이 발생하면서 호주가 한국 내에서 새삼 주목받고 있다. 호주에 대한 관심이 아주 새삼스러운 것은 아니지만, 얼마 전까지만 해도 다문화사회의 모범으로서 배워야 할 대상이었는데 하루아침에 인종차별국가로 낙인 찍혀 가는 느낌이다. 게다가 한국에서 '호주' 하면 즉각적으로 '백호주의'라는 말을 떠올릴 만큼 아직도 백호주의라는 과거의 유령이 우리 사회 저변에 깔려 있어 호주가 다문화주의로 화장을 한 위선의 나라로 비칠 지경이다.

물론 호주는 인종문제에 관해서 어두운 과거를 가지고 있다. 20세기 초 원주민의 자녀들을 부모들과 생이별시켜 집단 수용해 양육했던 것이다. 이 '도둑맞은 세대(Stolen Generation)'의 트라우마는 아직도 호주 원주민의 삶에 깊은 상처로 남아 있다. 백호주의 악명은 더 말할 나위도 없다. 또 폴린 핸슨이라는 정치인은 노골적으로 인종차별주의적이고 반아시아 정서를 불러일으켜 국회의원에 당선되기도 했다. 또한 2007년에도 시드니 근교 해변인 크로눌라에서 아랍계 청년들과 백인 청년들 사이의 패싸움이 인종폭동 수준으로까지 발전하기도 했다.

그러나 호주는 과거를 반성하고 과거로부터 배우는 나라다. 2008년 러드 수상은 '도둑맞은 세대'에 대해 의회에서 공식 사과했다. 사과도 안 하는 이웃을 둔 우리로서는 비록 말이나마 진심어린 사과의 가치를 안다. 백호주의는 이미 40여 년 전인 1970년 초반에 공식적으로 폐기된 정책이다. 또한 폴린 핸슨의 '원 네이션(One Nation)' 당은 극히 소수 정당으로 머물러 있다. 크로눌라 사건은 호주사회의 인종 문제에 관한 관리 능력에 허점을 드러내는 사건이지만 사회의 흐름을 바꿀 수는 없다.

왜냐하면 호주 국민의 건전한 다수는 인종차별, 백호주의가 아니라 다문화가 호주의 '갈 길'이라는 것을 잘 알고 있기 때문이다. 단순히 건전해서가 아니라 호주가 하나의 경제공동체로서 지속가능하려면 이민을 받아들여야 하고, 이들 이민자와 잘 어울려 사는 것만이 '살 길'이기 때문이다.

최근 호주 사태에 대해서 관심을 갖는 사람들이 많이 생겼지만, 바로 지난 10월 호주 정부가 향후 2025년까지 호주의 비전을 제시한 백서를 발표한 사실을 아는 사람은 드물다. 이 백서의 제목은 『아시아 세기의 호주』(*Australia in the Asian Century*)이다. 호주의 발전에는 아시아의 부상이 독립변수일 정도로 중요하다는 인식이 바탕에 깔려 있다. 이런 아시아 중시도 최근에 나온 것이 아니라 '아시아와의 연결(Engagement with Asia)'은 이미 1970년대부터 호주 정치를 관통하는 화두였다.

우리나라가 G20 등 국제적 행사를 유치하는 데 호주가 음으로 양으로 지원을 아끼지 않았다는 건 잘 알려진 이야기이다. 두 나라 정상이 예정 시간을 넘기면서 우애를 과시하고 이것이 두 나라 우호의 상징인 양 이야기하는 것도 문제지만, 진정한 우방이라고 칭송하던 친구를 하루아침에 인종주의 몹쓸 나라로 모는 것도 건강한 상태는 아니다. 어쩌면 아직도 호주를 그저 천혜 자연의 나라, 복지의 천국 등 70년대 이미지로 그리던 사람들에게 최근 일련의 사건들이 더욱 충격으로 와 닿아서 그럴지도 모르겠다.

최근 일련의 사건을 백호주의의 잔재로 확대 해석하는 것은 우리 사회의 호주에 대한 무관심과 무지를 보여 주는 또 하나의 사례일 뿐이다. 그래서 더욱 현대 호주사회에 대한 이해를 증진할 수 있는 이런 책이 절실하다고 느끼고, 앞으로도 계속 새로운 변화를 반영하는 연구물들이 나와야 한다는 책무를 느낀다. 이것이 이번 『현대 호주사회의 이해 Ⅱ』의 부제를 "변화하는 호주"로 정한 이유이다. 그리고 현재 한국사회의 주요 과제이자 담론인 복지 문제와 비정규직 문제를 중심으로 호주의 변화와 현재를 살펴보고 우리 사회에 주는 함의가 무엇인지 찾아보고자 했다. 바쁜 와중에도 이 작업에 동참해 주신 저자분들께 감사드린다.

마지막으로 한호재단의 박세용 회장님, 김명균 상무님 등 책 출간을 위해 후원하고 도움을 주신 분들께 다시 한번 감사드린다. 1권과 마찬가지로 이번 책도 한 사람의 일관된 편집 작업이 필요했고, 동일한 분에게 신세를 졌다. 거절해도 되는 부탁임에도 흔쾌히 편집 작업을 도와 준 정승민 씨에게 깊은 고마움을 전한다. 어떤 일이 진행될 때는 일과 직접 관련이 있건 없건 곁에 있는 사람이 괴로운 법이다. 옆에서 책 편집과 관련해서 이일저일 군말 없이 도와준 안수정 조교가 그중 한 명이다. 새삼스럽지만 고맙다는 말을 해야겠다.

이희진, 호주연구센터 소장
연세대학교 동서문제연구원

장해성, 호주연구센터 객원연구원
연세대학교 동서문제연구원

| 목 차 |

변화하는 호주의 복지국가

김형식

만일에 한 사회가 빈곤에 처한 다수에게 도움을 줄 수 없다면,
부유한 소수도 구할 수 없을 것이다.

- J. F. 케네디

1. 서론

한국의 대중매체는 대체로 호주를 세계에서 가장 바람직한 사회발전 및 복지를 이룩한 나라로 소개한다. 생각하기에 따라서 호주는 여러 면에서 '지상의 낙원'과도 같은 면모를 많이 가지고 있는 것이 사실이다. 호주의 GDP(PPP)가 2011년 $55,590(The Economist, 2011. 5. 26.)이라면 당연히 우리가 부러워할 만하다. 또한 한국에서 가장 염려하는 환경오염, 사회안전, 극심하지 않은 주택난, 물가안정, 낙관적인 경제전망 등에서 그러한 면모를 찾아볼 수 있다. 적어도 사회개발지표에 의하면 살기 좋은 나라인 것처럼 보인다(UN Human Development Index, 2004). 성숙된 사회개발의 이면에는 한반도의 34배나 되는 광활한 대지(760만km^2) 등의 자연 조건과 영국의 구빈법(Poor Law)[1]으로부

---

1) 호주로 이주해 온 대부분의 사람들은 사회경제적인 차원에서 볼 때, 대개 빈민 계층에 속해 있었고 이들은

터 해방된 계급의 차이가 없고, 평등한 사회를 만들겠다는 집요한 이
념적 배경도 있었다. 따라서 호주가 1850년대부터 시작된 식민지 사
회를 거쳐 1901년 호주연방 성립 이후 제정한 여러 사회입법은 당시
로서는 파격적인 복지국가의 면모를 갖추었기 때문에 '세계의 사회
적 실험실(Social Laboratory of the World)이라는 명성을 얻기도 했다(김
형식, 1994, 2000; Tierney, 1975).

우리에게는 '호주＝복지국가'의 등식이 익숙하지만, 사실상 호주에
서는 선거 때마다 뜨거운 복지 논쟁이 벌어진다. 과거 동구권의 국가
들이 몰락하고, 신자유/신보수의 이름으로 시장 중심의 경제가 자리
를 잡으면서 복지국가주의에 신랄한 비판이 등장했다. 적어도 경제
선진국에 관한 한 가히 복지국가의 종말시대에 이르렀다고 해도 과
언이 아니다(김형식, 2000). 반면 개발도상국의 복지국가 실현은 그들
에게 하나의 목표이다(Whang, 1986; Hong, 1987; Midgley, 1995). 최근
의 무상급식, 보편적 복지 논쟁에서 보듯이 복지는 우리 사회의 가장
중요한 화두가 될 것이다. 이런 점에서 호주의 복지국가 변천을 이해
하는 것은 우리 사회의 문제를 이해하는 데 도움이 될 것이다. 본 장
의 주제가 되는 호주의 복지국가, 복지제도에 관한 논의는 복지 논쟁
에 휘말려 있는 오늘의 한국사회에 시사하는 함의가 있다.

실제로 정책방향의 선회는 어느 국가를 막론하고 국민들의 삶과
그들의 선택에 지대한 영향을 미친다. 역사적인 맥락에서 호주의 사
회복지정책은 경제, 사회, 문화 등 가치관의 변화에 따라 다양한 정책

구빈법(The Poor Law, 1601)과 상당히 밀접한 관계를 가지고 있었다. 즉 빈민, 병자, 노약자, 실업자 등을
구제하기 위한 구빈원(The Poor Law House 또는 Work House) 행정의 직접적인 대상자였기 때문에 일단
호주에 정착한 이후에는 더 이상 구빈원의 처절한 역사를 반복시켜서는 안 된다는 사상이 싹트게 되었다.

변화를 거쳐 오늘에 이르게 되었다. 대체로 호주는 'Lucky Country'로서 풍요로운 삶을 구가하는 나라로 인식되고 있지만, 복지국가의 관점에서 본다면, 현 호주의 빈곤과 불평등은 결코 작은 문제가 아니다. 글로벌 경제가 가속화되는 현 시점에서 호주는 이미 과거의 노동자 천국으로서의 진보적인 복지국가, '사회적 실험실' 또는 '사회민주주의 모델'로서의 복지국가이기를 포기하고 신자유주의 이념에 따른 정책을 추진해 왔다. 이런 호주가 당면하고 있는 여러 문제를 간과하면서 호주의 복지제도의 변화를 설명할 수는 없을 것이다.

본 논문에서는 호주 사회복지정책의 전환과 변화에 대해 포괄적으로 분석, 평가할 수는 없지만, 글로벌화 시대를 맞아 변화하는 호주 복지국가의 면모를 적어도 세 가지 요인 간의 동적인 역학 관계의 관점에서 살펴볼 수 있을 것이다. 첫째, 신천지를 개척하며 정착했던 시대의 역사−사회적 배경이 어떻게 근대 복지국가의 초석을 놓았으며, 둘째, 보수당인 자유당과 노동당 간의 정당 정치를 통해서 나타나는 정치적 이념 간의 충돌 내지는 갈등이 복지국가 발전에 미친 영향 그리고 글로벌화하는 세계의 경제구조가 호주 복지제도에 미친 영향을 정리해 보고자 한다.

2. 호주 복지국가 제도의 역사적 및 사회적 맥락

호주는 역사적으로 연방이 성립되던(1901) 건국 초기부터 복지국가를 지향했다. 국가 주도의 복지국가를 발전시킨 배경에는 세 가지 이유가 있다. 첫째는 신천지인 호주에서는 더 이상 빈민을 속박하는 영국 구빈법(1601)의 전통을 지속시키지 않겠다는 의지가 있었다. 빈민들이 범하기 쉬운 사소한 절도 등 범죄로 인해 강제 이주를 당해야 했던 하층민들의 한이 있었던 것이다. 이념적 관점에서 보면 호주의 사회복지정책에는 민중주의 요소가 강하게 나타나는데, 이는 전통적 계급사회인 영국의 지배로부터 벗어나 평등한 사회를 구축하겠다는 국가 초기의 국민적 정서이다. 이것은 나중에 평등사상으로 발전하는 데 그 기원은 호주가 소위 '죄수의 유배지'로서 시작되었다는 점과 무관하지 않다. 더 구체적으로 최초의 식민지였던 뉴사우스웨일스(New South Wales: NSW)는 죄수들을 받아들이기 위하여 선정된 특수목적을 지닌 식민지였다. 죄수라 하면 형법상의 범법자들을 연상하는 것이 상례겠지만 역사적인 기록에 의하면 이들의 범법 행위란 좀도둑 행위에 지나지 않는 민생고, 빈곤에 의한 것이었고, 그들은 죄수이기보다는 경제적 빈민이었다. 더 심하게 말하면, 영국은 신식민지가 된 방대한 호주를 발전시키기 위한 강제이주정책의 일환으로 인위적으로 죄수를 만들어 내었다는 주장도 있다(Kelly, 2000). 1800년대 초기의 영국 노동자들이 낮은 임금에 시달리다 못해 굶주림 때문에 많은 절도 행위를 했다는 것은 잘 알려진 사실이다(김형식, 2000). 또한 이 시기에 아일랜드의 기근으로 많은 사람들이 미국 대륙으로 대거 이동을 했다는 것을 생각한다면 영국을 비롯한 유럽의 평민들이 얼마나 극심한 빈곤에 시달렸고 착취의 대상이었나 하는 것을 알 수 있다. 당시의 영국 정부로서는 미국의 독립전쟁으로 잃은 북아메리카를 포기하고 새로 발견한 호주를 발전시켜야 할 과제가 있기도 했다.

둘째는 호주의 방대한 지리적 통치 영역을 고려할 때 중앙에서 관리하는 복지제도가 불가피하다는 인식이 강했다. 예를 들어, 건국 초기 당시 영국의 근 30배에 달하는 방대한 대륙에 인구는 고작 150~200만 정도였다. 뿐만 아니라 당시 호주에는 지방자치를 이루어낼 만한 정치 구조도 갖추지 못했었다. 요컨대 호주 사회복지정책의 발달은 실용적인 정치적 고려와 이념적 요소가 병합되었던 결과이다.

셋째 이유는 신흥 국가로서 호주는 당시의 선진 제국이었던 영국, 독일을 비롯한 북유럽, 미국 등의 국가 발전을 모방하려는 의지가 강했으며, 이를 뒷받침할 만한 경제적 부도 갖추고 있었다. 한마디로 당시의 '국제화' 영향을 받은 것이다.

연방을 선포한 1901년부터 호주의 사회정책은 가족복지가 그 핵심을 이루었다(Chenoweth, 2008). 여기서는 가족의 생계를 책임지는 남성 가장이 그 중심에 있다. 따라서 초기의 정책적 노력은 임금과 임금노동자에 대한 보호가 그 주축을 이루었다. 1907년 Harvester Judgment에 의해서 최저임금제도가 채택되어 제도화되었다(Castles, 1985). 임금은 가족의 욕구를 충족시킬 수 있도록 인위적으로 높게 책정되었으며, 다소 근거가 희박한 국가에 대한 의존보다는 개인과 가족의 책임을 강조하는 '자족(self-reliance)'이라는 가치를 강조했다. 당시 호주의 복지국가는 본질적으로 '임금노동자의 복지국가(Wage Earners Welfare State)'(Castles, 1985)라고 개념화될 수 있다. 즉, 복지의 핵심으로 임금제도와 완전고용을 추구했다(Castles, 1985).

이러한 임금노동자 중심의 복지국가 개념과 짝을 이루는 것은 호주의 전통적인 평등주의이다. 구빈원이 활개 치던 영국 사회는 계급과 빈부의 차이가 심한 사회였다. 따라서 호주인들은 구빈법 제도를 호주에서 반복하지 않도록 사회평등을 보장할 수 있는 복지제도를 구상했을 뿐만 아니라 당초 구빈법의 원인이라고 할 수 있었던 사회 부조리, 특히 사회 불평등이 없는 사회를 이룩하겠다는 평등사상이 강했다. 평등한 사회의 기초는 노동 계층이며, 노동 계층이 계층의 장벽을 넘어 중산화해야 사회의 평등화가 가능하다. 구시대에 속하는 대영제국의 산물인 계급사회를 타파하고 평등한 사회를 세우겠다는 건국 초기의 이념, 개척 시대의 필요에 의하여 뿌리를 내리게 된 동지애, 인간의 잠재력을 성취할 수 있는 기회의 나라라는 가치관 외에 물질적으로도 호주는 평등사상에 바탕을 둔 복지국가를 건설할 수 있는 여러 가지 여건, 특히 정치적 및 경제적 여건을 구비하고 있었다.

그러나 1930년대의 경제공황, 80년대 초반의 유류 파동, 근년에 와서는 탈산업화와 세계 경제위기에 따른 완전고용에 대한 위협은 여러 형태의 정책변화, 즉 복지국가 상(像)의 변화를 불가피하게 가져왔다. 지난 20여 년간 호주 사회복지정책의 변화는 국민의 삶에 큰 변화를 가져오고 있다. 글로벌 경제가 가속화되는 현 시점에서, 전통적인 노동시장이 재편되거나 붕괴되고 있으며 동시에 신자유주의 이념은 호주의 복지국가 제도에 지대한 영향을 미쳤다.

3. 복지국가의 형성과 변천: 1901~2007

사회복지 제도와 국가의 역할은 밀접한 관계를 맺고 있는데, 그 기원은 1930년대의 세계 경제공황과 연계하여 생각해 볼 수 있다. 간혹 이념적으로 노동당에서 국가개입 중심의 정책을 채택한 것으로 이해하는 경향도 있으나, 완전고용과 '임금 노동자의 복지'가 위협받는 경제 상황에 직면하면서 보수당 아래서 정부의 규제를 강조하는 케인스이론이 지지를 얻게 된다. 케인스이론에 기반 한 국가 개입 정책은 2차 대전 후에도 각광을 받아 가히 경제의 '황금기'를 이루는 데 기여하게 된다. 그러나 70년대의 유류 파동을 맞으면서 호주의 전반적인 정책 기조는 케인스이론이 약화된 반면 신자유주의 정책이 등장한다. 위와 같은 변화와 격동기를 거치면서 호주의 정치제도는 정치적으로 중도적인 성격을 강하게 띠게 된다. 다시 말하면, 사회복지의 핵심과제인 사회 불평등 문제에 대하여 국가의 역할을 확대시키지 않는 우파적인 미국과, 국민의 높은 세금을 감수하고라도 평등의 이념을 추구하고자 하는 좌파적인 스칸디나비아 제국 사이의 중간 위치에 호주가 있다고 생각할 수 있다(Saunders, 2011). 실제로 호주 복지정책의 역사를 보면 이러한 정치적 성향을 잘 보여 준다. 다음에서는 시기별로 복지정책의 흐름, 변천을 기술하고, 다음 절에서는 1996년 이후 보수당 집권 시기와 2007년 이후 노동당 집권 시기의 복지정책을 고찰한다.

1) 복지국가형성 단계(1901~1919)

1차 세계대전과 열강들이 국가개입에 의한 활발한 입법 활동을 전개하던 시기에 호주는 노령연금(1909), 질병연금(1910), 미망인연금(1912) 등을 제도화했다. 동시에 1차 대전 때 부상을 당한 귀환병들의 재활을 위한 원호법(1917)을 통과시켰다. 제도의 대상이 결코 포괄적인 것은 아니지만 헌법이 보장하는 국민의 권리를 인정하여 국가가 의무를 수행했다는 점에 주목할 필요가 있다.

2) 소극적 개입 시대(1920~1939)

관련 문헌에서 이 시대를 '비활동 시기, 황량한 시기, 비개입 시기'
등으로 기술할 만큼 복지 분야에서 진전이 없던 시기이다. 복지 개혁
을 주축으로 하는 여러 제안이 있었지만 실현되지 않았다. 아마도 세
계 경제공황의 후유증이 컸던 것으로 사료된다. 그러나 이미 1차 세
계대전을 겪으면서 부상재향군인재활법(1917) 등 중요한 복지제도의
기반을 닦아 놓았고, 나름대로 1차 대전 중에 경제 호황을 누렸던 호
주로서는 긴박하게 복지제도를 발전시킬 필요가 없었다. 이는 세계
대공황으로 인해 난관에 처했던 미국을 비롯한 세계 다른 나라들과
상당한 대조를 이룬다.

3) 상대적 풍요의 시대(1945~1972)

세계 대공황은 사실상 호주에 큰 피해를 주지 않았고, 전후 복구와
한국전쟁은 호주의 경제를 활성화시키는 계기가 되었다. 영국의 복지국
가 청사진이라고 할 수 있는 1942년 '베버리지(W. Beverage) 보고서'도
큰 영향을 미쳤다. 이 시기에 가족지원수당(1941), 미망인연금(1942),
장례수당(1943), 실업수당(1945), 질병수당(1945), 재활 및 관련 수당
(1945), 보호작업장 수당(1948) 제도를 채택했다. 1946년 헌법 51조의
개정을 통하여 연방정부는 현금수당을 비롯하여 각 주정부가 제공하
는 현물/시설서비스에 대한 재정적 책임을 맡게 되었다. 복지예산 할
당과 집행에 관한 체제는 오늘날에도 이 헌법 개정에 준하고 있다.

4) 사회개혁 실패의 시대(1972~1982)

1970년대 초반 집권한 노동당 정부는 본격적인 복지국가 건설을 시도한 바가 있었다. 여러 가지 방법을 통하여 연방정부는 '복지'와 '노동'권의 확산을 위해 국가의 새로운 역할과 책임을 규정했다. 소득보장제도는 과거에는 접근이 거부되었던 홀어머니 등 새로운 대상이 포함될 수 있도록 수정되었다. 1975년 노동당 정부에 의해 국민의료보험제도가 도입되었다. 요컨대, 이 시기는 상당히 강한 사회민주적 요소를 기반으로 한 자유주의적 복지국가를 만들어 낸 사회복지 발달에 있어서 아주 특이한 시대였다.

비록 노동당 정부의 이른 정권 상실로 개혁을 실현시키지는 못했지만, 노동당이 추구하던 개혁의 원칙만은 한 번 더 되새겨볼 만한 가치가 있다(Henderson, 1975).

- 모든 국민은 최소한의 생활보장과 복지를 향유할 권리가 있다.
- 모든 국민은 그들의 잠재력을 발전시키고 지역사회생활에 참여할 평등한 권리를 가진다.
- 정부의 보건/복지 수혜 여부를 결정하기 위한 척도는 필요하다.

1975년 노동당 정부 실각 이후 7년간 계속된 보수당 정권은 의미 있는 사회개혁을 시도하지 않고 선별적인 기조로 복지제도를 유지했다. 아울러 비교적 안정된 경제기반은 고용을 통하여 대부분의 사회복지 요구를 충족시키게 한 면도 있다(Mendes, 2008).

5) 복지국가의 위기와 재편 시대(1980~1996)

이 시기는 세계경제의 위기와 맞물려 자본주의 경제구조가 대폭 구조조정되면서 정부 개입의 중요성이 약화되던 시기이다. 1983년부터 1996년까지 집권한 노동당은 사회정의와 시장의 논리를 통합하는 차원에서 국가의 역할을 재조명하려는 부단한 노력을 하였다. 특히 노동당 정부는 정책의 핵심으로 '사회정의전략'을 구상하였다. 즉, 경제 자원 분배의 형평성, 시민적 권리, 입법 및 산업권의 평등, 주택·의료·교육 등 필수 서비스에 대한 평등한 접근 그리고 개인적 발달과 지역사회 삶과 관련된 결정과정에 참여의 기회 확산 등이 주요 축이었다. 요컨대 소득과 자원 분배의 적정성을 보장하는 것이 국가 개입을 정당화하는 핵심요소가 되었다(Saunders, 1994).

4. 하워드 보수 정권(1996~2007)에서 노동당 정권(2007~현재)으로

이 절에서는 1990년 중반 이후 현대 호주사회에서 복지를 이해하기 위해 보수당인 하워드 정부와 2007년부터 집권한 노동당 정권의 정치 이념과 복지정책을 기술한다.

1) 보수/자유당의 정치 이념과 복지국가의 변화

보수 정당으로서 자유당의 정책적 이념은 개인의 선택권이 중심이 되는 개인의 자유와 동시에 시장 기제의 활성화로 요약할 수 있다.

1988년 하워드, 자유당 당수가 제시했던 'Future Directions'라는 선거 공약의 핵심은 "호주 시민들에게 자유와 기회"를 보장한다는 것이었고, 1993년의 선거에서는 'Fight back!'이라는 구호 아래 "국민들은 그들이 중요하다고 생각하는 것을 추구할 자유가 있다"라고 재천명함으로써 개인의 자유와 선택의 자유를 강조했다. 1996년의 '노사관계법(The Workplace Relations Act)'은 고용주와 노동자 당사자들의 협의로 임금 협상이 이루어지도록 함으로써, 노동당의 산물인 노사분규조정위원회(Industrial Relations Commission)의 기능을 약화시킨 바 있다. 이와 같이 개인의 자유와 시장기능의 강조는 논리적으로 국가의 중앙집권적 역할을 약화시키는 것으로 표출된다. 반드시 국가의 중앙집권적 권력에 대하여 공격적인 것은 아니지만, 동시에 권력의 집중화에 대한 경계를 소홀히 하지 않았다는 것이다. 이러한 이념의 결과로 생겨난 것이 수도 캔버라로 상징되는 국가 권력의 집중화를 배제하고, 주정부의 기능을 강화시키는 정책 발달로 이어졌다. 부가가치세(General Sales Tax: GST) 징수를 과감히 주정부에 이양하는 연방정부와 주정부 간 협약이 그 대표적인 예이다. 중앙인 연방정부가 조세권을 완전히 포기한 것은 아니더라도 주정부의 약점을 상당히 보완해 주었다는 점에서 의의가 크다.

자유당의 정치적 과제는 어떻게 개인의 자유를 극대화하는 개인주의와 시장의 기능을 조화시켜 사회적 책임과 사회질서를 달성할 것인가에 집중된다. 자유당 집권 시에 두드러지게 나타난 사회복지 측면에서의 두 가지 변화는 첫째, 사회보장제도에 할당되는 복지 예산을 축소하여 제도에 대한 의존도를 약화시키는 반면, 둘째는 부양가족들에게 직접 지급되는 가족 수당을 증액시킨 점이다. 아마도 자유당 정권(1996~2007)의 복지정책을 함축적으로 표현하자면 영국, 네덜란드 등에서 복지위기를 극복하면서 등장했던 핵심정책인 국가와 개인이 공동으로 복지에 대한 의무를 공유한다는 상호의무(Mutual Obligation)의 원칙 강조와 동시에 '노동으로의 복귀(from Welfare to Work)'가 복지개혁의 핵심이었다. 그런데 문제는 복지에 대한 개인의 의무를 강조하는 대신 노동시장에서 경쟁력이 약한 개인에 대한 지원은 거의 전무하다는 점이다(Saunders, 2000; Goodin, 2001; Saunders, 2011). 자유당이 어떻게 상호의무(Mutual Obligation)의 원칙을 적용하려고 했는가는 고용네트워크 사례를 통해서 잘 나타난다. 연방정부는 과거 정부주도형의 고용제도 업무를 폐지하고 경쟁 입찰과 계약에 의해 고용 전문 업체들을 선발하여 고용 업무를 수행하도록 하였다. Job Network는 호주 전역에 걸쳐 수백 개의 자선단체, 소규모 NGO 그리고 민간 사업체들을 고용 창출에 대거 참여토록 했다. 고용네트워크에 참여하는 주체들은 실업자들의 문제, 고용 가능성 등을 고려하여 다양한 고용 서비스를 제공한다(McDonald & Chenoweth, 2006). 취업가능성이 가장 높은 대상은 정부가 운영하는 전자 서비스 네트워크에 의하여 도움을 받는다. 먼 곳에서의 고용 신청도 고용네트워크를 통하여 처리된다. 그러나 재고용에 심각한 문제가 있거나 12개월 이상 취업을 하지 못한 사람들은 보다 심층적 서비스를 제공하는 맞춤형 집중 지원(Intensive Support Customized Assistance)으로 이전된다.

여기에서는 여러 단계의 평가와 개입을 거쳐 취업 준비 단계로 이끈다. 이러한 과정에 성실히 응하지 않으면 부정적 '참여 보고서'의 대상이 되고, 결과적으로 급여중지 처분을 받게 된다. 고용네트워크의 직원들은 대개 사회복지사나 심리학 전공자로서 고용창출에 관해서는 비전문가일 수도 있다. 더욱이 고용네트워크의 운영에 관한 자료를 수집하는 것도 용이한 과제는 아니었다. Goodin(2001)과 같은 연구자들이 'Black box'라고 칭할 만큼 고용네트워크의 내부 운영은 아주 불투명하다. 고용네트워크가 도입되고 10년 이상이 지나 이 제도는 어느 정도 뿌리를 내렸으나, 재계약을 할 때마다 새로운 계약자가 등장했다. 동시에 농촌이나 원거리 지역에 사는 사람들에게는 서비스 접근 자체가 어려울 뿐 아니라, 어차피 큰 도시로 나가지 않으면 취업의 기회가 없었다.

고용네트워크가 도입되던 당시 복지전략의 핵심은 노동으로의 복귀였다. 적어도 복지 대상의 상당수가 취업을 한다는 점에서 높이 살 만한 정책이기도 하다. 그러나 '취업'이라는 것이 질적인 차원에서 보면 문제가 많았다. 즉, 일주일에 몇 시간 일하는 정도의 직장에서 받게 되는 저임금으로는 기본적인 생존권을 유지하기에도 충분치 않다는 것이다. '복지개혁'은 노사의 집단적 계약과 보호를 개인 계약으로 전환시키려는 '노동개혁'과 동시에 추진되었다. 이러한 소위 '노동권'이라는 미명하에 저임금노동자들을 더욱 취약한 고용조건으로 몰아넣기 때문에 그 본래의 의미를 상실했다는 비판을 받기도 한다.

2) 노동당의 복지정책

개인과 가족을 중심에 두고, '노동으로의 복귀(Welfare to Work)'와 '복지의 상호책임원칙(Mutual Responsibility)'을 강조하는 것이 보수자유당의 정책 방향이라면, 노동당 복지정책의 핵심은 '보다 강한 지역사회(Stronger Community)'와 '사회 통합(Social Inclusion)'이라고 할 수 있다. Stronger Community는 집합적 개념으로서 개인주의보다는 공동체주의를 강조하여 모든 개인과 가정들에게 소속감과 연대의식을 제공할 수 있는 지역사회가 바람직하다는 가치를 표방한다. 이러한 관점에서 개인의 역량 강화를 강조하여 배제(Exclusion)보다는 통합된(Inclusive) 사회를 지향한다는 것이 노동당 복지정책의 핵심이다. 2007년 집권한 노동당은 핵심 사회정책으로 사회통합(Social Inclusion)[2])을 채택했고, 이는 당시 부총리였으며 현재 수상인 줄리아 길러드가 담당했던 주요 영역이다.

2007년 집권 이후 캐빈 러드 수상이 이끄는 노동당이 표방한 사회정책은 '사회조화(Social Harmony)'이다. 2007년 노동당 집권 이전부터 가동되었던 '사회개혁위원회'는 "호주의 사회지원 제도는 국민들이 경제, 사회적으로 참여할 수 있는 역량을 그들에게 부여하는가의 여부로 평가받아야 한다"고 주장한 것처럼 '사회적 지원'이 노동당 정권의 핵심 복지정책이 되었다. 사회적 지원 정책은 구체적으로 노동시장으로부터 배제된 실업자를 지원하고 사회보장제도 개혁의 필요성을 부각시켜 복지제도에 의존하는 것보다 취업을 선택하는 것이 더 바람직한 것이 되도록 개혁의 방향을 제시하고 있다(Saunders, 2011, 179). 본질적으로 자유당이나 노동당의 복지문제에 관한 정책적 고민이 크게 다르지 않음을 알 수 있다.

이 개혁적 정책의 수행에 문제가 없었던 것은 아니다. 즉, 이 '상호

---

2) 노벨 경제학 수상자인 Spence(2011)에 의하면 Inclusiveness의 개념은 인도주의적 경제학에 그 기원을 두고 있으며 두 가지 요소를 포함한다. 첫째, '국민들이 경제개발이나 성장으로 야기한 기회로부터 배제되지 말아야 하'며, 둘째, '한 사회가 용납할 수 있는 소득과 기본 서비스 접근의 불평등에는 한계가 있어야 한다'는 것이다(87). 사회복지 분야에서 Inclusion은 1970년대 프랑스 사회로부터 보호받지 못하고 질적으로 배제되는 빈곤가정, 마약/알코올 중독자, 취약계층, 소수자들이 정책의 핵심이 되어야 한다는 인식에서 시작되었다(Paugam, 1995; Whiteford, 2001; Beland, 1997). 그러나 나중에는 프랑스 정부보다는 토니 블레어가 이끄는 영국 노동당에 의해서, 그리고 EU에 의해서 정착되는 정치 이념이다.

책임의 원칙'은 복지급여를 받기 위해서는 수혜 당사자가 지속적으로 취업을 모색하는 행동을 취해야만 한다는 것인데 여기에 개인과 국가의 상호의무에 관한 정책 딜레마가 내재한다. 복지 개혁의 전문가들도 현재로서는 상호의무에 대한 적절한 방안을 제시하기가 어려운데 가장 큰 이유는 상호의무의 유형이나 본질에 대해서 합의를 이루기가 어렵기 때문이다. 미국에서 미혼모들에게 요구하는 것처럼 의무적이어야 하는가, 아니면 호주에서처럼 미혼모에 대해서는 자발적으로 하되 실업자에 대해서는 강제적으로 부과해야 하는가, 그도 아니면 이 원칙의 실행을 완전히 고용 지향적으로 해야 하는가 혹은 취업 훈련과 교육도 이 원칙 이행에 포함할 수 있는가, 더 나아가서 복지개혁에서 등장하는 상호의무의 원칙을 언제나 경제적 참여에만 국한시켜야 하는가 등의 문제이다(Saunders, 2000). 상당수의 개혁 주창자들은 자발성에 의지하는 것은 한계가 있다고 여겨 강제성 고용정책을 지지하고 강조한다. 교육이나 훈련도 긍정적인 요소가 있기는 하나 의무 회피의 수단으로 악용될 여지가 있다. 그런데 취업은 어떤 취업이어야 하는가, 급여와 만족도 등 취업의 질에서 의미를 줄 수 있는 고용의 창출은 누구의 책임인가 등의 논쟁이 끊이지 않는다.

개념 정의가 용이한 것은 아니지만 대체로 호주 노동당은 '배제(Exclusion)'란 결국 빈곤층으로 하여금 경제·사회·정치적 활동의 참여를 저해하는 일련의 과정'으로 여러 요인 중에서도 빈곤과 불평등을 들고 있다(Saunders, 2011, 12). 호주 노동당은 과거 정부의 단순한 복지정책이 문제 해결을 하지 못했음을 비판하고 사회통합을 통하여 다양하고 심층적인 사회적 배제 요인을 제거할 것을 행동방침으로 내세운 것이다. 호주 노동당 정부의 사회통합(Social Inclusion) 정책은 과거의 복지제도 운용이 내포하고 있는 문제에 대한 나름대로의 선제적 대응이라고 볼 수 있으며, 좌우파의 이념적 장벽을 극복하고자 했던 하나의 정책적 시도라고 평가해도 큰 무리는 없을 것 같다.

5. 결론: 호주 복지정책과 한국 사회복지에 대한 함의

인간과 사회환경을 매체로 하는 사회복지는 본질상 정치와 사회, 경제, 문화, 대중매체, 심지어는 철학과 과학 분야에서 전개되고 있는 다양한 논쟁을 외면할 수 없다. 한국은 지금 애당초 우리 것이 아니었던 복지국가를 우리의 이상으로 받아들이고 변형, 발전시키는 과제에 당면해 있다. 우리가 '복지국가'를 우리의 발전지표로 받아들이고자 진통하는 지금, 서구에서는 이미 신자유주의와 글로벌화의 소용돌이 속에 복지국가의 붕괴 내지는 퇴각의 담론이 절정에 이르고 있다. 아이러니한 것은 이러한 바람이 선진 복지국가를 지향했던 영국을 비롯한 서유럽으로부터 비롯되고 있다는 사실이다(Giddens, 2000).

복지에 관한 한 한국은 복지국가를 말할 만한 역사를 가지고 있지 않음에도 불구하고 2011년 여름 무상급식 주민투표를 둘러싼 복지 논쟁이 가열되어 영국과 호주에서 전개되고 있는 복지 논쟁이 전혀 생소하지 않다. 내용 면에 있어서도 서구의 복지 논쟁과 별다른 점이 없고, 오히려 한국의 논쟁이 더욱 치열하다는 느낌이 들기도 한다. 조세증액, 조세정의를 실현하여 한국형 보편적 복지국가를 만들어야 한다는 주장도 강해진다. 얼마 전까지만 해도 사회복지 전공서적에서나 볼 수 있었던 '선별적 복지', '보편적 복지'라는 개념이 등장하고, 영국에서나 들을 만했던 '복지병', '도덕적 해이' 같은 말들이 대중매체에 오르내린다. 보수 정객들이 진보 진영이나, 야당에서 제안하는 복지정책을 포퓰리즘이라고 폄하하는 것이 다반사였는데, 2012년 대통령 선거를 앞둔 시점에서는 무상교육도 집권당의 정책으로 등장하고 있다. 이러한 현상은 한국사회가 '복지정책이 국가정책, 정당정치의 핵심으로 자리 잡는 사회'로 급속히 변화하고 있음을 잘 보여 준다.

여기에서는 2011년 여름 영국 런던을 비롯한 여러 도시에서 발생했던 폭동 사태에서 드러나는 복지와 관련된 쟁점을 검토하면서 글을 마무리하고자 한다. 호주의 복지에서 영국의 사태로 관심을 돌리는 것은 호주의 대중매체에서 이구동성으로 영국의 사태를 사례로 호주 복지국가의 문제를 지적하기 때문이다. 이는 한국사회에도 동일한 메시지를 전달하는데, 우리가 선진국을 지향한다면 국민의 삶의 질을 담보하는 복지정책과 그 논쟁이 중요해지기 때문이다. 영국의 폭동사태에서 나타난 복지쟁점의 핵심은 두 가지이다. 첫째는 런던의 폭동이 부실한 복지가 야기한 빈곤과 불평등, 고질적 실업 등으로 사회에 참여하지 못하고 배제된 계층에 의해서 유발되었다는 관점이다. 또 하나는 필요 이상으로 풍요로운 복지를 제공하여, 무책임하고, 나태하며, 의존성만을 키우게 하여 책임의식이 전혀 없는 시민들을 만들어 놓았다는 것이다. 보수 여론을 지지하는 대중매체들은 지나치도록 관대한 복지제도가 복지 수혜자들로 하여금 그들이 처한 환경이 잠정적인 것이 아닌 하나의 '삶의 형태'로 받아들이는 복지 문화를 만들었다고 주장한다. 복지급여나 서비스 수혜 그 자체가 문제가 아니라 복지를 삶 속에 '정상화'시킨 것이 문제이며, 복지의존의 생활화·정상화는 지역사회 성원들 간의 결속이라는 공동체적 삶의 기반을 붕괴시켰다고 지적한다(Furedi, 2011). 복지국가 이전 시대의 가난한 사람들은 자조 정신이 강했으며 빈곤 극복을 위한 연대감도 있었는데 복지국가 출현 이후 이러한 전통들은 모두 사라졌다고 개탄한다. 결국 복지국가가 가져다 준 것은 지역사회의 붕괴뿐이라고 한다. 공동의 가치와 공동연대, 공동이익이라는 지역 정체성을 상실한 복지세대에게 남겨진 것은 자신의 복지에 대한 무책임과 의존성뿐이고 민주적인 시민의식이라는 것은 찾아볼 수도 없다는 주장이다.

반론도 만만치 않다. 복지국가의 수혜자들을 비난하기 전에 수많은 사람들을 복지에 의존하도록 만든 경제·사회 부조리 문제를 먼저 인정해야 하며, 빈곤, 불평등, 질병, 홈리스, 실업, 노령, 결손가정, 교육의 기회 악화 등의 문제가 산적해 있는데도 기회만 있으면 복지예산을 삭감하려는 정부의 방침에 문제가 있다고 주장한다. 실제로 영국은 보수당 캐머런 수상이 집권한 후 공공 부문의 예산을 최대한 30% 이상 삭감했으며, 2006년의 빈곤율은 14%, 2010년의 실업률은 7.9%, 그중에서도 청년 실업률은 20%에 달했다(Kerr, 2011). 조세개혁이라는 미명하에 소득세 등 각종의 조세 부담을 경감하여 복지의 재원이 되는 국고를 줄이는 것도 문제로 지적한다. 교육이나 직업 훈련, 개선된 의료 서비스 등과 같이 사람을 위한 과감하고 장기적인 투자를 기피하고 잠정적으로 복지제도를 통해서 사회문제를 통제하려고 했던 정치가들의 얕은 생각에 더 문제가 많다는 주장도 있다. 런던 등 영국의 대도시가 2011년 여름에 경험한 폭력사태를 방지하려면 빈곤과 불평등의 문제해결을 목표로 하는 사회정의 실현이 정책 목표가 되어야 한다고 주장한다. 심지어 영국 보수당의 한 정치인도 복지예산의 감축이 런던의 폭력사태를 유발했다고 개탄하면서 영국의 보수당은 너무 오랫동안 사회정의의 문제를 기피해 왔고, 너무 오랫동안 좌파들에 이 문제에 관한 주도권을 빼앗겼었는데 이제는 이것을 정책의 핵심 과제로 삼아야 한다고 주장한다(Kerr, 2011).

호주의 복지제도는 이제 더 이상 '세계의 사회적 실험'도 '복지국가'도 아니고, 사회복지제도(Welfare)와 근로복지제도(Workfare)가 충돌하고 있으며, 평등주의 사상도 시장의 원리를 앞세운 글로벌화된 세계에 직면해 있다. 이것은 호주만의 문제가 아니라 국민들로부터 복지의 요구를 받는 모든 국가들이 당면하고 있는 과제이기도 하다. 반면에, 한국이 이제 OECD의 회원국이라는 사실은 한국의 복지정책도 경제정책 못지않게 국제적으로 검증을 받아야 할 영역이 되었음을 시사한다. 그리고 복지 논쟁은 한동안은 첨예하게 대립된 채 지속될 전망이다. 복지를 자선과 가부장적 시혜의 수단쯤으로 간주하는 시장 경제를 지지하는 개인주의, 신자유주의 이념이 존재하는 한, 이에 대한 대안으로서 복지는 헌법이 보장하는 국민의 기본적 권리로 인식해야 된다는 주장도 계속될 것이다. 한 가지 일화를 예로 들면서 이 원고를 마감한다. 런던 정경대의 학장으로 37년간을 봉직했던 베버리지 경(William Beveridge)이 1942년 전후의 영국사회 재건을 구상하며 5대 사회악의 제거를 목표로 하는 보고서를 제출했을 때, 의회는 '그것은 사회주의, 공산주의적 발상'이라며 공격을 가했다. 베버리지 경은 분연히 일어나 *"복지국가를 위한 이 제안은 사회주의도 공산주의도 아니며 상식적인 것입니다"*라고 응답했다(Beveridge, 1954).

〈참고문헌〉

김형식. 1994. "호주의 사회복지". 신섭중. 『세계의 사회복지』. 서울: 유풍출판사.

김형식. 2000. 『호주의 사회와 문화』. 서울: 지구문화사.

Beland, J. 1997. "The social exclusion discourse: ideas and policy change." *Policy & Politic*, vol.35, no.1, pp.123-39.

Beveridge, Janet. 1954. *Beveridge and His Plan*. London: Hodder & Stoughton.

Castles, F. G. 1985. *The Working Class and Welfare*. Wellington: Allen & Unwin.

Chenoweth, Lesley. 2008. *Redefining Welfare: Australian Social Policy and Practice*, 『세계의 사회복지: 이론과 실제』. 서울: 양서원.

Furedi, Frank. 2011. "Why London's Burning?" 13-14 August. *The Weekend Australian*.

Giddens, A. 2000. "Positive Welfare." in C. Pierson and F. G. Castles(eds.). *The Welfare State Reader*. Cambridge: Polity Press.

Goodwin, R. E. 2001. "False principles of welfare reform." *Australian Journal of Social Issues*, Vol.36, no.3. pp.189-206.

Henderson, R. 1975. *Inquiry into Poverty*. Melbourne University Press.

Hong S. C. 1987. Consequences of Modernization and Social Development in Asian Societies. Chun Pung Printing Co. Ltd., Seoul Korea.

Kelly, Paul. 2000. *Paradise Divided: the Changes, the Challenges and Choices for Australia*. Allen & Unwin.

Kerr, Christian. 2011. "Tory minister wages war on the welfare trap." *The Weekend Australia*, 23-24 July. p.12.

Macdonald, C. and Chenoweth, L. 2006. "Workfare-Oz-style: Welfare reform and Social Work." Australian Journal of Policy Practice.

Mendes, Philip. 2008. *Australia's Welfare Wars Revisited*. UNSW Press.

Mendelsohn, R. 1979. *The Condition of the People, Social Welfare in Australia 1900-1975*. London and Boston: George Allen & Unwin.

Midgley, J. 1995. *Social Development, The Developmental Perspective in Social Welfare*. London: SAGE Publications Ltd.

Paugam, S. 1995. "Poverty and social disqualification: a comparative analysis of cumulative disadvantages in Europe." *Journal of Social Policy*, Vol.6, no.4. pp.166-74.

Saunders, P. 1994. "Welfare and Inequality, National and International Perspectives on the Australian Welfare State." Cambridge University.

Saunders, P. 2000. *Reforming Australian Welfare State*. Australian Institute of Family Studies, Victoria.

Saunders, P. 2011. *Down and Out: Poverty and Exclusion in Australia*. The Polity Press.

Spence, Michael. 2011. *The Next Convergence: The future of economic growth in a multispeed world*. The University of Western Australia Publishing.

Stilwell, F. 2000. *Changing Track: A new political economic direction for Australia*. Pluto Press.

Tierney, L. 1975. "Social policy." in S. Ancel et al., Australia in Social Change, Cheshire.

The Economist. 2011. "Australia's Promise-With a bit of self-belief, Australia could become a model nation." May, 26.

Whang, I. J. 1986. "Social Development in Action, The Korean Experience." Korea Development Institute, Seoul Korea.

Whiteford, P. 2001. "Understanding poverty and social inclusion: situating Australia internationally" in R. Finch and P. Saunders(eds.). *Creating unequal future? Rethinking poverty, inequality and disadvantage*. Sydney: Allen & Unwin.

UN Human Development Index. 2004. Available at www.nationsmaster.com (Accessed 2011.10.04.)

호주 노인복지정책의 현황과 변화

장혜영

1. 서론

OECD 가입 국가에 속하는 호주와 한국은 인구의 7% 이상이 고령자인 '고령화 사회'이다. 호주는 이미 1970~1971년에 65세 이상 인구가 전체인구의 8%에 이르렀으며, 2001~2002년에는13%를 넘어섰고, 2028년에는 그 숫자가 두 배로 늘어 호주 인구의 다섯 명 중 한 명 (19%)이 65세 이상 노인 인구가 될 전망이다(Kelly, 2009). 한국은 이보다 뒤늦게 고령화 사회에 진입을 시작해 2003년에 65세 이상 노인인구 비율이 8%에 이르렀지만, 그 진행속도는 전 세계에서 가장 빨라서 2010년에 11.3%로 늘어났으며, 2026년에는 20%를 넘어 초고령사회가 될 전망된다(Statistics Korea, 2010). 한국과 마찬가지로 가족구조, 고용구조, 연령구조 등의 사회적 변화를 겪고 있는 호주 또한 늘어나는 노인인구를 위해 보다 다양하고 질 좋은 서비스와 지원을 개발하고 제공해야 하는 숙제를 안고 있다.

　호주의 사회복지 역사는 영국 식민지시대 자선단체와 종교단체의 빈민원조에서 시작되었다. 당시 식민정부는 이들 단체에 재정적인 지원을 하기도 했지만, 실질적인 정부 주도의 사회보장제도는 1901년 호주 연방정부 수립과 함께 논의가 시작된 노인연금제도가 그 시초였다. 1909년 연방정부가 첫 노인연금을 지급하면서 사회복지제도가 공식적으로 시작된 이후, 노인복지는 오랫동안 호주 사회복지의 핵심이 되어 왔다. 이후 수십 년간 여러 차례의 변화와 개선을 통하여 다양하고 장기적인 노인정책과 제도들을 도입, 실행하면서 고령화 사회에 대처해 왔다.

　노인연금을 통해 '보편적인 복지(Universal welfare)'에서 시작한 호주의 복지정책은 오늘날 '선택적인 또는 자산조사에 근거한 복지(Selective or means-tested welfare)'로 변화해 왔으며, 이를 통해 도움을 필요로 하는 사람들에게는 보다 다양한 선택사항과 방법을 제공하면서, 동시에 그 외 사람들에게는 개인의 의무를 더욱 강조하게 되었다. 이에 따라, 전통적으로 공공연금에만 의존하던 은퇴 후 소득보장은 개인은퇴연금과 자발적인 저축을 포함하는 보다 다양한 소득보장제도로, 메디케어에 의존하던 의료보장은 개인보험의 확산을 통한 개인의 부담 증가로, 시설중심이던 노인복지서비스는 다양한 재가복지서비스의 확대로 변해 왔다.

　호주의 노인복지는 오늘날 선진복지국가로서의 명성이 다소 약해졌지만, 호주는 오랫동안 한국을 비롯한 많은 아시아 국가들 사이에서 복지국가의 롤모델로 여겨져 왔다. 이 장에서는 호주의 소득보장, 의료보장, 노인복지서비스 보장 등의 노인복지정책과 제도들이 지난 수십 년간 호주가 가진 특수성에 따라 어떠한 정책적·제도적 발달 양상을 보여 왔는지 그 현황과 변화를 차례로 살펴보고 한국노인복지에 주는 함의를 찾고자 한다.

2. 소득보장제도

호주에서 은퇴 후 기대할 수 있는 소득보장제도에는 노인연금, 퇴직연금, 정부카드 등이 있으며, 다음에서 이 세 가지를 차례로 살펴보도록 하겠다.

1) 노인연금(Old Age Pension)

호주의 노인복지는 특히 소득보장 분야에서 한국에 비해 큰 발전을 이루었다. 호주 정부는, 급격히 늘어나는 노인인구가 비록 노동시장에서는 밀려나고 있지만 사회의 보살핌을 받을 '권리'를 가지고 있다는 신념을 바탕으로, 노인연금을 노인복지의 가장 중요한 핵심으로 여겨왔다(Encel, 1996).

호주의 노인연금은 독일, 덴마크, 영국, 뉴질랜드의 선례를 따라, 1909년 '노인연금(Old age pension)'이라는 이름으로 뉴사우스웨일스(New South Wales) 주와 빅토리아(Victoria) 주에서 처음 도입되었으며 그 이후 전국으로 확산되었다. 1890년대 경제공황과 더불어 시급한 사회 문제로 대두되었던 빈곤층의 증가와 노동조합과 노동당의 등장이라는 당시 호주사회 내 사회정치적 변화는 사회보장제도의 도입에 대한 움직임을 이끌어 내는 데 큰 역할을 했다. 초기에는 빈곤노인층을 지원할 목적으로 시작되었으나, 노인연금은 곧 대부분의 노인들에게 주된 은퇴 후 소득원이 되어 왔다.

초기의 노인연금은 호주연방에 25년 이상 거주한 65세 이상 남녀 노인에게 1년에 26파운드를 지급했으며, 이 금액은 당시 기본임금의 4분에 1에 약간 못 미치는 금액에 해당했다. 당시 호주 정부는 빈곤 노인층에게 우선적으로 도움을 주면서 정부의 비용부담 또한 조절할 수 있도록 하기 위해, 1908년 법령을 발표하고, 노인연금을 자산조사(Means-test)에 근거해서 지급하도록 정했다. 당시 법령은, 1년에 52파운드 이상의 수입이 있거나, 310파운드 이상의 부동산을 보유한 사람은 연금을 받지 못하도록 했다.

현재 호주 노인연금의 자격요건은 남자는 65세 이상, 여자는 64세 이상으로, 호주에서 10년 이상 거주한 영주권자 및 시민권자여야 한다(난민의 경우 이러한 거주요건은 불필요하다). 호주 정부 자료에 의하면, 노인연금을 받는 기간은 1인당 평균 13년인 것으로 나타난다(Australian Government Department of Families, Housing, Community Services and Indigenous Affairs, 2009). 노인연금 수령 가능 연령은 2017년 7월부터 조금씩 늘려서 2023년 7월까지 67세가 되도록 해마다 조금씩 상향 조정될 예정이다(Australian Government Department of Human Services, 2012). 한국에서도 고령자의 기준은 현재 65세이지만, 빠른 속도로 이루어지는 인구 고령화의 충격을 완화하기 위해 그 기준을 70세나 75세로 올리는 방안이 검토되고 있다(인터넷 한국일보, 2012).

호주에서 노인연금을 받는 인구는 1909년 34,300명으로 시작했으며 20세기 말에 이르러서는 1,738,200명으로 증가했다(Tesfaghiorghis & Sermeno, 2004). 노인연금 수령 가능 인구 대비 실제 노인연금 수령 인구의 비율은 1934년까지 30%를 밑돌았으나, 1940년 40%로 증가했으며 1944~46년 사이 35~36%로 다소 감소한 것을 제외하고는 1979년 78%에 이를 때까지 계속 증가했다(Tesfaghiorghis & Sermeno, 2004). 이후 그 비율은 다시금 점차 감소하기 시작해서 1990년 최저 59%를 기록했다가, 1992~2004년 사이 약간 증가해서 70%를 약간 밑도는 것으로 나타났다(Australian Bureau of Statistics, 2009a; Tesfaghiorghis & Sermeno, 2004). 하지만 이 시기 다른 수입이 없이 최대 연금액(full pension)을 받는 노인인구의 비율은 계속 떨어져서, 1991년에 67%이던 것이 2008년에는 56%에 머물렀다(Australian Bureau of Statistics, 2009a). 2010년 6월 자료에 의하면, 전체 65세 이상 노인인구의 78%가 호주 정부가 자산조사 결과에 따라 지급하는 공공연금(노인연금뿐만 아니라 재향군인에게 지불되는 군인연금을 포함)을 받고 있는 것으로 나타난다(Australian Institute of Health and Welfare, 2011a). 이와 같은 높은 연금 의존도로 인해 노인들의 소득수준이 전반적으로 낮아지는 결과를 초래했다는 비판도 있지만, 호주의 노인연금은 은퇴 후 소득보장의 확고한 기본 요소가 되어 왔다(Watson, Buchanan, Campbell & Briggs, 2003).

노인연금은 시작부터 오늘날까지 일반조세를 그 재원으로 하며, 자격요건을 갖춘 노인들에게 은퇴 이전의 수입과는 상관없이, 개인의 수입 조사와 재산조사를 포함하는 자산조사(Means-test)에 근거하여 일정 금액을 지불한다. 자산조사는 수입과 재산을 각각 조사하는데, 각각의 허용 한도액을 넘지 않을 경우, 노인연금을 전액 받을 수 있다. 자산조사는 노인연금이 처음 실시될 때부터 적용되었으나, 1970년대에 들어 75세 이상(1973년)과 70세 이상(1975년) 노인들의 자산조사를 폐지하면서 크게 완화되기도 했었다. 이후 1980년대 들어 호주 정부가 '자산조사에 근거한 복지 시스템(Means-tested welfare system)'이라는 복지정책의 방향을 세우면서, 노인연금을 포함한 대부분의 정부 연금이나 수당에 자산조사가 적용되기 시작했고, 노인연금을 신청할 수 있는 수입과 재산의 기준액 또한 점차 상향 조정되어 왔다. 호주 정부는 자산조사를 도입한 것은 가장 도움을 필요로 하는 사람들에게 복지 혜택이 돌아갈 수 있도록 하는 데 그 목적을 두고 있다고 밝히고 있다(Australian Government Department of Families, Housing, Community Services and Indigenous Affairs, 2009).

노인연금 신청 시 자산조사는 비교적 관대한 기준에 의해 이루어지며, 특히 자산의 가치는 고려하지 않는다. 예를 들어, 자택 소유자의 경우, 거주 주택의 가치는 자산조사에 포함되지 않는다. [표 1]에서 보듯이, 2012년 9월 기준으로, 독신노인이 최대 연금액(Full pension)을 받기 위해서는 소득이 2주에 AUD 152 이하이어야 하며, 재산이 AUD 192,500보다 적어야 한다. 2008년에 노인연금 수급자의 약 40%가 자산조사로 인해 받을 수 있는 연금 금액이 하향 조정된 것으로 나타나는데, 이들 40% 중 82%는 한도 수입 초과로, 18%는 한도 재산 초과로 노인연금을 전액 받지 못했다(Organization for Economic Cooperation and Development, 2011a). 같은 시기에 노인연금 수급자의 56%는 노인연금을 전액 받은 것으로 나타난다(Organization for Economic Cooperation and Development, 2011a).

[표 1] 노인연금(Old age pension): 주택보유자의 경우

구분	독신	커플
최대 연금(격주 기준)	AUD 712.00	AUD 536.70(각자)
최고 연금을 받을 수 있는 수입한도 (격주 기준)	AUD 152까지	AUD 268까지 (커플을 합해서)
최소 연금을 받을 수 있는 최저수입 (격주 기준)	AUD 1,647.60 이하	AUD 2,522.00 이하 (커플을 합해서)
최고 연금을 받을 수 있는 자산 한도 (AUD, 주택 비보유자 경우)	AUD 192,500까지 (AUD 332,000)	AUD 273,000까지 (AUD 412,500) (커플을 합해서)
최소 연금을 받을 수 있는 최저자산 (AUD, 주택 비보유자 경우)	AUD 707,750 이하 (AUD 847,250)	AUD 1,000,500 이하 (AUD 1,140,000) (커플을 합해서)

자료: Australian Government Department of Human Services(2012)

노인연금의 금액은 소비자지수(Consumer Price Index)에 연동되어 물가변동과 성인남성 평균 주급의 변화에 맞추어 6개월마다 조정되며, 독신의 자택소유자인 경우 주급 연금의 금액이 성인남성 평균 주급의 25%를 유지하도록 했다. 그러나 노인연금이 낮은 수준이라는 비판이 늘어가면서 최근 수년간 노인연금은 조금씩 인상되었으며, 현재는 독신노인이 받는 노인연금이 성인남성 평균 주급의 27.7%(배우자가 있는 경우는 41.76%)를 내려가지 않도록 하고 있다. 2012년 9월부터 변경된 노인연금의 최고 연금액은, 독신노인의 경우 2주일에 AUD 712.00이며, 배우자가 있는 경우는 역시 2주에 각각 AUD 536.70이 된다[표 1]. 이들 금액은 자택 소유자에 적용되는 금액으로, 집세를 내는 노인들의 경우는 집세 보조금이 연금과 함께 지불되어 그 금액이 좀 더 증가한다. 자녀가 없는 독신자의 경우, 지불되는 최대 집세 보조금은 AUD 121.00이다. 이와 더불어, 의약품, 공공요금, 전화비 등의 보조를 위해, 연금 보조금(Pension Supplement)이 함께 지불된다.

하지만 호주의 노인연금은 아직도 많은 OECD국가들에 비해 매우 낮은 수준으로, 여전히 많은 호주노인들을 빈곤상태에 놓이게 하고 있다는 비판을 받고 있다. 2011년 OECD 자료에 의하면, 호주 내 국민중간소득의 절반에도 못 미치는 수입에 의존하는 빈민노인층 비율은 65세 이상 인구의 25%로, OECD 평균(13.5%)을 훨씬 웃돌고 있다(Organization for Economic Cooperation and Development, 2011a)[1]. 또한 독신노인이 받는 노인연금은 커플이 받는 연금의 60%에 해당하는 금액으로 OECD 평균(63%)에 못 미치고 있어서(Australian Government Department of Families, Housing, Community Services and Indigenous Affairs, 2009), 앞으로 상향 조정되어야 할 여지를 갖고 있다. 이러한 낮은 수준은 호주의 노인연금이 다른 OECD 국가들에서 도입한 것과 같은 개인의 출자에 의한 사회보험의 개념이 아니라, 빈곤 완화를 목적으로 정부가 세금에서 지급하는 고정 금액의 보상이라는 점에도 기인한다. 그러나 호주 정부가 공공연금에 쓰고 있는 예산이 GDP의 3.5%로, OECD 평균인 GDP의 7%보다 훨씬 낮은 수준이어서 앞으로 호주의 공공 연금이 보다 확대되어야 할 필요성과 가능성을 나타낸다(Organization for Economic Cooperation and Development, 2011a).

호주 정부는 많은 노인들이 노인연금에만 의존하는 바람에 낮은 생활수준을 유지하고 있다는 점을 지적하며, 보다 다양한 소득원을 갖도록 여러 가지 정책적, 제도적 시도를 해왔다. 우선, 호주 정부는 노인들이 노인연금 연령 이후에도 계속 일하는 것을 장려하기 위해 1998년 7월 연금 보너스 제도(Pension Bonus Scheme)를 실시하기 시작

---

1) 한국은 이 수치가 45%로, OECD국가들 중 최하위를 차지했다(Organization for Economic Cooperation and Development, 2011a).

했다. 이 제도에 등록하는 노인들은 계속 일하면서 근로소득을 취하고 노인연금 수령을 보류하는 대신, 그 대가로 나중에 노인연금을 신청할 때 일정액의 상여금(Bonus)을 일시불로 받게 된다. 2009년 6월의 자료에 의하면, 1998년 첫 실행 이후, 총 180,274명이 연금 보너스 제도에 가입했던 것으로 나타난다(Australian Government Department of Families, Housing, Community Services and Indigenous Affairs, 2009). 같은 자료에 따르면, 당시 노인연금 신청연령을 지난 노인인구의 12%가 계속 일을 하고 있는 것으로 나타나는데, 이들의 26%가 일을 하면서 부분연금을 받았으며, 나머지의 22%는 연금 보너스 제도에 등록한 것으로 나타난다. 이 연금 보너스 제도는 이후 연금법 개정에 의해, 2009년 9월에 종료되었으며, 그 대신 근로 보너스(Work Bonus) 제도가 도입되어 실행되고 있다(Australian Government Department of Families, Housing, Community Services and Indigenous Affairs, 2009).

호주 정부는 '안정되고 지속적인 연금 개혁(Secure and Sustainable Pension Reform)'이라는 연금법 개정안을 발표하고, 2009년 9월부터 발효시켰다. 이 연금법 개정안의 주요 내용으로는 경로 보조금(Seniors supplement)과 위에서 언급한 근로 보너스(Work bonus) 제도의 도입을 들 수 있으며, 그밖에 노인연금 수령연령을 2017년부터 65.5세로 바꾸고, 이후 2년마다 6개월씩 상향 조정해서 2023년까지 67세가 되도록 정해 놓고 있다. 경로 보조금(Seniors supplement)은 이전에 지불하던 노인할인수당과 전화요금수당이 하나로 합쳐진 노인생활지원금으로, 연방정부 노인건강카드(Commonwealth Seniors Health Card: 정부카드들 참조) 소지자들과 보훈처에서 발행하는 골드카드 소지자들 중 자격요건을 갖춘 사람에게 제공된다. 근로 보너스(Work Bonus) 제도는 노인들이 공공연금을 받으면서 동시에 장·단기로 일을 하며 근로수입을 얻을 수 있도록 돕는다. 근로 보너스는 연금연령을 지난 노인들이 근로수 입을 얻더라도, 일정금액(2주에 AUD 250.00까지)은 소득으로 간주하 지 않고, 정부로부터 받는 연금수령액에 영향을 미치지 않도록 보호 해준다. 이를 통해 노인들은 최고 연금을 받으면서, 근로수입으로 1년 에 AUD 6,500까지 별도로 취득할 수 있다.

호주사회에서는 노인연금이 더 이상 노후에 충분한 소득보장을 제 공하지 못한다는 의견이 지배적이다. 특히 과거에 비해 월등히 향상 된 생활수준을 가지는 오늘날의 중장년층(흔히 베이비붐 세대라고 불 리는)은 보다 나은 노후생활을 위해 스스로 대비해야 한다는 인식이 늘어나고 있다. 노인 인구의 증가로 인해 노인연금의 경제적 부담이 점차 증가하면서, 호주 정부 또한 이미 1980년대 말부터 개개인의 노 후준비 강화에 중점을 두는 새로운 노인복지정책들을 도입하기 시작 했다. 그 대표적인 예로, 호주 정부가 1986년에 의무제로 도입한 사적 연금제도인 '퇴직연금(Superannuation)'을 들 수 있다. 그 외에도, 호주 정부는 세금혜택 등을 통해 자발적인 퇴직연금(Superannuation) 기여나 개인적인 투자 혹은 저축을 통한 자발적인 노후 대책 또한 권장하고 있다. 호주 정부는 이러한 정책방향의 변화를 통해, 전통적으로 공공 노인연금에만 의존해 오던 노후 소득보장제도가 보다 다양화되면서, 이를 통해 노년에 보다 높은 소득을 확보하고 더 나은 삶을 보장할 수 있다고 보고 있다. 이 결과, 오늘날 호주에서 노인들의 은퇴 후 소 득보장은 크게 다음의 세 가지에 기반을 두고 있다:

- 정부가 세금에서 지급하는 공공 노인연금(Old age pension)
- 의무적으로 가입한 퇴직연금(Superannuation)

- 자발적으로 추가 기여한 퇴직연금(Superannuation)이나 개인적인 투자 혹은 저축을 통한 수입

다음에서는 이들 중 의무 퇴직연금과 자발적인 퇴직연금에 대해 보다 자세히 알아보도록 하겠다.

2) 퇴직연금(Superannuation) 제도

최초의 퇴직연금은 1850년경 처음 호주에 등장했다. 당시 은행과 대기업, 정부부처 등이 장기근속한 임원들(대부분 화이트칼라의 고소득자, 공무원, 군인 등)에게 감사의 뜻으로 연금을 지불하면서 시작되었다. 이후 오랫동안 퇴직연금제도는 큰 변화 없이 지속되었다가, 1950년대에 들면서 많은 기업들이 법인기금(Cooperate funds)을 직접 만들거나 또는 마스터 신탁(Master trust)을 정해 퇴직연금을 납부하고 투자를 통해 수익을 얻어 직원들에게 나눠주면서 퇴직연금제도가 확산되기 시작했다. 그러나 퇴직연금은 여전히 제한된 인원에게만 주어졌을 뿐이고, 대부분의 국민들은 아무런 퇴직연금도 받지 못했다. 호주 통계청 자료에 의하면, 1972년에 15세 이상 호주 인구의 28%만이 퇴직연금을 가지고 있었다. 그 후 직업이나 성별, 나이, 취업형태, 산업 간의 차별 없이 누구나 혜택을 받을 수 있는 보다 보편적인 퇴직연금제도가 필요하다는 사회적 인식이 늘어가면서, 이후 호주의 퇴직연금제도에는 여러 가지 변화가 이루어졌다.

1985년 호주 노동조합협의회(Australian Council of Trade Unions)가 연합 및 중재 위원회(Coalition and Arbitration Commission)와의 임금협상

조건의 하나로, 고용주들이 의무적으로 봉급의 3%를 퇴직연금으로 부담하도록 하는 내용의 캠페인을 추진하면서, 퇴직연금 가입률이 크게 증가하기 시작했다. 당시 호주 정부는 인플레이션을 막고자 하는 목적으로 노동조합협의회의 캠페인을 지지했고, 그다음 해인 1986년 연합 및 중재 위원회가 이 3% 퇴직연금을 승인하게 되었다. 이후 노동조합들과 고용주연합이 합동으로 후원하는 산업기금이 생겨났고, 퇴직연금에 대한 교섭이 활발하게 이루어지기 시작했다. 그 결과 퇴직연금 가입인구가 크게 증가하여, 1988년에 15~64세 취업인구의 55%, 1991년에는 모든 취업인구의 71%가 퇴직연금을 갖게 되었다(Australian Institute of Health and Welfare, 2001). 하지만 아직도 민간기업의 퇴직연금 가입률은 낮아서, 1991년에 민간기업 근로자의 3분의 1이 퇴직연금에 가입하지 못한 것으로 나타났으며, 퇴직 시에 연금을 제대로 받지 못하는 사례도 있었다(Australian Institute of Health and Welfare, 2001).

이에 따라, 퇴직연금을 더욱 장려하기 위해 호주 정부는 1992년 7월 퇴직연금의무제(Superannuation Guarantee)를 도입, 고용주들에게 봉급의 3%를 퇴직연금으로 의무적으로 부담하도록 하고, 세금공제를 해주는 대신, 퇴직연금 최저부담금을 납부하지 않는 고용주들에게는 벌금(Superannuation Guarantee Charge)을 부과하기 시작했다. 그 결과, 퇴직연금 가입률은 급속히 증가해서, 1993년에는 15~64세 취업인구의 90%가 퇴직연금에 가입한 것으로 나타났다[그림 1]. 특히 퇴직연금이 의무제가 되면서, 파트타임이나 계약제 고용으로 되어 있던 많은 수의 취업자들(특히 여성)이 퇴직연금을 갖게 되었다(Australian Bureau of Statistics, 2003e). 의무 퇴직연금제와 함께, 3% 부담금은 노후대책으로 부족하다는 의견이 일면서, 이후 2002년에 고용주의 최소 퇴직연금 부담금이 9%로 인상되었고, 이를 계기로 퇴직연금은 중요한 은퇴 후 소득원의 하나로 기반을 갖추게 되었으며 보다 많은 사람들이 퇴직연금에 가입하도록 이끌었다. 2007년 자료에 의하면, 정규직의 98%와 임시직의 72%가 퇴직연금에 가입된 것으로 나타난다(Australian Bureau of Statistics, 2007). 고용주들의 9% 퇴직연금 부담금은 이후 하워드 수상의 자유연합당 집권(1996~2007년) 이후 계속 같은 수준으로 유지되어 왔으나, 현 길러드(Gillard) 수상이 이끄는 노동당 정부는 2011년에 퇴직연금 개혁안을 발표하고, 2013년 7월부터 고용주들의 퇴직연금 부담금을 점차적으로 인상하여 2019년 7월 12%에 이르게 할 계획이라고 밝혔다(Power, 2012).

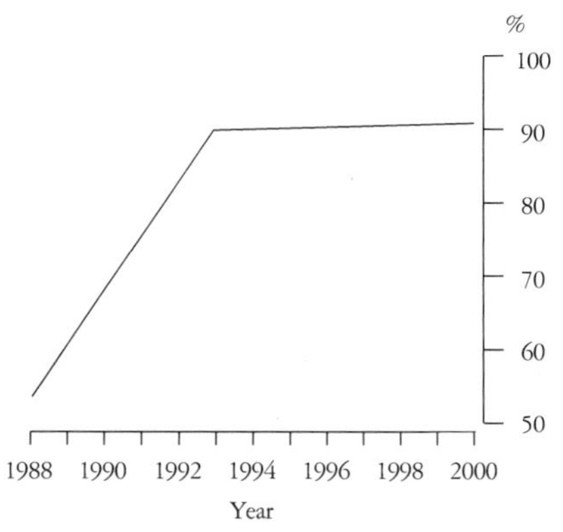

자료: ABS(2002)

[그림 1] 15~64세 취업인구 중 퇴직연금가입자
비율(1988~2000년)

퇴직연금은 각종 기금이나, 연합회 또는 단체의 이름으로 조성되

는데, 가입조건은 18~70세의 고용인으로, 한 달 소득이 AUD 450 이상이어야 한다. 퇴직연금 지급신청은 퇴직과 동시에 혹은 55세 이후에 할 수 있으며, 세금공제가 되고, 선택에 의해 일시불로 받을 수도 또는 평생 연금의 형태로 받을 수도 있다. 반대로 55세 이전에 퇴직연금 수급을 신청하면 높은 세금을 물도록 되어 있는데, 1999년에 통과된 퇴직연금제도 개정안에 따르면, 이 나이 제한은 출생연도에 따라 달라져서, 1960년 7월 1일 이전 출생자들은 55세, 이후 출생자들은 2025년까지 60세로 상향조정되도록 예정되어 있다(Australian Taxation Office, 2012a).

하워드 수상의 자유연합당 정부는, 고용주가 의무적으로 납부하는 9% 퇴직연금 부담금 이외에도, 개인이 자발적으로 퇴직연금을 준비할 수 있는 선택권을 주어야 한다고 믿었으며, 여러 정책을 통해 퇴직연금 가입자들이 개별적으로 퇴직연금에 저축하도록 장려하기 시작했다. 그 한 예로, 중・저소득층의 자발적인 퇴직연금 저축을 돕기 위해 2003년 7월부터 도입된 '퇴직연금 공동기여 프로그램(Super Co-contribution program)'을 들 수 있다. 이 프로그램은 자격요건을 갖춘 사람(중・저소득층)에 한해 개인이 실소득 가운데 자신의 퇴직연금에 자발적으로 적립(최고 AUD 1,000까지)하는 경우, 그 금액만큼 정부가 똑같이 연금을 적립해 주는 제도이다. 2009~2012년 기준으로 연소득이 AUD 31,920 이하인 저소득자들은 최고 AUD 1,000까지 적립해주고, 연소득이 AUD 61,920 이하인 중소득자들은 AUD 1,000에서 소득에 비례해 삭감된 금액만큼 적립해 준다. 특히 대부분의 공공분야의 근로자들은 반드시 퇴직연금에 개별적으로 적립하도록 의무화되었다. 퇴직연금 개정안에 따라 이 1,000달러 퇴직연금 공동기여 프로그램은

2012년 6월 30일로 종료되며, 그 대신 2012년 7월 1일부터 정부가 연소득 AUD 47,000 이하 소득층에게 개인이 내는 세금의 최고 AUD 500까지 퇴직연금구좌에 돌려주는 새로운 프로그램이 실시될 예정이다(Australian Taxation Office, 2012a). 정부는 또한 자발적인 퇴직연금저축에 세금공제 등의 혜택을 부여하며 장려했는데, 고소득층의 세금공제의 남용을 막고자, 자발적인 연금저축을 최고 AUD 25,000(50세 이하) 또는 AUD 50,000(50세 이상)까지만 허용하고, 그 이상의 저축액에는 높은 수준의 세금(15%)을 부과하는 정책을 도입했다. 하지만 최근의 퇴직연금 개혁을 통해, 2012년 7월 1일부터 자발적인 연금저축은 나이에 상관없이 최고 AUD 25,000까지만 가능하도록 변경되었으며, 그 이상의 연금저축액에는 30%의 세금을 부과할 예정이다(Australian Taxation Office, 2012a).

이외에도, 여러 정책들을 통해서 퇴직연금의 선택의 폭을 넓혀서 경쟁력을 키우고 있으며, 가정과 일터에서의 변화를 수렴, 반영하고 있다. 그러한 예로, 비취업 배우자를 위해 대신 퇴직연금을 적립할 수 있도록 했으며, 퇴직연금 적립 연령을 70세까지로 상향 조정했고, 55세부터 노인연금 수령 이전의 실업자들이 퇴직연금을 수령할 경우 그 퇴직연금 액수를 수입이나 자산으로 취급하지 않도록 해서 퇴직연금 수령으로 인해 노인연금에 불이익을 받지 않게 하는 등의 정책을 도입, 실행하고 있다.

이들 프로그램은 공공연금보다 개인적인 저축을 통한 노후대책(앞에서 언급한 은퇴 후 소득보장 중 세 번째)에 더욱 비중을 두고 있는 호주 정부의 의도를 잘 나타낸다고 할 수 있다. 그러나 이러한 장려 프로그램들에도 불구하고, 퇴직연금은 아직까지는 노인연금을 대체하지 못하고 있는 실정이다. 2007년의 호주통계청 자료에 의하면, 은퇴인구의 대다수(65%의 은퇴남성과 67%의 은퇴여성)가 아직도 노인연금과 정부수당이 은퇴 후 주된 현금수입원이라고 밝히고 있다(Australian Bureau of Statistics, 2007).

문제는 우선 아직도 조건이 맞지 않아 퇴직연금에 가입하지 못한 사람들이 많다는 점이다. 즉, 18세 이상으로 근무시간이 한 주에 30시간을 넘지 못하는 경우, 70세 이상인 경우, 세전 근로수입이 한 달에 AUD 450 이하인 경우에는 퇴직연금의 의무 가입이 어렵고, 그 외에 취업에 기복이 있는 경우(예를 들면, 간헐적인 취업노동자, 간병인, 장애인)에도 퇴직연금 의무제의 혜택을 받기 어렵다(Australian Institute of Superannuation Trustees, 2012a). 또한 비취업자와 실업자들의 퇴직연금 가입률도 퇴직연금 의무제 이후에도 크게 늘지 않아서 2000년 45%에 머문 것으로 나타난다(Watson, Buchanan, Campbell & Briggs, 2003). 특히 스스로가 고용주인 자영업자들에게 퇴직연금 가입을 의무화하는 것은 쉽지 않아서, 자영업자들의 퇴직연금 가입률은 2000년에 63%, 2005년에 73%에 불과했다(Watson, Buchanan, Campbell & Briggs, 2003; Bateman, 2007).

또한, 아직 초기 단계인 퇴직연금의 수익은 그리 많지 않고, 게다가 은퇴연령(남자 58세, 여자 55세)이 빨라지면서, 개인이 받을 수 있는 퇴직연금은 아직도 매우 낮은 수준이다. 2007년에 퇴직연금을 일시불로 받은 호주인들의 3/4 이상(78%)이 AUD 60,000 이하를 받았던 것으로 나타났다(Australian Institute of Superannuation Trustees, 2012b). 특히, 호주의 퇴직연금은 그 혜택 대상이나 범위에 있어 심한 남녀 불평등을 보인다. 호주의 여성근로자들은 대체적으로 짧은 근무기간,

낮은 임금 등으로 인해 남자보다 퇴직연금을 받는 기회가 적고, 그 금액도 남자보다 적다. 실제로 노인 여성들이 남성보다 훨씬 높은 노인연금 의존도를 보인다(Encel, 1996, 18). 자료에 의하면, 2010년에 65세 이상 인구의 평균 퇴직연금은 남성이 AUD 198,000, 여성이 AUD 112,000이었으며, 아직도 대다수의 호주인들(최대 3/4 이상)이 은퇴할 때 이보다 훨씬 적은 퇴직연금을 받거나 퇴직연금도 없이 은퇴하는 것으로 나타났다(Australian Institute of Superannuation Trustees, 2012b).

오늘날 호주 정부의 소득보장정책은 퇴직연금 의존도를 높이는 데 더욱 주력하고 있다. 비록 앞으로 수년간은 노인연금이 은퇴 후 가장 주된 소득원으로 유지될 전망이지만, 최근 몇 년 사이 많은 호주인들이 은퇴연령을 늦추거나 재취업하고 있는 추세이고 고용주들의 퇴직연금 부담금이 12%까지 인상될 예정이어서, 은퇴 후 대책으로서의 퇴직연금의 미래는 비교적 고무적이라고 할 수 있다. 조기은퇴가 흔했던 호주에서는 과거 고령인구 취업률이 매우 낮은 수준이었다. 하지만 최근 30년 사이 55세 이상 인구의 취업률이 25%에서 34%로 꾸준히 증가했다(Australian Bureau of Statistics, 2010). 같은 기간 70세 이상 인구의 취업률은 2.4%에서 4.5%로 증가했으며(Australian Bureau of Statistics, 2010), 65~69세 인구의 4명 중 1명은 노동활동에 참여하고 있는 것으로 나타나, OECD의 평균(24%)과 비슷한 수준을 보였다(Australian Institute of Health and Welfare, 2011a).[2]

퇴직연금 외에도, 호주 정부는 세금 혜택을 통해 부동산이나 주식 투자 또는 금융기관을 통한 투자 등을 장려하면서, 보다 많은 사람들

---

2) 한국은 65~69세 인구의 절반 이상이 노동활동에 참여하고 있는 것으로 나타난다(OECD, 2011a).

이 자신의 노후를 위해 스스로 저축하도록 유도하고 있다. 다음 세대 노인인구는 더 길어진 수명과 높은 생활수준, 새로운 라이프스타일을 가지며, 은퇴 후 생활이 더욱 연장되고 경제적인 수요 또한 더욱 높아질 것으로 보인다. 오늘날 호주의 전통적인 노인복지체제에 일고 있는 변화들은 앞으로 퇴직연금이나 투자, 저축 같은 개별적인 준비가 없이는 노년의 삶이 경제적으로 점점 더 어려워질 것이라는 예측을 하게 한다.

3) 정부카드(Government cards)

정책 방향의 변화와 관계없이, 호주 노인복지정책의 저변에는 지금껏 호주사회의 발전에 기여해 온 연장자로서 노인들에게 마땅한 사회적 대우가 있어야 한다는 인식이 널리 퍼져 있다. 이러한 배경에서 호주 정부는 노인들에게 다양한 형태의 특혜 카드(National Concession Cards)를 지급하고 있는데, 경로카드(Seniors Card), 연방정부 경로의료카드(Commonwealth Seniors Health Card), 노인연금수령자 할인카드(Age Pensioner Concession Card), 주정부 경로할인카드(State and Territory Concessions for Seniors Card) 등이 이에 포함된다.

그중 가장 대표적인 것이 주정부에서 무상으로 발급하는 경로카드(Seniors Card)이다. 경로카드는 감사와 존경의 의미로 노인들에게 주어지는 보편연금의 하나로, 1988년 서부 호주에서 처음 도입되어 현재 모든 주에서 지급하고 있다. 경로카드 지급 자격조건은 60세 이상 영주·시민권자로, 상근하는 직업(예: 주 25시간 이상 근무)이 없어야 한다. 경로카드 소지자는 식당, 가구, 가전, 문화예술, 경제상품, 자동차용품 등의 다양한 영리·비영리 사업체의 서비스 이용과 상품구입 시 할인혜택(주로 10~50%가량)을 받을 수 있다. 또한 대중교통 이용 시 50% 할인(주중 오전 9시에서 오후 3시까지와 주말이나 공휴일에는 무료)혜택을 받을 수 있다. 2000년 자료에 의하면, 자격요건을 갖춘 60세 이상 노인의 90%가 경로카드를 사용한 것으로 나타난다(Australian Government Department of Health and Ageing, 2000a).

연방정부 경로의료카드(Commonwealth Seniors Health Card) 또한 연방정부에서 발급되는 정부할인카드로, 정규직에서 은퇴했지만 연금을 받지 못하는 사람들(파트타임으로 일을 하는 등의 이유로) 중에서 과세대상 연수입이 AUD 50,000 이하(독신) 또는 AUD 80,000 이하(커플)인 경우에 받을 수 있다. 이 경로의료카드가 제공하는 혜택은 경로카드보다 적어서, 의약품이나 의료서비스 구입을 위한 재정적인 지원만을 제공한다. 그 외에, 이 경로의료카드 소지자들에게는 공공요금(전기, 전화, 자동차 등록 등)의 지원을 위해 경로보조금(Seniors supplement)이 제공된다. 2012년 3월 기준으로, 독신노인의 경우, 1년에 AUD 842.40(동거인이 있는 경우엔 AUD 643.40)이 경로보조금으로 지불되고 있다(Australian Government Department of Human Services, 2012).

연금수령자 할인카드(Pensioner Concession Card)는 노인연금과 재향군인연금 수령자들에게 매년 발급되는 카드로, 전기·수도 등의 공공요금, 처방 의약품 구입, 대중교통 요금, 치과 진료, 응급차 서비스, 보청기 구입, 운전 면허증이나 자동차 등록 등에 관련해 다양한 할인혜택을 준다.

3. 의료보장: 메디케어와 개인의료보험

다음에서는 호주의 공공 의료보장제도의 정책적·제도적 발달양상을 알아보고, 그 외에 개인의료보험제도의 현황과 변화를 차례로 살펴보고자 한다. 이들 의료보장제도는 전 호주국민을 대상으로 하는 국민복지제도이지만, 특히 노인 인구가 가장 큰 수혜자 중 하나라는 점에서 중요한 노인복지보장의 하나로 볼 수 있다.

호주의 공공의료보험제도는 1970년대 휘틀럼(Whitlam) 수상이 이끄는 노동당 정부에 의해 메디뱅크(Medibank)라는 이름으로 처음 수립되었다. 2차 세계대전 후, 의료보험제도의 필요성이 대두되면서 여러 종류의 개인의료보험프로그램들이 생겨났지만, 많은 사람들이 비용 등의 이유로 이들 보험에 가입하지 못했으며 상당한 의료비 부담을 겪게 되었다. 이에 따라 휘틀럼 정부는 1975년 메디뱅크를 처음으로 실시하게 된다. 하지만 1981년 프레이저(Fraser) 수상의 자유당 정부는 메디뱅크로 인해 정부의 비용부담이 커지면서 국가경제가 어려워졌다는 이유로 정부 소유의 '메디뱅크개인보험(Medibank Private)'을 설립하고, 공공의료보험제도인 메디뱅크제도를 중단시켰다. 이로써 프레이저 수상의 자유당 정부는 전 세계에서 시행 중인 공공의료보험제도를 중단한 유일한 정부가 되었다.

공공의료보험제도는 이후 1984년 호크(Hawke) 수상의 노동당 정부 때 몇 차례 개정을 거치면서 메디케어(Medicare)라는 명칭으로 다시 등장, 오늘날의 시스템으로 자리 잡게 되었다. 간단하고, 효율적이며 저렴한 공공의료보험체제를 표명하면서 설립된 메디케어는 전 호주 국민에게 기본적인 의료서비스의 보장과 의료비 지원을 제공하는 데 그 목적을 두었다. 메디케어는 공립병원 내외의 각종 의료서비스 비용을 지원하며, 공립 또는 사립병원에서 개인진료를 받고 싶은 환자들은 따로 개인보험을 들어 비용을 충당해야 한다. 또한, 치과, 안과, 척추치료, 가정간호, 구급차 등의 부가적인 의료서비스들도 메디케어로 보상되지 않아서 서비스 이용자가 자비로 비용을 지불하거나 개인보험을 이용해야 한다. 개인보험은 전적으로 선택 사항이며, 일반적으로 메디케어가 지원하는 진료품목은 개인보험이 보상해 주지 않는 경우가 많다.

메디케어의 가입 자격은 호주에 살면서 다음과 같은 조건을 갖춘 사람을 포함한다:

- 호주 시민권자
- 호주 영주권자
- 뉴질랜드 시민권자
- 영주권 신청자이거나 특정 비자 소지자(호주에서 취업할 수 있는 비자 또는 부모, 배우자, 자녀가 시민권이나 영주권자로 적법한 비자를 소지한 사람)

메디케어는 국민세금에 의해 운영되며, 저소득층을 제외한 대부분의 납세자들은 일정비율(현재, 과세대상 수입의 1.5%)의 메디케어 부담금(Medicare levy)을 지불하도록 되어 있다. 2009~2010년 기준으로, 과세대상 수입이 AUD 18,488 이하인 경우 메디케어 부담금을 지불할 필요가 없으며, AUD 21,750 이하인 경우는 메디케어 부담금을 할인받을 수 있다. 호주 정부의 국민의료비지출은 꾸준히 늘어나 2008~2009 회계연도 기준으로 전체 건강 지출의 69.7%를 부담하고 있는데, 이 중 일부가 메디케어 시스템 유지를 위해 쓰이고 있다(Australian Institute of Health and Welfare, 2010).

메디케어 시스템에서 의료시설이나 기관의 이용비는 대부분 ‘대량 청구서(Bulk billing)’ 제도를 통해 지불되는데, 이는 의사가 치료비를 의료서비스 이용자가 아닌 정부에 직접 대량으로 청구하는 방식을 일컫는다. 대량 청구서 제도를 통해 대부분의 호주인들은 치과치료나 몇몇 특수전문서비스들을 제외한 기본적인 진료와 치료를 무료로 받게 되었다. 하지만 의사들이 점점 대량 청구서 제도를 택하는 대신, 진료비를 메디케어에서 지불하는 보상금보다 더 높게 책정하고, 그 차액을 환자에게 직접 청구하는 방법을 택하면서, 대량 청구서 제도가 조금씩 흔들렸던 시기도 있었다(Griggs & Atkins, 2004).

2000년대 초 몇 년간 대량 청구서 제도를 이용하는 비율이 계속 떨어져, 2000년 5월에 72.8%였던 것이 2002년 12월에는 67.6%로 떨어졌다. 이렇게 대량 청구서 제도의 이용이 줄어들자, 호주 내에서는 보편적인 무상 의료서비스의 제공이 더 이상 어려워지는 것이 아니냐는 우려가 커졌다. 이에 따라 당시 하워드(Howard) 수상이 이끄는 자유·국민당연합 정부는 2004년부터 4년간에 걸쳐 10억 달러 규모의 메디케어 개혁을 실시하며, 개혁의 하나로 대량 청구서 제도를 장려하기 시작했다. 우선 저소득층과 16세 이하 어린이들의 진료비를 대량 청구할 경우 일반의사들이 받을 수 있는 보상금을 올려주었으며, 이후에는 외곽 지역에서 진료하는 의사들이 대량 청구서 제도를 이용하는 경우에도 보상금을 올려주기 시작했다. 그 결과, 대량 청구서 이용은 다시금 오르기 시작해서, 2009년 3월에 74.8%를 기록하며 정상화되었다(Australian Government Department of Health and Ageing, 2009).

그러나 당시 메디케어 개혁안은 저소득층과 16세 이하 어린이들의 치료비 부담을 줄여주는 대신, 그 외의 사람들(중산층이나 고소득층)에게 더 많은 비용부담을 안겨 주었다는 비판도 받았다. 당시 하워드 정부는 보편적인 무상 의료서비스에 반대하는 입장이었으며, 정부가 전 국민의 건강을 책임져야 할 의무가 있느냐는 질문에 회의적이었다.

정부에 미치는 의료비의 부담이 늘어가면서, 호주의 의료정책은 그 초점을 국가와 개인의 의료비용 분담으로 유도하고 있다. 특히, 보다 많은 사람들이 개인의료보험(Private health insurance)에 가입하도록 장려하고 각종 인센티브를 제공하고 있다. 이러한 정책들의 예로 우선 고소득자의 개인의료보험 가입을 권장하기 위해 1997년 7월에 도입된 메디케어 추가세(Medicare surcharge)를 들 수 있다. 개인보험은 전적으로 선택 사항이지만, 정해진 금액 이상의 높은 소득을 올리면서, 개인 병원 보험(Private patient hospital cover)에 가입되어 있지 않은 사람은 1.5%의 메디케어 부담금 외에 메디케어 추가세를 더 내야 한다. 2010~2011년 기준으로, 연간 소득이 AUD 77,000(부양가족이 없는 독신자의 경우) 또는 AUD 154,000(부양자녀가 한 명 이하인 부부의 경우, 부양자녀가 한 명씩 늘 때마다 AUD 1,500씩 추가된다) 이상인 경우, 과세소득과 부과급여를 합한 총소득의 1%가 메디케어 추가세로 부과된다(Australian Taxation Office, 2012b).

또한 연방정부가 1999년에 도입한 '연방정부의 개인의료보험료 30% 보상정책(Federal Government 30% Rebate)'을 들 수 있는데, 이는 정부가 개인의료보험 가입자에게 보험료의 30%를 보상해 주는 제도이다. 이후 2005년에는 새로운 보상정책이 추가되어 노인들에게 더 높은 보상률이 적용되었는데, 65~69세까지의 개인의료보험 가입자는 보험료의 35%를, 70세 이상 가입자들은 보험료의 40%를 보상받도록 했다. 그 밖에 2000년에 도입된 '평생의료보험보장(Lifetime Health Cover)제도'는 30세 이전에 개인의료보험에 가입하는 사람에게 평생 최하 보험금을 유지할 수 있도록 보장해줌으로써 개인보험 가입을 독려했다. 31세 이후에 개인의료보험에 가입하면, 지불해야 하는 보험료가 30세부터 매년 2%씩 증가하도록 되어 있다. 개인의료보험 가입비율은 1984년 메디케어의 등장과 함께 계속 떨어져 1998년에는 전체 인구의 38%를 차지할 뿐이었으나, 이러한 장려정책 등을 통해 2004~2005년에는 51%로 다시금 증가했다(Australian Bureau of Statistics, 2006).

개인의료보험 가입비율은 연령대별로 차이가 있는데, 중년 나이대의 개인의료보험 가입률이 가장 높고, 75세 이상 노인층이 25~34세 사이의 그룹과 함께 가장 낮은 가입비율을 보이는 것으로 나타난다. 호주 통계청의 조사에 따르면, 2007~2008년에 15세 이상 설문 참가자의 절반 이상(53%)이 개인의료보험을 가지고 있는데, 이 중 55~64세 그룹이 가장 높은 가입률(62%)을 나타냈으며, 25~34세 그룹과 75세 이상 그룹이 최하위로 똑같이 45%의 개인의료보험 가입률을 나타냈다(Australian Bureau of Statistics, 2009b).

65세 이상 노인층은 보통 정부에서 발급하는 의료서비스 할인카드(정부카드)를 받을 수 있는데, 이를 통해 많은 의료서비스들을 무료 혹은 대폭 할인된 가격으로 받을 수 있어서, 이들이 개인의료보험에 가입할 필요성은 적다고 볼 수 있다. 통계자료에 의하면, 노년층에 이를수록 개인의료보험 가입비율은 줄어드는 반면, 정부에서 주는 할인카드 수령자는 크게 늘어나는 것으로 나타난다. 2004~2005년 사이 정부할인카드를 소지한 노인층은 65세 이상 인구의 91%나 되는 것으로 나타났다(Australian Bureau of Statistics, 2006).

그러나 치과치료나 신체교정치료, 예방약물치료 등의 의료 서비스들은 나이가 들수록 수요가 증가할 수 있음에도 불구하고 메디케어가 보상하지 않는 경우가 많아서, 노년층에게도 개인의료보험 가입은 필수가 되고 있다. 이러한 이유로, 호주에서 더 이상 의료비용에 대한 대비가 없이 무료진료에만 의존한다면 노년의 건강에 큰 영향을 미칠 수 있다는 인식이 늘어가고 있다.

4. 노인복지서비스 시스템

호주의 노인복지서비스는 1954년 실행된 양로원법(The Aged Persons Homes Act)하에 처음 실시되기 시작했다. 초기 노인복지 시절에는 자선단체와 종교단체가 가장 큰 역할을 했다. 양로원법은 이들 단체들에게 기금을 제공하여 노인들을 위한 주거시설을 구입할 수 있도록 도왔으며, 이를 통해 1960~1970년대 호주 내 노인주거복지시설들이 대폭 증가하게 되었다.

전통적으로 호주의 노인주거복지시설은 너싱홈(Nursing homes)과 호스텔(Hostels)의 두 가지 타입으로 나누어졌다. 너싱홈은 비교적 높은 수준의 케어와 도움을 필요로 하는 사람들(예를 들면 장애 정도가 심한 경우)을 수용하며, 호스텔은 비교적 낮은 수준의 돌봄(care)과 도움을 필요로 하는 사람들을 수용했다. 1996년 자료에 따르면, 당시 호주에 총 1,472곳의 너싱홈과 1,510곳의 호스텔이 있었던 것으로 나타난다(Australian Institute of Health and Welfare & Department of Health and Family Services, 1997). 그러나 노인주거복지시설의 급증은 너싱홈 시장이 갑자기 커지고 있다는 사회 전반적인 우려를 낳았으며, 비용이 많이 드는 주거시설보다는 저비용의 노인복지를 지향하는 정부에게 경제적인 부담으로 작용했다.

호주 정부는 노인복지가 너싱홈 수준의 집약적인 케어에 집중되는 것을 막기 위해 노력했으며, 그러한 노력의 일환으로 1984년 '노인복지평가(Aged Care Assessment)' 프로그램을 전국적으로 도입했다. 이 프로그램은 의사, 간호사, 사회복지사와 그 외에 노인병 전문의, 물리요법사, 작업 요법사, 심리학자, 노인 정신병학자 등의 의료 전문가들로 구성된 '노인복지평가팀(Aged Care Assessment Team: ACATs)'이 도움을 필요로 하는 노약자들의 서비스 수요와 필요성을 조사·평가하도록 하고 있다. 이 평가 결과에 따라, 노인복지평가팀은 개인에게 적합한 케어서비스나 의료서비스에 대해 조언을 하고, 너싱홈이나 호스텔에 입소하는 것을 허가하거나, '지역사회 노인복지 케어패키지[Community Aged Care Packages Program: CACPs(아래 설명 참조)]'를 받을 수 있도록 허가한다. 이로 인해, 너싱홈이나 호스텔 등의 시설에 입소하는 것이 좀 더 까다로워졌으며, 노인복지케어가 많이 필요한 사람들, 즉 케어의존도가 높은 사람들에게 우선권이 주어졌다(Australian Government Department of Health and Ageing, 2012).

호주의 재택노인복지(Home-based care)는 1985년 연방정부와 주정부의 연합재정으로 지원받는 '가정 및 지역사회 케어(Home and Community Care: HACC)' 프로그램이 처음 전국적으로 도입되면서 그 모습을 제대로 갖추기 시작했다. HACC프로그램은 가정과 지역사회의 노약자와 장애인들에게 필요한 다양한 지원과 서비스들을 제공하며, '노인복지평가팀(ACATs)'의 심사·평가를 받을 필요 없이 이용할 수 있다. HACC 프로그램이 제공하는 서비스들은 간호(Nursing) 서비스뿐만 아니라 음식배달(Meals-on-wheels), 가사도우미, 가옥수리/유지, 교통, 쇼핑 도우미, 응급 서비스, 주택 서비스, 가정 방문 혹은 센터방문을 통한 단기 케어 서비스(데이케어 포함), 개인적인 케어, 그 밖에 다양한 도움과 조언 등을 포함한다. 이들 HACC서비스들은 오늘날 가장 많은 노인인구가 이용하는 지역사회 케어프로그램으로, 이들이 자신이 사는 곳에 계속 머물 수 있도록 돕는 역할을 하고 있다.

HACC 서비스 이외에, 지역사회 노인복지케어패키지(Community Aged Care Packages Program: CACPs) 프로그램이 연방정부의 재정지원으로 1992년부터 시행되었는데, 이 프로그램은 주거시설에 수용되어야 할 정도의 도움과 케어가 필요한 노약자들이 자기 집에 머물면서 통합적인 지원패키지를 제공받게 하고 있다. 2000년 기록에 의하면, 호주 내 70세 이상 노인인구의 약 20%가 정부가 재정을 지원하는 케어서비스를 이용했는데, 이들 중 8%만이 너싱홈이나 호스텔 같은 노인주거복지시설에 살고 있었고 12%는 HACC이나 CACPs 같은 지역사회 노인복지서비스를 이용한 것으로 나타났다(Australian Government Department of Health and Ageing, 2000b). 호주 정부는 노인주거복지시설에 대한 지원보다는 CACPs나 HACC에 재정적인 지원을 늘리면서 지역사회 내 노인복지서비스 공급을 늘리고 있다.

노인복지 주거시설에서 제공하는 수준의 최적의 케어서비스를 자기 집에 머물면서 받을 수 있도록 한다는 목표하에, 지역사회 케어서비스는 계속 팽창해 나갔으며, 위에서 언급한 노인복지 프로그램들 외에도 다양한 프로그램들이 실시되었다. 이러한 프로그램들로는 확대재택노인복지(Extended Aged Care at Home: EACH), 노인을 위한 케어서비스와 주거지원(Assistance with Care and Housing for the Aged: ACHA), 간병자를 위한 임시위탁 프로그램(National Respite for Carers Program: NRCP), 연방정부 케어링크 프로그램(Commonwealth Carelink Program: CCP), 치매/노인정신병 케어유닛 프로그램(Psychogeriatric Care Units(Dementia) Programs: PCUP), 주간 치료센터 프로그램(Day Therapy Centres Program: DTCP), 그리고 연방정부 청각 서비스 프로그램(Commonwealth Hearing Services Program: CHSP) 등이 있다.

이전 세대와는 달리 독립적인 노년을 추구하는 새로운 노인층(소위 베이비붐세대로 알려진)이 등장했다는 인식과 함께, 호주 연방정부는 1997년 노인복지법(Aged Care Act)을 도입하고 '노년을 한자리에서(Ageing in place)'라는 새로운 노인복지정책을 실행하면서 노인복지체계에 대대적인 개혁을 시도하기 시작했다. '노년을 한자리에서' 정책은 너싱홈과 호스텔을 하나의 노인주거복지시설 체계로 통합하는 것을 주 내용으로 했으며, 이를 통해 고령화 등으로 인해 케어의존도가 증가하더라도 호스텔에서 너싱홈으로 이동할 필요 없이 한 시설에 계속 머무르며 케어를 받을 수 있게 되었다. 이후 호주 정부의 노인정책은 '노년을 한자리에서' 정책에 발을 맞춰, 주거복지 시설공급보다는 재택노인복지(Home-based care)에 그 초점을 맞춰 왔으며, 케어가 필요한 노인들은 주거복지시설에 수용되는 시기를 늦추는 대신 높은 수준의 재택서비스를 제공받게 되었다. 이러한 정책으로 인해 노인주거복지시설에는 높은 수준의 케어의존도를 가지는 노인(질병이나 장애 정도가 심한 경우)들이 주로 수용되었다. 자료에 의하면, 전체 너싱홈 거주자 중 높은 수준의 케어의존도를 가지는 사람들의 비율은 1987년 30%에서 1997년 56%로 크게 늘어났다(Australian Institute of Health and Welfare, 1999). 2007년 6월 현재 65세 이상 인구의 5% 이상인 약 145,000명이 노인복지 주거시설에 영구 거주하고 있으며, 이 중 약 70%는 높은 수준의 케어와 도움을 받는 사람들인 것으로 나타난다(Australian Government Productivity Commission, 2008). 또 이들 시설 거주자의 50% 이상은 85세 이상 노년층이며 여성이 다수를 차지한다(Australian Government Productivity Commission, 2008).

1997년 개혁 이후 노인주거복지시설의 수는 같은 수준을 유지하고 있으며, 노인층을 위한 주거시설이 줄어드는 효과를 냈다. 2002년 6월 호주 내 정식으로 운영되고 있는 노인주거복지시설은 2,961곳으로, 총 144,695명이 수용 가능한 것으로 나타났으며, 2007년 자료에서도 비슷한 수준(약 2,900곳)을 나타냈다(Australian Institute of Health and Welfare, 2003; Australian Government Productivity Commission, 2008). 그 대신, 노인복지시설 내 서비스는 꾸준히 확대돼서, 2002년 6월에 전국에 144,695개 병상이었던 노인주거복지시설은 2010년에 약 183,000개 병상으로 늘었다(Australian Institute of Health and Welfare, 2003, 2011b). 노인복지 주거시설의 약 61%는 종교단체·지역사회·자선단체 등의 비영리단체, 27%는 영리단체, 나머지 12%는 정부단체에 의해 운영되는 것으로 나타났다(Australian Government Productivity Commission, 2008).

이러한 노인복지서비스 체제의 변화들은 현대 호주사회의 구조적인 변화를 반영한다고 볼 수 있다. 다른 나라와 마찬가지로, 호주에서는 사망률·출산율의 저하와 함께 국민 건강이 향상되고 예상수명이 계속 높아졌다. 반대로 이혼 등으로 인한 부부관계의 와해와 독거노인의 증가 등으로 인해 가구 규모가 점점 작아져서, 1911년 4.5명이었던 가구당 평균 인원수는 2001년에 2.6명으로 크게 줄었다(Australian Bureau of Statistics, 2003). 호주의 독거노인인구는 계속 증가해서, 2001년에 전체 75세 이상 인구의 34%를 차지했으며, 2026까지 41%로 증가할 것으로 보인다(Australian Bureau of Statistics, 2005).

노인들의 독거는 주로 배우자의 사망에 의해 발생하며, 보통 수명이 더 긴 노인 여성들에게서 흔히 볼 수 있다. 이러한 이유로, 노인정책 결정에는 남성·여성에 관련된 문제가 중요하게 다루어진다. 실제로 노년기의 빈곤이나 질병 등은 흔히 남성보다는 여성들이 겪는 문제이기도 하다. 이러한 노인문제의 여성화는 여성들이 일생을 통해 겪는 불이익이나 불평등이 노년에 이르러 더욱 심화되고 표면화한 것이라고 볼 수 있으므로, 앞으로의 노인정책은 이러한 불이익이나 불평등한 생활조건 등에 관심을 기울여야 할 것이다.

위에서 살펴본 노인복지서비스체제의 변화들은 노년에도 독립적인 삶을 지속하고자 하는 호주 노년층의 수요와 선호를 반영하고, 다양한 제도를 통해 더 많은 노인인구를 지역사회에 계속 포용하려는 노력으로 볼 수 있다. 앞으로 노인인구가 더욱 급속히 증가하고 치매를 비롯한 노년의 질병과 장애가 늘어갈 전망이며 그에 반해, 전통적인 가족구조는 붕괴되고 가족 수는 점점 줄어들고 있는 것을 감안하면, 호주 내 노인복지서비스의 필요성과 수요는 더욱더 커질 것으로 예상된다. 이를 대비해 노인복지서비스의 질을 더욱 개선하고, 내용을 다양화하며, 서비스의 융통성을 높여 개개인의 수요와 기대에 부응해야 할 것이다.

5. 호주 노인복지의 앞으로의 방향

호주 정부는 지난 2000년 '인구 노령화에 대응하는 국가적 전략 (National Strategy for An Ageing Australia)'를 공표하며, 호주 정부가 추구하는 장기적인 노인복지정책의 방향을 밝혔다. 이 국가적 전략에서 나타난 호주 노인복지정책의 궁극적인 목표는 늘어나는 노인인구의 '사회참여와 사회기여를 최대화하는 것'이다. 이러한 목표는 1) 은퇴 후 소득보장제도의 개선과 고령 취업 등을 통한 노년의 경제적 자립 준비, 2) 노인인구를 바라보는 태도의 변화, 3) 노인인구의 라이프스타일 이해, 4) 지역사회의 지원 강화, 5) 건강한 노년, 6) 세계 수준의 케어서비스 등을 통해 가능해진다고 보았다. 이를 위해 정부, 경제계, 지역사회, 전문단체, 연구단체, 그리고 개개인이 참여하여 노인문제에 대한 다각적이고 지속적인 대응책을 모색하려는 시도를 끊임없이 하고 있으며, 단·중기 노인복지정책과 프로그램들을 함께 도입, 실천하면서 획기적인 변화보다는 통합과 조정을 통해 호주의 노인복지를 조금씩 개선·확대시키고 있다.

그 결과 오늘날 호주의 노인복지는, 앞에서 살펴본 대로 공공연금에만 의존하던 은퇴 후 소득보장에서 개인은퇴연금과 자발적인 저축까지 포함하는 보다 다양한 노후대책으로, 메디케어에 의존하던 의료보장에서 개인보험의 확산으로, 시설 중심 노인복지서비스에서 다양한 재가복지서비스의 확대로 그 초점이 변해 왔다. 이러한 변화는, 오늘날 호주의 복지정책이 전통적인 '보편적인 복지(Universal welfare)'에서 가장 도움을 필요로 하는 사람들을 위한 '선택적인 또는 자산조사에 근거한 복지(Selective or means-tested welfare)'로 그 우선사항이 점차

변화해온 것과 맥락을 같이 한다. 또한, 노인인구가 급속히 증가하고, 평균수명의 연장과 함께 은퇴 후 노후생활이 더욱 길어지는 등의 사회 변화와 베이비붐 세대로 일컬어지는 새로운 노인세대의 다양하고 변화된 기대와 수요에 대응할 수 있는 적절한 선택이었다고 할 수 있다.

OECD 평균과 비교할 때, 연금제도와 의료제도를 통해 본 호주의 노인복지는 아직 개선의 여지가 많다고 볼 수 있다. 우선, 국민총생산에 대비할 때 호주의 노인연금이나 사회보장, 건강에 대한 지출비율은 비록 한국보다는 높지만, OECD 평균에 비해 매우 낮은 수준이다 [표 2]. 하지만 정부의 낮은 복지지출로 인해 호주가 비교적 안정적인 국가재정을 유지하고 있으며, 더불어 '수입에 근거(Means-tested)'한 복지제도를 통해 복지혜택이 저소득층에게 더 많이 분배된다고 보는 시각도 있다(Whiteford, 2011). 호주에서는 전체 사회복지재정의 42%가 전체인구 중 하위 20%의 저소득층에게 쓰이며, 상위 20%의 고소득층에게는 전체 사회복지재정의 3%만이 분배된다(Whiteford, 2011). 그러면서, 호주는 OECD 국가 중 여섯 번째로 세금이 낮은 국가로, 2008년에 근로자 일인당 세금부담률이 OECD 평균은 GDP의 35%에 이르렀던 반면, 호주는 GDP의 27%에 불과했다(Whiteford, 2011). 이렇게 적은 세금에 기반하면서 '가장 도움이 필요한 사람'을 위한 복지를 지향한다는 점에서, 호주의 복지제도는 효율적이고 지속 가능한 복지시스템의 모델을 제시하고 있다고 볼 수 있다.

[표 2] 호주와 한국의 전반적인 비교

구 분	한국	호주	OECD
65세 이상 인구(%, 2010년)	11.3	13	14.9
평균 수명(2009년)	80.3	81.6	79.5
일인당 국내총생산($US, 2011년)	30,677	41,393	35,062
사회보장 지출(GDP 대비 %, 2007년)	7.6	16	19.2
총 건강 지출(GDP 대비 %, 2009년)	6.9	8.7(2008~09년)	9.6
공공연금 지출(GDP 대비 %, 2008)	1.7	3.3	7.0
총 건강 지출 중 일반정부재원 비율*(%, 2009년)	58.2	68	72.1

* 사회복지수당 제외
자료: OECD(2011a, 2011b, 2012)

　　이러한 호주의 경험은 한국을 비롯해 노인복지의 과제를 안고 있는 여러 나라에 시사하는 점이 많다고 할 수 있다. 우선 호주의 예를 볼 때, 더 나은 노인복지는 정부의 끊임없는 노력과 시도로 가능해진다는 것을 알 수 있다. 때로 시간낭비이거나 지루한 조정절차로 보일 수 있지만, 이러한 노력과 시도를 통한 변화야말로 그 나라의 특수성에 맞고, 개개인의 필요에 부응할 수 있는 노인복지제도를 발전시킬 수 있다. 또한 노인복지지출을 위한 재정 건전성의 중요성을 알려준다. 한정된 복지재정에서 복지효율성을 극대화하는 것이 필요하다. 그러나 무엇보다 우리가 주목해야 할 것은, 인구 노년화에 대응하는 호주의 노인복지정책이 노인인구를 당장 해결해야 할 '문제의 대상'이나 '무거운 짐'으로 보지 않고 꾸준히 사회에 참여하고 기여하는 사회구성원으로 인식하며, 새로이 다가올 노인세대의 다양성과 변화를 이해하고 지원하는 데 그 초점을 두려고 노력하고 있다는 점이다. 노인복지는 어느 나라에서든지 노년의 삶을 오래 지속시키는 데 그 목적이 있는 것이 아니라, 건강하고 생산적이며 독립적인 노년을 즐길 수 있도록 장려하고 지원하는 데 그 목적을 두어야 하기 때문이다.

〈참고문헌〉

인터넷 한국일보. 2012. "노인 연령기준 상향이라는 국가적 과제." Accessed 2012/10/06, Retrieved from: http://economy.hankooki.com

Australian Bureau of Statistics. 2002. "Australian Social Trends 2002, Income and Expenditure-Sources of Income: Employee Superannuation." Accessed 2005/03/23, Retrieved from: http://www.abs.gov.au.

Australian Bureau of Statistics. 2003. "Year Book Australia 2003, Populations: Households and Families." Accessed 2012/03/03, Retrieved from: http://www.abs.gov.au/AUSSTATS/abs@.nsf/DetailsPage/1301.02003?OpenDocument.

Australian Bureau of Statistics. 2005. "Australian Social Trends 2005." Accessed 2012/03/23, Retrieved from: http://www.abs.gov.au.

Australian Bureau of Statistics. 2006. "Private Health Insurance: A snapshot, 2004-05." Accessed 2012/03/23, Retrieved from: http://www.abs.gov.au/ausstats/abs@.nsf/mf/4815.0.55.001.

Australian Bureau of Statistics. 2007. "Employment arrangements, retirement and superannuation, Australia, 6361.0." Accessed 2012/04/12, Retrieved from: http://www.ausstats.abs.gov.au/Ausstats/subscriber.nsf/0/1A653F883363040DCA2575C8001ECB4E/$File/63610_apr%20to%20jul%202007%20(re-issue).pdf.

Australian Bureau of Statistics. 2009a. "4102.0 Australian Social Trends 2009." Accessed 2012/04/02, Retrieved from: http://www.abs.gov.au.

Australian Bureau of Statistics. 2009b. "4364.0 National Health Survey-Summary of Results 2007-2008, Australia." Accessed 2012/03/23, Retrieved from: http://www.abs.gov.au/AUSSTATS/abs@.nsf/DetailsPage/4364.02007-2008%20(Reissue)?OpenDocument.

Australian Bureau of Statistics. 2010. "4102.0-Australian Social Trends." Accessed 2012/06/12, Retrieved from: http://www.abs.gov.au.

Australian Government Department of Families, Housing, Community Services and Indigenous Affairs. 2009. "Annual Report 2008-2009." Accessed 2012/05/11, Retrieved from: http://www.fahcsia.gov.au/about/publicationsarticles/corp/Documents/2009_Annual_Report.

Australian Government Department of Health and Ageing. 2000a. "Australia/Japan: a

Comparison of Aged Care in Australia and Japan." Accessed 2012/04/08, Retrieved from: http://health.gov.au.

Australian Government Department of Health and Ageing. 2000b. "The National Strategy for an Ageing Australia: World Class Care Discussion Paper." Accessed 2012/04/08, Retrieved from: http://www. health.gov.au.

Australian Government Department of Health and Ageing. 2009. "Medicare statistics-March quarter 2009." Accessed 2012/05/12, Retrieved from: http://www.health.gov.au/internet/main/publishing.nsf/Content/medstat-mar09-analysis-b-per.

Australian Government Department of Health and Ageing. 2012. "Aged care assessment teams." Accessed 2012/06/08, Retrieved from: http://www. health.gov.au.

Australian Government Department of Human Services. 2012. "Age pension." Accessed 2012/04/02, Retrieved from: http://www.humanservices.gov.au/customer/services/centrelink/age-pension.

Australian Government Productivity Commission. 2008. "Trends in Aged Care Services: Some implications, research paper." Accessed 2012/06/02, Retrieved from: http://www.pc.gov.au/__data/assets/pdf_file/0004/83380/aged-care-trends.pdf.

Australian Institute of Health and Welfare. 1999. "Older Australia at a glance(2nd Ed)." Accessed 2005/05/02, Retrieved from: http://www.aihw.gov.au.

Australian Institute of Health and Welfare. 2001. "Older Australian at a Glance(4th Ed)." Accessed 2012/05/02, Retrieved from: http://www.aihw.gov.au.

Australian Institute of Health and Welfare. 2003. "Residential Aged Care in Australia 2001-02: A Statistical Overview." Accessed 2005/05/27, Retrieved from: http://www.aihw.gov.au/publications/age/racsa01-02/racsa01-02.pdf.

Australian Institute of Health and Welfare. 2010. "Health Expenditure Australia 2008-09, Cat. No. HWE 51." Accessed 2012/05/26, Retrieved from: http://www.healthissuescentre.org.au/documents/items/2010/12/357534-upload-00001.pdf.

Australian Institute of Health and Welfare. 2011a. "Australia's Welfare 2011." Accessed 2012/06/02, Retrieved from: http://www.aihw.gov.au/publication-detail/?id= 10737420537.

Australian Institute of Health and Welfare. 2011b. "Residential aged care in Australia 2009-2010: a statistical overview." Accessed 2012/06/02, Retrieved from: http://www.aihw.gov.au.

Australian Institute of Health and Welfare and Department of Health and Family Services. 1997. "Nursing homes in Australia 1995-96: A Statistical Overview."

Accessed 2005/05/23, Retrieved from: http://www.aihw.gov.au.

Australian Institute of Superannuation Trustees. 2012a. "A brief history of superannuation." Accessed 2012/04/22, Retrieved from: http://www.aist.asn.au/resources/super-for-consumers/the-history-of-super.aspx#top.

Australian Institute of Superannuation Trustees. 2012b. "Media Release." Accessed 2012/05/02, Retrieved from: http://www.aist.asn.au/media/129383/2012.3.20_media%2012%20gets%20through.pdf.

Australian Taxation Office. 2012a. "Super Funds." Accessed 2012/05/06, Retrieved from: http://www.ato.gov.au.

Australian Taxation Office. 2012b. "Guide to Medicare levy." Accessed 2012/10/06, Retrieved from: http://www.ato.gov.au.

Bateman, H. 2007. "Old age income protection in Australia." CPS discussion paper, Accessed 2012/05/06, Retrieved from: http://www.asb.unsw.edu.au/research/cps/Documents/H.%20Bateman%20-%20Old%20Age%20Income%20Protection%20in%20Australia%20.pdf.

Encel, S. 1996. "Retirement ages and pension ages-a complex history." *Social Security Journal*, June: 3-25. Accessed 2005/05/06, Retrieved from: http://www.facs.gov.au.

Griggs, D. and Atkins, C. 2004. "The bulk billing crisis-a Victorian perspective." Accessed 2012/04/26, Retrieved from: www. vcoss.org.au.

Kelly, S. 2009. "Reform of the Australian retirement income system." Accessed 2012/05/11, Retrieved from: http://www.bsl.org.au/pdfs/NATSEM_BSL_Reform_of_Australian_retirement_income_system.pdf.

Organization for Economic Cooperation and Development. 2011a. "Pensions at a glance 2011: retirement-income systems in OECD and G20 countries." Accessed 2012/05/06, Retrieved from: www.oecd.org/els/social/pensions/PAG.

Organization for Economic Cooperation and Development. 2011b. "OECD Health Data 2011." Accessed 2012/05/06, Retrieved from: http://www.oecd.org/document/30/0,3746,en_2649_37407_12968734_1_1_1_37407,00.html.

Organization for Economic Cooperation and Development. 2012. "OECD Social Expenditure Database." Accessed 2012/05/06, Retrieved from: http://www.oecd.org/document/9/0,3746,en_2649_33933_38141385_1_1_1_1,00.html.

Power, T. 2012. "Superannuation Guranteeset to jump 33%." Accessed 2012/05/06, Retrieved from: http://www.superguide.com.au.

Statistics Korea.(2010). 2010 고령자 통계. Accessed 2012/05/06, Retrieved from: http://

kostat.go.kr.

Tesfaghiorghis, H. and Sermeno, W. 2004. "Projections of the number of age pensioners and expenditure: 2004-2021." Paper prepared for the 12th Biennial Conference of the Australian Population Association, 15-17 September 2004, Canberra.

Watson, I., Buchanan, J., Campbell, I., and Briggs, C. 2003. *Fragmented Futures: New Challenges in Working Life*. Annandale: The Federation Press.

Whiteford, P. 2011. "How fair is Australia's welfare state?" *Inside Story*. Accessed 2012/06/06, Retrieved from: http://inside.org.au.

호주의 가족복지와 가족정책: 자녀양육 및 청소년 사회화 기능 지원 정책을 중심으로

정용문, 정경자, 장혜영

1. 서론: 가족구조의 변화와 정책이슈

1970년대까지도 다른 OECD 국가에 비해 매우 미비했던 호주의 가족정책은 1980년대에 들어서면서 크게 변해왔다. 지난 수십 년간 이루어진 호주의 가족정책 관련 프로그램의 성장은 프로그램의 수나 서비스와 수당의 종류, 수혜자의 범위 등의 면에서 볼 때, 다른 어느 나라의 사회정책 프로그램보다 괄목할 만하다. 1970년대 비주류분야의 하나로 발전이 없었던 호주의 가족정책은 1985년 이후 실시된 다양한 가족, 육아, 보육 지원 프로그램의 도입, 확대 및 발전을 통해 오늘날의 다양한 가족정책과 서비스 프로그램들로 크게 발전했다. 1985년 이후 호주의 가족정책과 서비스 프로그램에서 이루어진 주요 발전들은, 어린이 보육에 관한 다양한 보조금의 도입, 보육시설의 확대, 어린이들에게 지급되는 수당의 실질적인 인상, 그리고 다양한 지역사회 서비스 프로그램의 확산 등을 들 수 있다.

최근 호주가 경험하고 있는 가족구조의 변화는 다른 서구 국가들의 경험과 크게 다르지 않다. 인구 노령화와 출산율 감소, 이혼율 증가와 비전통적인 가구형태 증가는 호주의 가족지원 정책에 영향을 미치는 주요한 사회적 요인들이다. 또한, 가족 규모의 감소와 여성의 노동시장 참여 증가는 가족구성원들의 가구 내에서의 역할변화를 초래했고, 아동 및 청소년의 사회화를 지원해 온 호주의 가족정책에도 최근의 추세에 대응할 수 있는 효과적인 변화가 요구되고 있다.

호주 통계청 자료에 의하면, 2009~2010년 현재 호주에는 총 840만여 가구가 있으며, 630만여 가족이 있다(Australian Bureau of Statistics, 2011b). 다수의 호주 인구는 가족을 이루며 살고 있으나, 독거가구도 호주 전체가구의 23%를 차지하고 있다. 대부분(84%)의 가족은 부모 가족(Couple families)이고, 14%는 한부모 가족(One parent families)이다. 부모 가족의 경우, 자녀가 있는 가족(44%)이 자녀가 없는 가족(40%)보다 약간 많으나, 이들 간의 격차는 지속적으로 줄어들고 있는 추세다.

호주의 가족정책은 사회보장제도를 통해 전통적인 형태의 가족, 즉 자녀가 있는 가구들과 특히 부양가정이 있는 저소득 가구를 보호함으로써 아동빈곤을 방지하는 데 많은 정책적 관심을 두어 왔다. 실제로 호주의 대표적인 사회부조 프로그램인 가족세제지원(Family Tax Benefits)은 자녀가 있는 가구만을 대상으로 하고 있다. 결과적으로, 부부와 자녀로 구성된 사회부조 수급가구의 순소득 및 소득대체율은 OECD 국가들에 비해 상대적으로 매우 높은 수준을 유지해 왔다(여유진 & 정용문, 2011).

그러나 통계자료에서 드러나듯이, 가족구조가 다양해지고 그 변화

속도가 점점 빨라지면서 호주 정부는 새로운 형태의 가족지원 정책 도입의 필요성을 인식하고 있다. 예를 들어, 2009년부터 동성 부모로 구성된 가족들도 이성부모로 구성된 가족들과 동일한 사회보장 자격이 부여되고 있고, 이와 관련된 각종 법령들이 재정비되고 있다. 이 장에서는 최근 호주의 가족구조 변화 양상을 일별하고, 호주의 가족지원정책들을 살펴보도록 한다. 가족 정책은 광범위한 분야를 포괄할 수 있기 때문에, 여기서는 특히 아동 양육 및 청소년들의 사회화 기능 지원 정책에 초점을 맞추고자 한다.

2. 아동 및 청소년 인구 동향

1) 가족형태의 다양화

높아가는 여성의 교육 및 노동시장 참여도, 낮아지는 결혼율, 늘어나는 사실혼(De facto marriage)[1] 및 혼전동거, 만혼과 이혼 등의 사회 추세는 오늘날 호주의 가족구조를 변화시키고, 가족원을 보호하는 울타리로서의 가정의 역할에 큰 영향을 미쳤다. 이러한 변화의 영향이 개인과 가족, 그리고 가정 모두에게 전달되면서, 젊은이들의 독립, 결혼, 육아 등 기존의 호주인들에게 익숙하던 생활양식들에 큰 변화를 가져왔다. 많은 젊은이들이 부모로부터의 독립을 미루고, 전통적인 결혼 관계보다 사실혼 관계를 선호하며, 출산을 미루거나 자녀를 적게 갖는 것을 선호한다. 결혼이나 출산에 관한 사람들의 사고방식이

---

1) 결혼하지 않고 부부처럼 같이 사는 커플을 의미한다.

변하면서, 호주의 가족구조는 가구형태가 다양해지고, 가족구성원 수가 감소하는 변화를 경험해 왔다.

[표 1] 가구형태의 변화

(단위: %)

가구형태	1976	1986	1997	2003	2006~07	2009~10
무자녀 부부	28	30	35	38	40	40
자녀 부부	48	45	40	37	37	36
비자녀 부부	11	11	8	9	8	8
자녀 한부모	7	8	10	10	9	9
비자녀 한부모	-	-	5	4	5	5
기타	6	6	2	2	1	1
합계	100	100	100	100	100	100

자료: Australian Bureau of Statistics(2011b), Campbell & Charlesworth(2004)

[표 1]에 나타나 있듯이, 부모와 자녀로 이루어진 전형적인 가구형태가 눈에 띄게 감소했다. 즉, 1976년에 총 가구 수의 48%를 차지하던 부모와 자녀로 이루어진 가구가 2009~2010년에 36%로 감소했다(Australian Bureau of Statistics, 2011b). 대신 무자녀 부부, 친인척과의 동거, 한부모 가정(Single-parent families) 등의 수가 크게 증가했다. 더불어 독거가정의 증가도 눈에 띄는데, 1971년에 총 가구 수의 약 18%를 차지하던 독거가정 수는, 1996년에 약 22%로, 다시 2001년에 약 23%로 증가했다(Australian Bureau of Statistics, 2003a). 특히 젊은 층의 독거가 현저했던 과거와 달리, 오늘날의 독거가정은 노인독거가 더 많은 것으로 나타난다. 이는 인구 노령화에 따른 현상으로서, 75세 이상 연령자의 3분의 2 이상은 혼자 살고 있고, 독거가정의 연령대 역시 지속적으로 상승하고 있다(de Vaus, 2004).

출산시기의 연기와 자녀 수 감소는 가족구성원 수의 감소를 초래했다. 1992~2002년 사이에 호주의 총 가구 수는 19.2% 증가했으나 가구당 인구수는 감소했다. 1992~2002년 사이 가구당 평균 가족원 수는 3.2명에서 3.0명으로 감소했다(Australian Bureau of Statistics, 2003a). 1992년 약 46%의 가구가 3명 이상의 가구원 수를 가졌던 반면, 2002년에는 약 42%가 3명 이상의 가구원 수를 가지는 것으로 나타난다. 이 추세가 계속될 경우, 평균 가구원 수는 지속적으로 감소하여 2031년에는 2.4명 내지 2.5명으로 줄어들 것으로 추정된다(Pink, 2012). 또한, 가족당 평균 자녀 수는 1.5명으로, 1986년의 1.9명에 비해 감소했음을 알 수 있다(Australian Bureau of Statistics, 2003a).

2) 아동 및 청소년 인구 비율 감소

지속적으로 진행되고 있는 인구의 노령화로 인해 호주는 전형적인 노년사회의 인구구조를 나타내고 있다. 인구의 고령화는 결과적으로 전체 인구수에서 아동 및 청소년 인구가 차지하는 비율을 낮추는 결과를 가져왔다. 즉, 1983년에 총인구의 24%를 차지했던 14세 이하의 아동 인구는 1990년에 22.0%로 줄었고, 2010년에는 18.9%로 떨어져 지속적으로 감소하는 추세다. 12~24세의 청소년 인구는 절대적인 수에서 증가하고 있다. 즉, 20년 전인 1989년에는 청소년 인구는 약 350만 명이었고, 2009년 대략 400만 명에 이르러 호주 전체 인구의 약 5분의 1 정도를 차지한다(Australian Institute of Health and Welfare, 2011b). 그러나 청소년 인구증가율이 전체적인 인구증가율에 미치지 못하고, 인구 노령화 추세 속에서 그들이 전체 인구에서 차지하는 구성비율

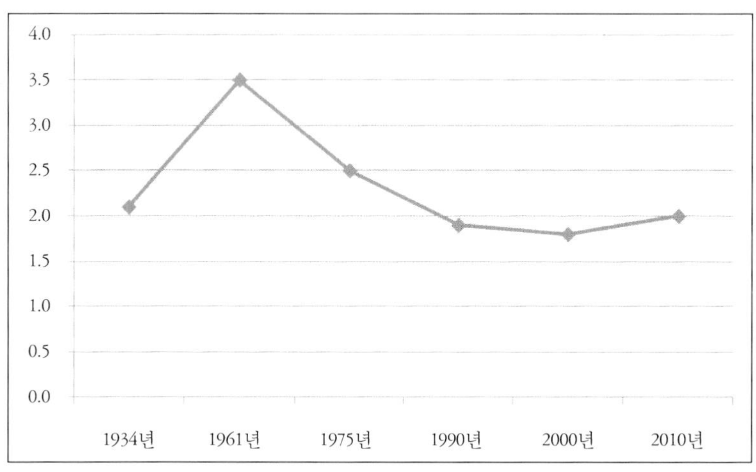

(단위: 여성 1인당. 명)

[그림 1] 호주의 출산율 추이

은 점차 감소되어 왔다. 그 결과로, 1989년에 21%였던 청소년 비율은 2009년 현재 19%로 줄었고, 2038년에는 15%대로 감소할 것으로 추정되고 있다. 출산시기의 연기와 자녀 수 감소, 최근 증가하는 한 자녀 갖기 추세 등이 아동 및 청소년 인구의 비율을 낮추는 데 큰 역할을 하고 있는 것으로 보인다.

출산율의 경우, 2001년에 한 여성당 1.73명으로 사상 최저를 기록한 이후, 2004년에 1.77명, 그리고 2010년 현재 1.89로 다소 증가하는 추세에 있으나, 1976년 이후 호주의 출산율은 인구 대체율 이하를 유지하고 있다. 호주의 낮은 출산율은 여성들이 출산을 늦추는 경향과 관련되어 있다(Australian Bureau of Statistics, 2011a). 즉, 2000년에 가임 여성의 중간연령은 29.8세였으나, 이 수치는 점차 증가하여 2009년 현재 30.6세에 이르러 있다. 최근 가장 높은 출산율을 보이는 연령대는 30~34세 여성으로, 2010년 통계에서 이들 여성은 1,000명당 123명의 아기를 출산한 것으로 나타난다. 반면에, 20~29세 여성의 출산율은 계속 감소하는 추세이다. 이들은 1981년 통계에서 평균 1.3명의 자녀를 가진 것으로 나타난 반면, 2001년 통계에서는 0.8명의 자녀를 가진 것으로 나타난다. 특히 25세 이하 여성의 출산율 감소가 현저해서, 2001년 현재 이들의 20% 정도만이 출산을 경험하는 것으로 나타난다. 주목할 만한 점으로, 25세 이하 여성 출산의 약 67%가 혼전관계에서 발생한다.

3) 결혼, 이혼 그리고 동거

호주의 결혼율은 사회경제적 여건과 인구구조 변화에 따라 증가와 감소를 경험해 왔다. 1942년에 인구 1,000명당 12.0건으로 최고의 결혼 등록을 경험한 이후 결혼율은 전반적인 하락 추세에 있다. 즉, 1982년 호주 인구 1,000명당 결혼등록 수가 7.7건으로 감소했고, 2009년 현재 이 수치는 7.3을 기록하고 있다(Pink, 2012). 특히 2002년 총 결혼등록자 중에 70%는 양측이 모두 초혼인 경우였으며, 나머지는 양쪽 또는 한쪽이 재혼인 경우였다(Australian Institute of Health and Welfare, 2011a). 평균 초혼 연령도 높아져서, 1997~2003년 사이, 남자는 27.8세에서 29.6세로, 여자는 25.9세에서 27.7세로 각각 증가했다(Pink, 2012).

이혼율의 경우, 1970~1980년대 급격한 증가 이후, 최근 20년간 증감을 반복하며 소폭의 상승만을 보이고 있는데, 2001년에 인구 1,000명당 2.8건의 이혼율을 기록하여, 미국(1998년에 4.2)보다는 낮지만 영국(1996년에 2.9) 및 뉴질랜드(1998년에 2.7) 등과 함께 OECD 평균 이상의 이혼율

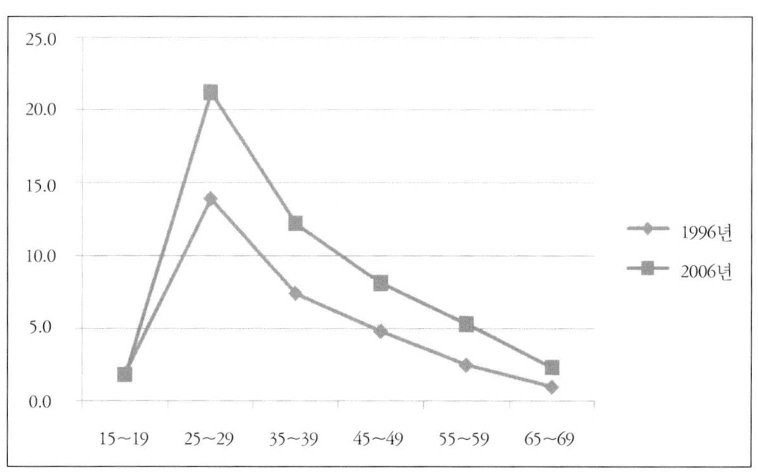

[그림 2] 연령대별 사실혼 추이

을 나타내고 있다(de Vaus, 2004). 호주의 이혼율은 최근 감소추세에 있으며, 2009년 현재 인구 1,000명당 2.3건을 기록하고 있다. 그러나 부모의 이혼을 경험하는 18세 이하 어린이와 청소년의 수는 1991년에서 2001년 사이 약 14%가 증가했다(Australian Institute of Health and Welfare, 2003a). 또한, 자녀가 있으면서 이혼하는 경우가 전체 이혼의 51%를 차지해, 약 18%의 호주 어린이들이 18세가 되기 전에 부모의 이혼을 경험하는 것으로 추정된다(Pitman, Herbert, Land, & O'Neill, 2004, 6).

결혼 및 이혼 등에 관련한 위와 같은 사회추세는 결혼과 주거양식(Living arrangements) 등에 대한 호주인들의 일반적인 사고방식의 변화를 보여준다고 할 수 있다. 특히, 사실혼 관계가 전통적인 결혼의 대체수단으로 많이 선택되고 있음에 주목할 만하다. 통계자료에 의하면, 2001년에서 2006년 사이 사실혼은 동성애 커플을 포함하여 25%

정도 증가하여, 2006년 현재 15세 이상 호주 인구의 9%가 사실혼의 결혼 상태에 있다(Australian Institute of Health and Welfare, 2011a). 사실혼은 젊은 인구 계층에서 흔히 나타나는데, 전체 사실혼의 21%는 25~29세 인구가 차지하고 있고, 20~24세 그리고 30~34세 연령대가 각각 15%와 16%를 차지한다.

이혼과 함께 사실혼은 가족관계에 중요한 영향을 미친다. 2003년 현재 0~17세의 자녀가 있는 총 커플의 12%가 사실혼 관계에 있는 것으로 나타났다(Australian Institute of Health and Welfare, 2005). 특히, 사실혼 관계는 무결손 가정(Intact families)보다는 의붓부모 가정(Step-parent families, 부부의 친자가 없고 한쪽 배우자에게로부터 의붓자식이 하나 이상 있는 가정)과 혼합 가정(Blended families, 부부 사이에 친자가 하나 이상 있으면서 한쪽 배우자에게로부터 의붓자식도 하나 이상 있는 가정)에서 더욱 흔하게 나타난다. 즉, 2003년에 무결손 가정의 경우 8%만이 사실혼 관계에 있었던 반면, 의붓부모 가정의 56%, 그리고 혼합 가정의 39%가 사실혼 관계에 있는 것으로 나타났다.

3. 가족의 자녀양육 및 사회화[2] 기능 지원의 필요성

1) 자녀양육가구의 다양화

가족형태가 다양해지면서 오늘날 호주 어린이와 청소년들의 주거 양식 또한 매우 다양하게 나타난다. 호주에서 0~17세의 자녀가 있는

---

2) 사회화란 학교교육을 포함해 어린이와 청소년이 제대로 그들의 가능성을 최대한 개발하고 건강하게 성장하여 사회적으로 문제없이 적응하도록 돕는다는 뜻이다.

가정들은 크게 부모가 모두 있는 양부모 가정(의붓, 혼합 및 비결손 가정을 포함하는 모든 부모가정)과 편부나 편모의 한부모 가정(One-parent families)의 두 가지 형태로 구분된다. 가족구조 변화 추이를 살펴보면, 전통적인 양부모 가정(Intact families)은 그 수와 비율이 모두 감소한 반면, 의붓부모 가정과 혼합 가정은 약간씩 증가했으며, 한부모 가정은 가장 큰 증가를 보였다.

부양자녀가 없는 가정을 제외하면, 한부모 가정의 증가가 눈에 띄게 두드러지는데, 1979~2000년 사이 그 수는 2배가량 증가했고, 특히 1990~2000년 사이에 급증한 것으로 나타났다. 그러나 2000년대 들어 한부모 가정의 증가추세는 주춤한 상태다(Australian Bureau of Statistics, 2011b). 한부모 가정의 대부분(85%)은 엄마만 있는 가정이다. 이와 더불어 한부모 가정에서 자라는 0~17세 어린이 및 청소년의 수도 크게 증가했다(2009~2010년 회계연도 현재 1,417,000명). 이는 높아진 이혼율과 미혼모 증가 등의 영향이라고 볼 수 있다. 이로 인해 0~17세 어린이가 있는 전체 가정 중 1992년 78%에 달하던 양부모 가정의 아동 및 청소년 비율이 2003년에는 72%로 줄어들었다.

2) 청소년의 독립생활 감소

이러한 변화를 초래한 요인들 중의 하나로 예전에 비해 더 많은 청소년들이 더 오랜 기간 교육기관에 머물러 있다는 점을 들 수 있다. 점점 낮아지는 고교졸업생들의 취업률과 여학생의 대학 진학률 상승 등으로 인해 더 많은 청소년들이 부모로부터의 독립시기를 늦추고, 대학에 진학하는 경우가 늘고 있다. 1991년에서 2001년 사이에 전문

직업학교를 포함한 3차 교육기관에 재학하는 남학생 수는 5.6%가 증가한 반면, 여학생 수는 10.5%나 증가했다. 또한 2001년 통계에서 남성의 16.3%, 여성의 17.8%가 학사 이상의 학위를 소지한 것으로 나타난다(Australian Bureau of Statistics, 2002). 부동산 가격과 주택임대료의 상승 또한 청소년들의 독립을 늦추는 요인으로 작용하고 있다. 그 밖에 문화적 배경도 큰 요인으로 작용해서, 비영어권 가정출신의 청소년일 경우, 특히 여성은 부모로부터 독립하지 않고 부모와 동거하는 경향이 더욱 현저한 것으로 나타난다. 2001년 통계에 의하면, 15~24세 호주청소년의 62%가 부모와 함께 살고 있는 것으로 나타난다. 또한 소수의 청소년들은 결혼하여 부부로 살거나(약 4%), 동거인 관계로 살거나(약 7%), 혹은 혼자(약 4%) 살고 있는 것으로 나타나 있다. 그리고 8.6%의 청소년이 교육 혹은 경제적인 이유 등으로 공동가구(Group household)[3]에 속해 있었다(Australian Institute of Health and Welfare, 2003a).

3) 어린이와 청소년의 사회화

호주에서 어린이(Children)와 청소년(Young people)에 대한 개념정의는 연구나 단체 또는 정책수립자에 따라 다르지만, 대략 0~14세까지의 인구를 어린이로, 15~24세까지의 인구를 청소년으로 통칭한다.[4] 호주에서는 최소한 15세 이상이 되어야 일을 시작하거나 학교를 마

---

3) 공동가구란 관련이 없는 15세 이상의 사람 둘 이상이 모여 형성한 가구를 말하며, 가구원들은 부부나 부모처럼 가족관계로 맺어지지 않아야 한다. 예를 들어, 기숙사에 사는 경우가 여기에 포함된다.
4) 유엔(UN)에서도 청소년을 15~24세로 규정하고 있다.

칠 수 있다. 법적으로 18세가 되면 성인으로 인정받으며, 선거권이 주어진다. 호주에서 18세라는 나이는 흔히 정규학교 교육과정의 종료, 대학 등 고등교육의 시작, 취직이나 부모로부터의 독립 등이 이루어지는 시기로 많은 통계자료에서 청소년기와 성년기의 구분점으로 쓰인다.

호주의 의무교육은 대부분의 주에서 유치원과정에서 15세까지로 정하고 있으며, 보통 10학년(한국의 고등학교 1학년에 해당)까지를 일컫는다. 10학년을 마치고 11학년이 되기 전에 학교를 떠나는 학생들은 조기학업 중단자(Early school leavers)로 지칭되며, 1995~1997년에 조사된 자료에 따르면, 약 9%의 학생들(남학생 10%, 여학생 7%)이 11학년이 되기 전에 학교를 떠나는 것으로 나타난다(Marks & Fleming, 1999).

학교등록률이 약간 감소했던 1990년대를 제외하고, 지난 수십 년간 호주에서 고등학교 과정을 마치는 청소년의 비율은 크게 증가해 왔다. 1970년대 고등학교 입학생의 3분의 1만이 12학년을 마쳤던 반면, 2000년대 초에 와서는 5분의 4가 12학년까지 마치며, 그중 절반은 전문직업학교 등을 포함한 3차 교육기관에 진학하는 것으로 나타난다. 2011년 통계에 따르면, 10~12학년(한국의 고등학생) 중 정규학생으로 남아 있는 학생의 비율은 79.5%다(Australian Bureau of Statistics, 2012). 그러나 12학년만을 놓고 볼 때, 이들 중 36.4%는 아무런 정규교육을 받지 않고 있다(Muir 외, 2009). 진학률 증가는 11학년 전에 학교를 떠나는 조기학업 중단자의 높은 실업률, 18세 이하 근로자에게 주던 혜택의 감면, 16세 이상 중·저소득층 학생들에게 주어지는 정부수당, 교과목의 수정, 12학년에 이루어지는 전체 평가시스템 등의 여러 가지 요인들에 기인한다고 볼 수 있다(Maunders, 2001, 72). 조기학업 중단자는 특히 원주민 청소년, 난민출신 청소년, 이민초기의 청소년, 10대 미혼모, 범죄자, 학업지진아, 장애청소년, 홈리스 청소년들에게서 많다. 최근 호주에는 학업과 일을 병행하는 청소년들이 늘고 있으며, 그로 인해 청소년들의 정규직 취업이 감소하고, 비정규직 취업이 증가했다.

2006년 센서스 자료에 의하면, 호주의 10대(15~19세) 청소년의 5명 중 2명(44%), 그리고 다수(69%)의 20~24세 성인 청소년들은 어떤 형태로든 고용이 되어 있다(Muir 외, 2009). 전자의 경우 정규직 종사 비율은 13.3%에 그치며, 후자의 경우는 41.3%에 이른다. 다소 높은 청소년 계층의 비정규직 비율은 물론 학업과 연관되어 있다. 두 연령대 모두에서 정규직 고용은 남자에게서 상대적으로 높은데, 이는 여자들이 학교교육에 더 많이 관여되어 있음을 시사한다. 15~24세 청소년들이 주로 종사하는 직업은 기술직(28%), 노동직(22%), 그리고 판매직(16%)이다. 호주 청소년의 실업률은 최근 경제불황과 함께 상승하고 있다. 2008년, 청소년 실업률은 7.8%였으나, 2009년에 11.7%로 크게 높아졌다.

4. 가족의 자녀양육 및 사회화 기능 지원정책 유형 및 특성

1) 호주의 가족정책 개요

(1) 유년기와 조기 서비스 프로그램에 중점을 두는 정책

가족구조의 변화와 다양함이 가족 내 어린이와 청소년들에게 어떠한 영향을 미치는가는 오늘날 호주 정부의 가족정책 결정에 있어 중요한 이슈 중 하나이다. 호주 연방정부는 2001년 9월 '아동 발달, 건강 및 복지를 위한 특별위원회(Task Force on Child Development, Health and Wellbeing)'를 설립하면서, 호주의 가족정책이 특히 유년기 어린이(Early Childhood)의 정신적·육체적 성장과 복지 등에 가장 중점을 두고 있음을 밝혔다. 이 위원회의 주된 임무는 호주 정부부처 전체에 걸쳐 어린이들을 위한 국가적인 노력을 이끌어내는 것이었다. 위원회는 2003년 '국가의제(National Agenda)'에 관한 심의 연구서를 발행했으며, 이 심의 연구서는 이후 호주 가족정책의 뼈대로 사용되고 있다. 특히 이 심의 연구서는 호주의 가족정책이 아이가 아직 어린 가정의 건강증진, 조기교육과 보살핌, 가족과 육아 지원, 어린이를 위한 지역사회 건설 등의 네 가지 주요 분야에 중점을 두어야 한다고 제안했다.

이 '국가의제'는 호주 내 각 자치주들의 가족정책과 육아정책에 크게 반영되었다. 예를 들어, 뉴사우스웨일스(New South Wales) 주는 2002년 '가족 우선(Families First)' 정책을 도입하여, 0~8세의 어린이를 둔 부모들을 대상으로 조기개입과 예방정책을 시행하고 있다. 가족우선 정책은 그 밖에도 육아방법의 개발에도 큰 관심을 쏟고 있다. 빅토리아(Victoria) 주 역시 지난 2002년 '아동 우선(Child First)' 정책을 도입하여, 어린이센터 같은 어린이와 가족들을 위한 서비스 개발에 중점을 두며, 유치원(Preschool)의 재정지원, 특수아동의 지원, 어린이 학대 방지, 신생아와 생후 보호 및 서비스 향상을 위해 노력하고 있다. 호주 수도 특별자치구(Australian Capital Territory: ACT)는 2004년에 '아동 플랜(Children's Plan)' 정책을 도입하여, 12세까지의 어린이들을 위한 서비스와 프로그램들을 실시해 왔다. '아동 플랜' 정책 역시 뉴사우스웨일스 주와 빅토리아 주의 가족정책과 비슷한 형태로, 신생아와 생후 서비스, 교육증진, 어린이보호, 지역사회서비스, 어린이의 다

양한 활동증진 등에 중점을 두고 있다. 서호주(Western Australia) 주 또
한 어린이와 관련한 다양한 정책들을 발전시켜 오고 있는데, 가장 포
괄적인 정책으로는 '유년기 프레임워크(Early Years Framework)'를 꼽
을 수 있다. 유년기 프레임워크는 0~8세 어린이와 그 가족들을 중점
으로 하는 정책으로, 지역사회 지원, 어린이 건강을 위한 보호와 조기
중재 등을 포함, 이들 어린이와 가족들이 믿고 의지할 수 있는 사회
안전망 같은 서비스들을 제공하기 위한 통합된 접근법을 제시한다.

(2) 청소년을 위한 정책

유년기에 중점을 둔 정책들 외에도, 호주 연방정부와 주정부는 청
소년을 위한 정책에도 큰 관심을 기울여 왔다. 호주 연방정부의 청소년
정책은 1995년에 발표된 '호주 청소년 현황(Profile of Young Australians)'
에 기초해 입안되었다. 이후 자유당과 국민당의 연합당이 연이은 선거
의 승리로 정권을 유지함에 따라 호주 연방정부의 청소년정책은 일
관된 방향으로 추진되어 왔다. 청소년 관련 주정부 및 연방정부 부처
각료들로 구성된 '교육, 고용 및 청소년 문제에 관한 위원회(Ministerial
Council on Education, Employment, Training and Youth Affairs)'는 그동안
호주 연방정부의 청소년정책 발전을 주도해 왔다. 2009년부터 '3차 교
육 담당 위원회(Ministerial Council for Tertiary Education and Employment)'가
결합하여 더욱 포괄적인 상임위원회(Ministerial Council for Education,
Early Childhood Development and Youth Affairs)로 개편되어 시행되어 오
고 있다.

연방정부는 각 자치주정부와 특별지구에서 거두어들이는 조세수
입을 조절하여 청소년정책의 큰 방향을 결정하는 역할을 한다. 연방

정부는 또한 청소년정책의 중요한 두 분야인 고등교육과 센터링크 재정보조금의 직접적인 관리를 담당한다. 따라서 연방정부가 결정하는 청소년정책의 방향은 청소년의 사회환경과 기회창출에 큰 영향을 미친다고 볼 수 있다. 2002년 호주 연방정부와 주정부는 '전진: 모든 청소년의 더 나은 진로를 위하여(Stepping Forward: Improving Pathways for All Young People)'라는 공동선언문을 채택하여, 호주의 청소년들이 사회, 교육, 취업에서 보다 성공적인 성과를 이룰 수 있도록 실질적인 도움을 줄 수 있는 방법을 개발하는 데 힘을 쏟기로 결의했다. 이를 통해 호주 청소년들 특히 어려운 상황에 놓인 이들에게 전환의 기회를 제공하는 정책기반이 세워졌다.

호주 연방정부의 청소년정책과 프로그램들은 '교육 및 고용부(Department of Education, Employment and Workplace Relations)' 산하 '청소년청(Office for Youth)'의 지침에 잘 요약되어 있다. 이 지침은 호주 정부가 청소년들의 다양한 배경 및 욕구를 인정하되, 모든 청소년을 지원하며(Universality), 호주사회의 구성원으로서 청소년들의 가치와 기여를 이해하고 존중하며(Engagement), 청소년들 간의 기회와 성취에 차별이 없을 것(Inclusion)을 명시하고 있다. 호주 정부는 청소년의 사회적·경제적 참여를 정책적으로 권장 또는 지원하며, 청소년들의 성인으로의 독립을 적극적으로 도와야 한다고 강조하고 있는데, 특히 청소년들의 학교교육과 취업 사이의 경로에 많은 정책적 노력을 기울이고 있다.

최근 호주 정부는 청소년과의 소통을 활성화하기 위한 프로그램들을 시행하고 있다. '호주 청소년 포럼(Australia Youth Forum)'은 호주 정부가 지원하는 웹사이트로서 청소년들이 정부에 대해 본인의 생각과 의견을 자유롭게 개진할 수 있도록 돕고 있다. 또한, '호주 청소년 연구 정보센터(Australian Clearinghouse for Youth Studies)'를 설립하여, 청소년 지원 기관, 청소년 사회사업가 및 청소년 관련 연구자들이 청소년 문제에 효과적으로 대처할 수 있도록 연구 및 정보교류를 촉진하고 있다. 최근의 호주 청소년정책 방향은 '호주 청소년을 위한 국가전략(National Strategy for Young Australians)'에 제시되어 있다. 이 전략에 의하면, 건강과 복지, 교육, 가족, 지역사회, 온라인, 일, 조기개입, 그리고 안전 등에 최고 우선순위를 두고 있다(Australian Youth Forum, 2010).

(3) 일과 가정의 균형에 중점을 둔 정책

급격한 사회경제 및 인구구조의 변화 속에서 일하는 부모들을 어떻게 성공적으로 도울 수 있는가 또한 최근 호주가족정책의 큰 이슈이다. 이와 관련해 출산휴가나 육아휴가 등이 최근 학계나 정계에서 중요하게 다루어져 왔다. 일하는 부모는 일과 가정, 시간, 돈, 건강 등에 관한 다양하고 끊임없는 압박을 겪어야 하며, 여전히 성차별이 심한 사회여건 속에서 특히 '일하는 엄마'들이 겪는 압박감은 '일하는 아빠'들의 그것보다 훨씬 더 심각하다. 이러한 이해하에 호주는 2011년부터 유급 육아휴직(Parental leave)제도를 시행하고 있다. 또한, 각 사업단체들도 새로운 인적 자원 관리 정책들을 도입, 양성평등의 노동환경을 조성하고 고용인들이 일과 가정생활을 균형 있게 병행할 수 있도록 도와주도록 끊임없는 압력을 받고 있다. 유급육아휴직 제도를 통해 일하는 여성은 최대 18주까지 최저임금률(2012년 현재 주당 589.40달러)에 기초하여 급여를 받게 된다.

호주 가족정책의 이러한 움직임은 늘어가는 여성의 사회진출이나 고등교육에의 참여, 출산율의 감소와 인구의 노년화 등의 사회현상들과 무관하지 않다. 이러한 사회현상들은 또 '남자는 돈을 벌어오고 여자는 집안살림을 한다'는 전통적이고 보편적이던 성 개념이 점점 사라지고 양성평등이나 사회융화의 개념들이 논의의 쟁점으로 떠오르고 있는 것과도 밀접한 관계가 있다. 호주에서 '남편이 돈을 벌어오는' 전통적인 가정은 이미 지난 2000년에 자녀를 둔 전체 부부가정의 27%에 지나지 않았다. 오늘날 호주의 보편적인 가족의 모습은 '부모가 모두 일을 하는 가정'이다. 1986년 48%에 머물렀던 15세 이상 여성경제활동인구의 노동시장 참여율은 2006년 현재 58%로 급상승했다(Australian Bureau of Statistics, 2008a).

(4) 호주가족법 개정

호주는 최근 가족법이 개정되어 2006년 7월 1일부터 시행되고 있다. 이 개정안은 특히 늘어가는 이혼가정 및 이혼으로 인한 아동 양육문제 해결에 중점을 두고 있다(Kaspiew, Gray, Weston, Moloney, & Kelly Hand, 2009). 오늘날 호주에는 약 백만 명의 어린이들이 부모의 이혼 등으로 부모 중 한 명과 떨어져 살고 있으며, 이혼가정 어린이 4명 중 1명이 떨어져 사는 부모와 1년에 한 번 내지는 한 번도 만나지 않는 것으로 나타난다(Harper, 2012). 이러한 이혼가정의 문화를 변화시키자는 것이 2006년 가족법 개정의 핵심이다. 개정안은 이혼가정의 어린이가 부모의 이혼 후에도 양쪽 부모 모두에 대해 알 권리가 있으며, 각각의 부모와 같은 양의 시간을 지낼 수 있어야 한다고 강조한다. 또한 개정안은 양쪽 부모 모두가 자녀에 대해 동등한 부양의

무를 가지도록 권장하며, 양육문제를 법정에까지 가져가지 않고 해결하는 것이 부모의 이혼 후에 부모와 자녀 모두에게 더 이롭고, 특히 조부모의 역할이 중요하다는 점을 강조하고 있다. 또한 이혼 소송을 진행하기 전에 부모는 의무적으로 가족문제 해결모임(Family dispute resolution sessions)에 참석해야 하며, 그 밖에 부모로서의 역할을 다하지 못하는 경우 법원이 여러 가지 압력을 행사할 수 있는 권한을 허용하고 있다. 호주 정부는 개정 가족법 계몽 및 시행을 위해 전국적으로 65개의 '가족관계 지원센터(Family Relationship Centres)'를 운영하고 있다. 가족관계 지원센터는 전화상담을 비롯한 전화서비스와 인터넷 정보사이트 등을 통해 조기개입 서비스(Early intervention services), 집중개입 서비스(Intervention services) 등 이혼방지 및 해결을 위한 다양한 서비스를 제공하고 있다.

2) 아동 양육 지원 정책 담당 기구와 다양한 지원 프로그램

'가족, 지역사회 및 원주민 서비스부(Department of Families, Housing, Community Services and Indigenous Affairs, 이하 FaHCSIA)'는 호주가정의 건강한 가족관계 유지와 지역사회 내 참여확대를 돕기 위해 각 가정에 각종 서비스와 지원을 제공하는 역할을 맡은 호주 연방정부 부처이다. FaHCSIA는 경제적·사회적 환경의 갑작스런 변화로 어려움을 겪는 가정을 돕는 역할도 맡고 있다. FaHCSIA가 가족 및 아동양육을 위해 다양한 정책들을 총괄하고 개발하는 기능을 맡고 있지만, 실제 프로그램과 서비스는 센터링크와 '가족지원사무소(Family Assistance Office)'를 통해 제공되고 있다. 센터링크는 연방정부 '인적자원부(Department of Human Services)'

에 속한 정부기관으로서 호주의 다양한 사회복지서비스를 지역사회
에 직접 전달하는 역할을 맡고 있다. 자격이 되는 각 개인은 센터링
크에 등록함으로써 10여 곳의 정부부처에서 제공하는 다양한 서비스
와 경제적 지원을 이곳 한 곳을 통해 받을 수 있다. 센터링크는 호주
전역에 걸쳐 거주지역별로 사무소를 운영하며, 호주 국민에게 각종 연
금 및 수당, 교육, 취업 및 비즈니스 등에 관한 다양한 서비스와 자료를
제공한다. 특히 센터링크는 FaHCSIA를 대신해서 도움이 필요한 각 가정
에게 정부의 재정지원을 직접 지급하는 역할을 한다.

　가족지원사무소는 호주의 모든 가정이 정부가 제공하는 서비스를
보다 쉽고 적절하게 이용할 수 있도록 돕기 위해 설립된 정부기관으
로, 가족세제급여(Family Tax Benefit)나 보육급여(Child Care Benefit) 같
은 FaHCSIA가 제공하는 수당과 서비스들을 지역단위로 각 가정에 직
접 전달하는 역할을 한다.[5] 각 가정은 정부가 제공하는 모든 가족지
원서비스를 이곳을 통해서 받을 수 있다. 즉, 통합적 서비스에 대한 접
근성을 높이기 위해 가족지원사무소는 보통 국민의료보험사무실(Medicare
Australia offices), 센터링크 고객지원센터(Centrelink Customer Service Centre),
또는 국세청사무소(Tax office shopfronts) 내에 함께 위치해 있다.

　호주 정부의 재정지원은 육아를 위해 경제활동을 포기하는 부모들
과 중·저소득층 가정의 자녀양육지원을 목적으로 하며, 각 가정에
지불되는 지원금의 금액은 대부분 소득이나 보유재산에 기준하여 책
정된다. 자녀를 양육하는 가정에 지급하는 재정지원은 크게 두 가지, 즉
가족지원급여(Family assistance payment)와 가계수입지원급여(Income support

---

5) FaHCSIA의 몇몇 서비스 프로그램들은 지역사회 단체들을 통해 실시되기도 한다.

payment)로 나눌 수 있다. 가족지원급여는 중·저소득층 가정의 어린이와 청소년에게 지급하는 재정지원으로 '가족세제급여(Family Tax Benefits)' 등이 이에 속하며, 가계수입지원급여는 양육급여(Parenting Payment)처럼 소득이 없거나 아주 적은 부모들을 지원하는 수당 등을 말한다. 그 밖에 집세 보조금(Rent Assistance), 출산 수당(Baby Bonus) 등의 크고 작은 재정지원들이 있으며, 추가적으로 세입자 가정, 홀부모인 가정, 장애아를 둔 가정, 세쌍둥이 이상을 출산·양육하는 가정, 네 명 이상의 자녀를 양육하는 가정, 외딴 지역에 사는 가정 등을 위한 추가 재정지원들이 있다. 또한 기준금액 이하의 저소득 가구에게 보건할인카드(Heath Care Card)를 지급하여, 의료·교육·교통 등의 각종 지출에 큰 폭의 할인을 받을 수 있도록 지원한다.

[표 2] 아동양육 관련 가족재정지원

급 여	내 용
A형 가족세제급여 (Family Tax Benefit Part A)	중·저소득층 가정에서 양육되는 21세 이하 청소년이나 21~24세 정규 학생에게 지급되는 재정지원금(아동 수 및 연령에 따라 차등 지급)
B형 가족세제급여 (Family Tax Benefit Part B)	단일소득가구(한부모 가정 포함)의 16세 이하 어린이 및 청소년과 16~18세 학생에게 주어지는 추가 재정지원
양육급여 (Parenting Payment)	부모가 소득이 없거나 저소득인 16세 이하 어린이와 청소년을 위한 소득 지원금
보육급여(Child Care Benefit)	육아·탁아시설을 이용하는 가정을 위한 지원금
보육환급 (Child Care Rebate)	부모가 근로활동으로 인해 아동을 보육할 수 없는 경우에 지급되는 보육비 지원금
고아연금 (Double Orphan Pension)	부모가 모두 사망한 경우, 혹은 부모 중 한 사람이 사망하고 다른 한 사람은 양육이 불가능한 경우, 특별한 상황의 난민 어린이 등에게 주어지는 추가 지원금
출산수당(Baby Bonus)	출산 및 16세 이하의 아동 입양에 주어지는 급여

자료: Centrelink(2012)

가족지원사무소가 담당하고 있는 보육급여제도는 보육·탁아시설을 이용하는 중·저소득층 가정을 돕는 데 그 목적을 두고 있다. 많은 가정의 보육·탁아시설 이용을 촉진하고자, 호주 연방정부는 보육급여제도의 도입 이외에 보육·탁아시설 특히 종일 탁아시설과 방과후 시설 등의 확장에 힘써 왔다. 그 결과 호주 내 정식 보육·탁아시설의 이용은 꾸준히 늘어나, 2009년 현재 14세 이하 어린이의 절반(49%)이, 그리고 2~5세의 학령기 이하 어린이의 59%가 보육시설을 이용하고 있는 것으로 나타났다(Australian Institute of Health and Welfare, 2011a). 부모가 일을 하는 가정이 증가함에 따라 아동의 보육시설 이용은 지속적으로 증가해 왔다.

보육급여 도입으로 생활비에서 보육·탁아시설의 이용비가 차지하는 비율은 다소 감소하고 있다. 그러나 보육·탁아시설의 비용은 많은 가정에게 큰 부담이 되고 있으며, 특히 비취업 한부모 가정들이 저렴하게 이용할 수 있는 시설이 크게 부족한 것으로 지적되고 있다. 이에 따라 자녀양육에서 조부모의 역할이 두드러지고 있다. 즉, 호주에서도 많은 조부모들이 일하는 부모를 대신해서 또는 간혹 자녀를 직접 양육하기 어려운 상황에 있는 부모를 대신해서 어린 손자의 양육을 맡고 있다. 2008년 현재, 12세 이하 아동 5명 중 1명(19%)은 조부모에 의해 양육되고 있다(Australian Institute of Health and Welfare, 2011a).

3) 청소년 지원 정책 담당 기구와 지원 프로그램

호주 연방정부에는 1970년대부터 이미 청소년 담당 부처가 존재해왔다. 그러나 호주의 청소년정책은 호주인권위원장(Australian Human Rights Commissioner)을 역임한 크리스 시도티(Chris Sidoti)가 1998년 어린이와 청소년의 권익을 위한 전국적인 연대를 돕고 정부의 청소년 정책과 프로그램의 개발과 실천을 담당할 '어린이 사무소(Office for Children)'의 설립을 권고하면서, 큰 발전을 이루었다. 2001년에 연방 정부에 어린이 및 청소년 전담 장관(Federal Minister for Children and Youth Affairs)이 임명되었으며, 이 연방정부 장관이 '가족 및 지역사회부(Department of Family and Community Services)' 내 청소년청(Youth Bureau)을 관장하기 시작했다. 2010년부터 아동 및 청소년 업무(School Education, Early Childhood and Youth)는 연방정부의 '교육 및 고용부(Department of Education, Employment and Workplace Relations)' 장관의 소관하에 있다.

[표 3] 청소년 관련 재정지원

급 여	내 용
청년수당 (Youth Allowance)	6세부터 20세 사이의 구직자 및 16세부터 24세 사이의 정규학생을 지원하기 위한 급여
학업수당(Austudy)	25세 이상 정규학생의 학업 관련 비용을 지원하기 위한 급여
원주민 학업수당 (Abstudy)	원주민 학생들에게 별도로 주어지는 학업수당
학생 보너스 (Schoolkids Bonus)	학령기 아동의 교육비 지원을 위해 매년 급여
교통수당 (Fares Allowance)	교육을 위해 집에서 멀리 떨어져 살아야 하는 학생에게 주어지는 교통비 지급

자료: Centrelink(2012)

'교육 및 고용부'로 통합되기 전 호주 연방정부의 청소년정책은 '교육부(Department of Education, Science and Training)'에 의해 주도되었다. 교육부는 정규 학교교육, 직업개발, 직업훈련, 고등교육, 학술연구, 국제교육, 원주민교육, 과학과 혁신 등에 관한 다양한 청소년 관련 프로그램을 개발하고 지원했다. 교육부는 특히 학생들이 경제적 어려움

없이 학교교육을 마칠 수 있도록 돕기 위해 학생들을 위한 청년수당(Youth Allowance)과 학생수당(Austudy) 등의 정부 보조금 정책들을 개발하고 발전시켰다.

호주 정부의 청소년 재정지원 정책은 크게 실업 관련 지원과 학업지원으로 구분될 수 있다. 청소년을 위한 대표적인 실업 관련 급여로는 청년수당(Youth Allowance)이 있다. 호주 교육부는 1998년 7월 1일 청년수당제도를 처음으로 도입하였고, 자격요건을 갖춘 16~25세의 정규학생들(Full-time students)은 2주마다 생활보조비를 받고 있다. 청년수당의 신청과 지불 등은 센터링크를 통해 이루어지며, 금액은 수당을 받는 청소년 또는 그 가족의 수입에 따라 결정된다. 청년수당은 학생이 아닌 비취업 청소년에게도 지급된다. 21세 미만의 청소년 중 직업훈련을 받는 중이거나 견습과정에 있는 경우, 혹은 질병으로 일을 하지 못하는 경우, 청년수당을 신청할 수 있다.

학업지원 프로그램으로는 학생수당(Austudy)과 원주민 학생수당(Abstudy)이 있다. 학생수당은 25세 이상의 정규 학생들을 위한 연방정부 수당으로서, 청년수당과 함께 1998년 7월 1일 도입되었다. 전업으로 공부를 하거나 직업훈련을 받는 젊은이들(승인된 기관에서 승인된 과정을 이수하는 경우)에게 생활보조비를 지급하며, 이 급여를 받기 위해서는 자신 또는 파트너의 소득과 자산이 특정한도 이내이어야 한다. 원주민 학생수당은 원주민 출신의 중·고등학생(초등학생이지만, 14세 이상이며, 경제적 도움이 필요한 경우도 포함)과 3차 교육기관에서 공부하는 학생들에게 지급되는 연방정부의 수당으로, 재산 정도에 따라 지급이 결정된다. 이외에, 청년수당을 받는 3차 교육기관의 학생이 학업 때문에 집에서 멀리 떨어진 곳에 사는 경우에 교통비 수당(Fares Allowance)이 지급된다. 이것은 일상적인 통학 교통비를 지원하는 것이 아니라 1년에 두 번 집에 다녀올 수 있는 왕복교통비를 지원하는 것이다.

5. 기타 가족문제 및 정책 이슈

1) 이혼 가정의 자녀양육 문제

결혼, 동거, 이혼 등에 관련한 호주의 사회추세는 가정 내 어린이 양육의 책임분담에 상당한 영향을 시사한다고 볼 수 있다. 예를 들어, 이혼가정의 어린이와 청소년의 경우, 42% 정도만이 같이 살지 않는 부모를 자주(2주에 한 번 이상) 방문한다고 밝히고 있다(Campbell & Charlesworth, 2004). 또한 많은 어린이들이 친부모와 자녀로 이루어진 전통적인 가구형태가 아닌 한부모 가정이나 의붓부모 가정 또는 혼합 가정에 살고 있는 것으로 나타났다. 특히, 한부모 가정의 경우에는 같이 살면서 양육을 맡는 어머니나 아버지가 실업상태에 있는 경우가 많아, 이들 가정의 아동과 청소년들의 양육문제가 주요한 사회문제로 대두되어 있다. 실제로 한부모 가정의 경우 절반 이상의 어머니, 그리고 43%의 아버지들이 실업을 경험하고 있다(Campbell & Charlesworth, 2004).

이런 경우를 대비해 호주 연방정부의 가족부(Department of Families, Housing, Community Services and Indigenous Affairs, FaHCSIA)는 이혼자녀 지원단체(Child Support Agency)와 센터링크(Centrelink)를 통해 '이혼자녀 지원 프로그램(Child Support Scheme)'을 운영하고 있다. 이 프로그램은 이혼가정의 자녀들이 같이 살지 않는 어머니나 아버지에게서 양육

보조금을 받을 수 있도록 조정해주며, 그 밖에 센터링크에서 제공하는 여러 재정지원을 받을 수 있도록 돕는다.

2) 가정폭력

호주 내 가정폭력은 그 성격상 자세하고 정확한 통계자료를 통해 실태가 알려져 있다고 보기 어려우나, 2005년 호주 통계청 개인안전조사(ABS Personal Safety Survey 2005) 결과에 의하면, 조사 당시 결혼했거나 사실혼 관계에 있는 여성의 2.1%(약 160,100명)가 최근 12개월 안에 가정폭력을 경험했으며, 결혼했거나 사실혼 관계에 있었던 여성의 15%가 결혼이나 사실혼 관계에 있는 중에 가정폭력을 경험한 적이 있다고 밝히고 있다(Australian Bureau of Statistics, 2006). 특히, 현재의 배우자에게 가정폭력을 당한 경험이 있다고 밝힌 여성의 49%가 자녀가 있으며, 27%는 자녀들이 가정폭력을 목격했다고 밝히고 있다. 또한 과거의 배우자에게 가정폭력을 당한 경험이 있다고 밝힌 여성의 61%가 자녀를 가지고 있었으며, 이들 중 36%가 자녀들이 가정폭력을 목격했다고 밝혔다. 특히, 24세 이하의 젊은 여성, 사회·경제적 수준이 낮은 가정출신이거나 원주민출신 또는 외딴 지역에 사는 여성들이 가정폭력을 당할 확률이 더 높은 것으로 나타났다(Mitchell, 2011).

가정폭력이 가정 내 어린이와 청소년에게 미치는 직·간접적인 영향은 매우 깊고 장기적일 수 있다. 특히 가정폭력이 있는 가정일수록, 아동학대가 일어날 확률 또한 높다고 조사결과는 밝히고 있다. 이러한 이유로, 호주 정부는 가정폭력 문제 해결을 위해 많은 재정지원과 프로그램을 제공하고 있다. 예를 들어 가정폭력 피해자가 심각한 재정적 어려움을 겪을 경우 비상가족급여(Crisis payment)[6]를 지급하고 있다. 또한 가정폭력이나 어린이 학대는 매우 중대한 문제로 다루어져, 누구든지 이런 사실을 알게 되었을 때는 반드시 담당부서에 신고를 해야 한다. 피해 어린이를 위해서는 상담 등의 여러 가지 지원을 제공하며, 경우에 따라 위탁 가정에 잠시 보내기도 한다.

3) 홈리스 가족과 청소년

호주에서 홈리스는 전통적인 주거양식에 살고 있지 않은 사람들을 가리키며, 거리나 버려진 건물 등에 사는 경우 또는 친구나 친척집에 임시로 사는 경우, 임시주거시설(Emergency accommodation) 등에 사는 경우 등을 포함한다. 2006년 호주 센서스 통계에 의하면, 적절한 주거를 갖추지 못한 홈리스는 104,676명으로 추정된다(Australian Bureau of Statistics, 2008b). 홈리스의 특성상 정확한 통계를 산출하기는 어려우나, 대략 전체 인구 1,000명당 53명에 해당한다. 홈리스가 되는 주된 이유는 가정폭력(22%), 살던 주거지에서 축출되는 경우(11%), 가족붕괴(11%), 일정한 주거를 구하기 힘든 경우(11%), 경제적인 어려움(10%) 등이다(Australian Institute of Health and Welfare, 2006).

호주 홈리스의 사회인구학적 특성 중 하나는 청소년 계층이 홈리스 인구의 많은 부분을 차지한다는 점이다. 즉, 주거지원 서비스(Supported Accommodation Assistance Program)를 받고 있는 홈리스의 36%가 25세 이하의 청소년들이다(Australian Institute of Health and Welfare, 2003b).

---

6) 비상가족급여(Crisis payment)는 가정폭력이나 자연재해 등으로 인해 경제적 어려움에 처한 가정에게 지급된다. 일시불로 지급되는 호주 정부지원금으로서, 12개월 내에 최대 4번의 급여를 신청할 수 있다.

호주의 홈리스 청소년은 매년 증가하는 추세이며, 12~24세 연령대의 홈리스는 59%의 여자와 41%의 남자로 구성되어 있다. 홈리스 청소년의 36.5%는 학교에 다니는 것으로 추정된다(Mackenzie & Chamberlain, 2008). 이들이 학교를 떠날 경우 실업자로 전락하는 경우가 많으며, 결국 성인이 되어도 홈리스로 남을 수 있는 확률이 높아져 사회문제로 대두되고 있다.

호주 정부의 홈리스 정책은 홈리스 예방, 홈리스 서비스 확대 및 개선, 그리고 재발방지 등의 세 가지 방향에서 추진되고 있다(FaHCSIA, 2008). 호주 정부의 주요 홈리스 프로그램은 '홈리스 주거지원 프로그램(Supported Accommodation Assistance Program)'에 기초하고 있다. 이는 연방정부의 주정부의 협력 프로그램으로서 연방정부가 55%, 주정부가 나머지 45%의 재정을 부담하고, 다양한 지역사회 비정부 기관들에 의해 실제 서비스가 제공된다(McIntosh & Phillips, 2000).

2009년부터 홈리스 문제는 '지불가능한 주거를 위한 국가협약(National Affordable Housing Agreement)'의 주요 정책목표 중의 하나로 설정되어, 연방정부와 주정부 간의 별도의 제휴협약(National Partnership Agreement on Homelessness)하에 홈리스 지원 프로그램이 운영되고 있다(정용문, 2012). 이 협약 프로그램의 일환으로 호주 정부는 '집이라는 곳(A Place to Call Home)' 프로젝트를 시행해 오고 있는데, 홈리스에게 영구 주거시설을 제공하는 것을 목표로 하고 있다. 이를 위해 2013년까지 홈리스를 위해 600호의 집이 새로 건설될 계획이며, 기존의 공공주택도 보수하여 적합한 주거시설로 제공할 계획이다. 호주 연방정부는 이외에도 홈리스를 위한 다양한 서비스와 프로그램들을 운영하고 있으며, 약물남용방지, 가족관계개선, 범죄예방 등의 다른 프로그램들도 함께 지원해 홈리스 문제의 해결을 위한 다각적인 접근을 실천하고 있다. 특히, 홈리스 청소년들을 위한 프로그램으로서 정부·비정부 단체들은 임시주거시설(단기 혹은 중장기), 사회활동 프로그램, 관계복원(Reconnect) 프로그램(연방정부의 재정지원으로 상담, 그룹워크, 가족 중재 등 홈리스 청소년이 가정, 학교, 직장, 및 지역사회로 다시 복귀할 수 있도록 지원하는 프로그램) 등을 운영하며 이들을 돕고 있다.

6. 결론 및 시사점

지난 수십 년간 이루어진 호주의 가족정책 관련 프로그램의 성장은 프로그램의 수나 서비스와 수당의 종류, 수혜자의 범위 등의 면에서 볼 때, 다른 어느 나라의 사회정책 프로그램보다 괄목할 만하다. 호주의 가족정책은 1985년 이후 어린이 보육에 관한 다양한 보조금의 도입, 보육시설의 확대, 어린이들에게 지급되는 수당의 실질적인 인상 그리고 다양한 지역사회 서비스 프로그램의 확산 등을 통해 어린이와 청소년의 복지 증진에 노력을 기울여 왔다. 이를 통해 빈곤으로 고통받고 사회적으로 불이익을 경험하는 어린이들의 수는 줄어들었지만 여전히 6명 중 1명의 어린이가 빈곤층의 가정에서 성장하고 있고(Australian Council of Social Service, 2012), 이들을 위한 지원이 여전히 중요한 정책 과제로 남아 있다.

또한 호주의 가족 정책은 호주사회 내 전통적인 가족의 붕괴와 가족구성원의 역할변화, 인구 노령화 등의 사회변화에 따라 급격히 나양해진 가족의 필요를 반영하기 위한 국가적인 노력의 결과이다. 그러나 아동 양육과 청소년 사회화 지원을 위한 호주의 가족정책이 여전히 여성이 육아를 맡는 전통적인 가정의 모습에 큰 가치를 부여하고 있다는 비판을 받기도 했다. 즉, 가정을 위한 재정지원을 확대하고자 도입한 가족세제급여를 통해 일하지 않고 집에서 육아를 담당하는 엄마들은 재산 정도에 관계없이 수당을 받을 수 있는 반면, 중·저소득층 가정의 맞벌이 여성들은 오히려 이러한 혜택에서 벗어나 경제적인 불이익을 당하는 경우가 많다는 것이다. 이러한 주장에 부응하여, 최근 호주 정부는 가정 내 부양가족을 위한 소득지원에 중점을 두었던 기존의 가족정책의 범위를 더욱 넓혀, 일하는 부모, 특히 취업주부들의 지원에 초점을 두면서 육아 및 보육지원을 더욱 확대하게 되었다. 이러한 과정에서 유급육아휴직은 호주가족정책의 주된 이슈로 부각되었고, 노동당 정권 교체 이후 2011년에 육아휴직제도를 시행함으로써 육아휴직제도 후진국이라는 불명예에서 벗어나게 되었다.[7]

호주의 가족정책이 한국의 가족정책에 대해 시사하는 바는 매우 다양하다. 우선, 호주의 가족정책은 한국의 가족정책이 오늘날 한국 사회가 겪고 있는 가족의 변화에 어떻게 대응할 수 있는지를 제시한다. 호주가 지난 수십 년간 겪어 온 이혼, 별거, 한부모 가족의 증가 등으로 인한 가족형태의 다양화 등은 오늘날 한국의 상황이기도 하다. 호주의 가족정책이 이들 가정이 가지는 다양하고 복잡한 욕구들을 실질적 서비스들을 제공하여 대응하고 있다는 점은 앞으로 한국의 폭넓고 다양한 가족정책 개발에 시사점을 제공한다.

또한 연방정부와 주정부, 지역사회 별로 가족을 위한 주무기관이

---

7) 이전까지 호주는 미국과 함께 유급육아휴직 제도를 시행하지 않는 유일한 OECD 국가였다(Attorney General's department, 2009). 18주의 유급육아휴직제도는 입양, 사산, 영아 사망 시에도 신청 자격이 주어진다.

따로 있어서 다양한 서비스들이 호주 내 전 지역의 가정에 쉽게 전달
되도록 한다는 점도 향후 한국의 가족정책 전달체계와 관련하여 중
요한 시사점을 제공한다. 가족정책의 전반적인 방향과 목표는 연방정
부의 가족과 지역사회를 위한 주무부처인 FaHCSIA에서 제시하며, 각
서비스의 개발과 실행, 전달은 주정부와 지역사회 내 기관과 단체들
의 연계와 협조에 의해 이루어진다. 다양하고 폭넓은 서비스에도 불
구하고, 호주의 가족정책은, 특히 각 가정이나 개인이 이용하는 서비
스 신청창구를 일원화하고 있다는 점에서 매우 긍정적으로 평가할
수 있다. 센터링크나 일하는 부모, 특히 취업주부들을 위한 호주의 지
원정책 또한 앞으로 한국의 가족정책이 주목해야 할 분야이다. 한국
역시 갈수록 맞벌이가 필요해지고, 취업주부들이 늘어가는 상황에서
호주식의 육아수당이나 양질의 육아지원서비스 개발 및 보육시설 확
충 등은 한국 가족정책의 당면 과제라 할 수 있다. 호주는 육아를 담
당하는 전업주부에게 수당을 제공할 뿐만 아니라 취업주부들에게도
보육비용의 일부를 지원함으로써 전통적인 가구형태에 여전히 큰 가
치를 부여함과 동시에 여성들의 사회진출을 장려하는 정책을 펴고
있다는 점도 눈여겨볼 사안이다. 아울러 가족구조 다변화가 아동양육
및 청소년 사회화에 미치는 부작용을 인지하여 가족의 재건 및 관계
복원을 위한 정책을 이미 시행해 오고 있고, 나아가 출산장려를 위한
실질적인 지원을 하고 있다는 점 또한 한국 가족정책에 시사하는 바
가 크다고 할 수 있다.

〈참고문헌〉

여유진·정용문. 2011. 『호주 사회보장체계 연구』. 한국보건사회연구원.

정용문. 2012. 『주택 및 주거서비스 주요국의 사회보장제도 연구-호주편』. 한국보건사회연구원.

Attorney General's department. 2009. *Australia's Paid Parental Leave Scheme: Supporting working Australian families*: Attorney General's department.

Australian Bureau of Statistics. 2002. *4230.0-Education and Training Indicators, Australia. 2002* Australian Bureau of Statistics.

______________________. 2003a. *4102.0-Australian Social Trend*. Australian Bureau of Statistics.

______________________. 2003b. *4102.0-Australian Social Trends 2003*. Australian Bureau of Statistics.

______________________. 2006. *4906.0-Personal Safety, Australia, 2005(Reissue)*. Australian Bureau of Statistics.

______________________. 2008a. *4102.0-Australian Social Trends, 2008*. Australian Bureau of Statistics.

______________________. 2008b. *Australian Census Analytic Program: Counting the Homeless Australia, ABS Catalogue No. 2050.0*: Australian Bureau of Statistics.

______________________. 2009. *Home and away: the living arrangements of young people*: Australian Bureau of Statistic.

______________________. 2011a. *3301.0-2010 Births*: Australian Bureau of Statistics.

______________________. 2011b. *4442.0-Family Characteristics, Australia, 2009-10* Australian Bureau of Statistics.

______________________. 2012. *4221.0-Schools, Australia*. Australian Bureau of Statistics.

Australian Council of Social Service. 2012. *Poverty in Australia*: Australian Council of Social Service.

Australian Institute of Health and Welfare. 2003a. *Australia's young people 2003: Their health and wellbeing. AIHW Cat. No. PHE 50*. Australian Institute of Health and Welfare.

______________________. 2003b. *Young homeless people in Australia 2001-02*. Australian Institute of Health and Welfare.

__________________________________. 2005. *Australia's welfare 2005. AIHW cat. no. AUS65.* Australian Institute of Health and Welfare.

__________________________________. 2006. *Homeless people in SAAP: SAAP National Data Collection Annual Report 2004-05.* Australian Institute of Health and Welfare.

__________________________________. 2011a. *Australia's welfare 2011. Cat. no. AUS 142.* Australian Institute of Health and Welfare.

__________________________________. 2011b. *Young Australians: their health and wellbeing 2011. Cat. no. PHE 140.* Australian Institute of Health and Welfare.

Australian Youth Forum. 2010. *National Strategy for Young Australians.* Australian Youth Forum.

Campbell, I., & Charlesworth, S. 2004. *Key work and family trends in Australia.* Centre for Applied Social Research, RMIT University.

Centrelink. 2012. *A guide to Australian Government payments*: Department of Human Services.

de Vaus, D. 2004. *Diversity and change in Australian families: Statistical profiles.* Australian Institute of Family Studies.

FaHCSIA. 2008. *The Road Home-The Australian Government White Paper on Homelessness.* Department of Families, Housing, Community Services and Indigenous Affairs.

Harper, P. 2012. *Australian Social Trends March 2012. ABS catalogue no. 4102.* Australian Bureau of Statistics.

Kaspiew, R., Gray, M., Weston, R., Moloney, L., & Kelly Hand, L. Q. 2009. *Evaluation of the 2006 family law reforms.* Australian Institute of Family Studies.

Mackenzie, D. & Chamberlain, C. 2008. *Youth Homelessness in Australia 2006.* Department of Families, Housing, Community Services and Indigenous Affairs(FaHCSIA).

Marks, G., & Fleming, N. 1999. *Early school leaving in Australia: findings from the 1995 year 9 LSAY cohort.* Australian Council for Educational Research.

Maunders, D. 2001. *Excluded or ignored? Issues for young people in Australia.* Youth Studies, RMIT University.

McIntosh, G., & Phillips, J. 2000. *'There's no home-like place'-Homelessness in Australia.* Parliamentary Library.

Mitchell, L. 2011. *Domestic violence in Australia—an overview of the issues.* Parliament of Australia.

Muir, K., Mullan, K., Powell, A., Flaxman, S., Thompson, D., & Griffiths, M. 2009.

State of Australia's Young People: A Report on the social, economic, health and family lives of young people. Social Policy Research Centre, University of New South Wales.

Pink, B. 2012. *1301.0-2012 Year Book Australia.* Australian Bureau of Statistics.

Pitman, S., Herbert, T., Land, C., & O'Neill, C. 2004. *Profile of young Australians: facts, figures and issues.* Foundation for Young Australians.

호주의 최저임금과 비정규직 보호제도들: 노동조합의 대응

신준식

1. 머리말

국가의 법과 사회·경제정책 그리고 산업, 기업과 노동조합의 고용정책은 산업 및 직종의 고용구조, 고용형태와 노동자들의 임금 및 고용조건에 커다란 영향을 미친다. 고용구조와 고용형태는 노동자 개인의 수입, 복지, 건강과 안전과 깊게 연관되어 있다. 그리고 국가와 직종 및 산업의 임금 결정원리, 임금 수준, 노동조건, 고용기간 그리고 노동과 관련된 기회와 위험의 크기는 노동자들의 사회·경제적 삶의 질을 평가하는 중요한 지표가 된다.

따라서 고용구조와 고용형태의 변화와 이들이 노동자의 삶에 미치는 영향을 분석하여 장점을 늘리고 단점을 최소화시키는 것이 매우 중요하다. 이런 맥락에서 본 논문은 호주에서 임시직을 포함한 비정규 노동의 발생 배경과 고용형태에 따른 임금 및 노동조건의 현황과 개선을 위한 조치들을 검토해 보려고 한다.

특히 호주에서는 비정규직이 발생하기 시작한 1920년대부터 보호 조치를 강구해 왔다. 비정규직이 급격히 증가하면서 정규직과 비정규직 두 집단 사이의 차별을 극소화시키는 제도들을 개발해서 각종 법률, 직종 및 산업별 협약과 기업별 협약의 규제를 통해서 보호함으로써 전체 사회적으로 공정성(fairness)의 가치를 실현하려고 노력해 오고 있다. 한국에서는 호주처럼 제도들이 발달되지 않아 이 두 집단 사이의 차별이 매우 크다.

이 글의 목적은 호주의 정규직과 비정규직의 규모를 파악하고, 비정규직 노동자들이 직면한 문제점들과 이를 최소화하려는 조치들을 분석·검토해서 향후 한국에서 보호제도를 정비하는 데 도움을 주려는 것이다. 이를 위해서 전반부에서는 비정규직의 법과 사회·경제적 지위와 관련된 내용을 다루고 후반부에서는 비정규직 보호제도를 검토한다.

2. 비정규직의 법적 및 사회·경제적 지위

1) 비정규 노동의 발생 배경

호주의 금속산업 직종별 협약의 역사에 따르면 1920년에 처음으로 배를 수리하는 비정규직인 임시직 목공이 등장했다. 긴급하게 배를 수리해야 하는 경우가 생겼는데 주별 고용이란 형태의 풀타임 노동자가 이 일을 처리하지 못하는 것에서 시작되었다. 또한 공정성에 따른 임금결정 원리에 따라 임시직이 발생한 이때부터 임시직 목공에게는 10%의 추가임금을 더 지급했다.

그랬던 것이 1941년 고용안정이란 제도 아래서 풀타임 노동자들에게 시간 고용으로 일할 수 있는 것이 허용되면서 '임시직 노동자(Casual employee)'라는 고용형태가 생겨나게 되었다. 임시직이 늘어나면서 1971년에는 특히 여성 노동자를 규정하는 파트타임 노동자의 분류가 나타났다(Owens, 2001, 124-125).

서구 선진 자본주의 국가의 대량생산, 대량소비 그리고 복지국가 정책에 바탕을 둔 사회·경제정책이 1970년대 오일 쇼크로 위기를 맞게 된다. 1970년대 경제위기를 거치면서 서구 선진 국가들은 2차 세계대전 후 1970년 초까지 '축적의 황금기'를 이끌어 왔던 기존의 사회·경제정책들이 변화된 환경에서 더 이상 물질적 이익을 창출하지 못한다고 판단하고, 새로운 대안적 정책들을 찾게 된다. 복지국가에 바탕을 둔 호주의 사회·경제정책은 1920년대부터 도입되어서 세계 2차 대전 후부터 1970년 중반까지 '황금의 축적기'를 이끌어서 다른 선진국에 비해 약간 길었다(Greig, 1995, 18).

이런 경제성장과 정책의 영향으로 1970년대까지만 해도 호주의 비정규직은 아주 작게 분포되어 있었고 사회문제로 크게 대두되지 않았다. 하지만 경제위기가 1970년 중반부터 시작되었고, 1980년대에는 지속적인 높은 실업률과 인플레이션, 증가하는 무역적자와 외채, 그리고 높은 관세 장벽의 철폐에 따른 기업 경쟁력의 약화가 나타났다.

1983년 자유·국민당연합 정부로부터 정권을 인수한 노동당 정부(1983~1996)는 80년대 초 경제 위기의 본질을 실업과 물가상승으로 보고, 이를 극복하기 위해 중앙 집중적 노사관계, 물가상승 억제, 실업 감소, 세제 개혁 등 경제 전반에 대한 개혁을 단행했다. 이 개혁은 케인스주의적 복지국가 정책의 실현을 통해 경제위기를 극복하기 위한 전략적 시도였다. 이런 시도는 호주노총(Australian Council of Trade Unions, ACTU)의 협조 속에서 사회적 합의(accord)로 구체화되었다. 또한 연방 노동당 정부는 사회적 협약에서 배제된 재계와도 긴밀한 관계를 유지했다. 즉, 이 시기의 경제위기를 극복하기 위한 국가전략은 노동조합의 직접적 협력과 재계의 간접적 협력을 통한 사회적 합의를 통해 이루어졌다(Bray & Walsh, 1998, 358).

호주노총이 전략적으로 협력한 것은 중앙집권적 노사관계와 직종 및 산별협약 (award)에 의해 임금 및 고용조건이 정해져 전 산업에서 공정성(equity)이 실현될 수 있다고 믿었기 때문이다(ACTU/TDC, 1987). 이런 호주노총의 협력은 자본주의가 가지고 있는 근본적인 노자갈등을 타협으로 해결하려는 논리로 문제가 있다는 비판을 진보적 성향의 학자들로부터 받기도 했다(Bramble, 1989; Hall & Harley, 1993; Briggs, 1994).

한편 연방 노동당 정부(1983~1996)와 노동조합이 중앙 집중적 노사관계를 통해 경제위기를 극복하려고 협력하고 있는 상황에서도, 대기업들은 하청, 아웃소싱과 기업규모 축소를 통해 직접 고용하는 노동자를 줄이거나, 고용을 중·소기업으로 이전시켰다. 생산의 직접적인 주체가 대기업에서 차츰 중·소기업으로 바뀌었다. 이렇게 직접 고용주가 바뀌면서 비정규직(임시직, 독립하청인과 자영인)들이 늘어났다. 특히, 전체 노동인구 중 임시직이 차지하는 비율이 1985년 16%에서 2004년 27.7%로 증가했다(Watson 외, 2003).

2) 임금 결정원리의 변화

1920년부터 시작되어 2차 세계대전 후부터 1970년 초 오일 쇼크로 야기된 경제 위기 이전까지 경제성장에 문제가 없었고, 국가도 복지국가를 위한 사회·경제정책을 실천해 왔다. 호주의 복지국가는 성장의 황금시대를 통해 완전고용, 대량생산과 대량 소비로 특징 지워졌다. 이런 상황에서 호주의 임금 및 노동조건은 전통적으로 1904년 설립된 세계적으로 독특한 독립적인 중재기구인 화해와 중재 위원회(Conciliation and Arbitration Commission)라는 중앙 집중적인 권한에 의해 결정되었다.

이 위원회의 임금 결정 원리는 1988년을 기점으로 크게 바뀌었다. 1988년 이전까지의 임금 결정에는 생계임금 원리(Principle of a living wage)가 그리고 1988년부터는 구조적 효율성 원리(Structural efficiency principle)가 적용되었다. 생계임금 원리는 1907년 당시 화해와 중재위원회 위원장이었던 하긴스 판사의 '하베스터 판결(Harvester decision)'에 근거를 두고 있다. 이 판결은 남편의 최저임금으로 부인과 자식들을 부양하면서 문명사회에서 살아갈 수 있는 인간으로서 필요한 물자를 구입할 수 있는 비용, 즉 문명인으로서 생계비를 말한다. 이를 현대인의 기준으로 한다면 소박하지만 쾌적한 생활을 영위할 수 있는데 충분해야 한다는 것이었다. 이 판결 원리가 최저임금제도의 근간이 되었다(Kaul, 2001, 46-47; Waring & Burgess, 2011, 682-683). 이런 원리가 직종 및 산별 차원에서 실현되어 왔기 때문에 임금결정에는 동일노동 동일임금의 원칙이 적용되어 공정성(equity)이란 가치가 실현되었다.

1983년부터 밥 호크 수상이 이끈 연방 노동당 정부는 케인스주의적 복지국가 정책의 실현을 통해 경제위기를 극복하면서 신자유주의에 대항하려 했고, 이러한 사회·경제정책에 대해 대기업 중심의 경영자 단체가 반발하고 나섰다. 그들은 1980년부터 시작된 기업들의 계속된 규모축소(Downsizing)와 구조조정(Restructuring)을 통해 생산의 주체를 중소기업으로 이동시켰는데, 이로 인해 임시직(Casual), 파트타임, 계약직 등 비정규직이 급속히 늘어나 고용구조와 고용형태에 커다란 변화가 왔다.

이런 과정들은 호주의 전통적인 임금 결정에 적용되어 왔던 생계임금 원리를 근본적으로 변화시켰다. 1988년 화해와 중재 위원회는 임금결정 원리로 '구조적 효율성 원리(Structural efficiency principle)'를 강조하고 경쟁력, 유연성 그리고 효율성을 임금결정의 중요한 요소로 채택했다(Carmichael, 1989, 1-10; Kaul, 2001, 47-48). 구조적 효율성의 원리란 작업재편을 통해 유연성 확대와 산업경쟁력을 확보하고, 노동자들에게 지속적인 기술습득을 위한 동기를 부여할 수 있는 기술관련 승진체계를 수립함으로써 기술수준에 따라 임금을 결정하는 것이었다. 이 원리가 호주 임금결정에 있어서 중요한 변화를 가져온 계기가 되었다.

이렇게 호주의 전통적인 임금 결정원리도 도전에 직면했지만, 1990년대 초까지는 기업별로 교섭이 이루어지지 않았고, 중앙 집중적인 직종 및 산별 협약(award)에 따라 임금이 결정되었기 때문에 같은 직종 또는 산업에 '동일 노동·동일 임금 원칙'이 유지되었다.

1991년 정권을 이어 받은 노동당의 폴 키팅 수상은 기업의 압력에 굴복하여 신 자유주의적 사회·경제정책을 실시하여 노사관계의 분권화, 노동시장의 유연화, 직업 형태 다양화와 하청의 확대를 허용했다. 특히, 연방 노동당 정부는 국제경쟁력과 생산성을 향상시키기 위해 임금과 노동조건의 결정에 있어서 직종 및 산별 협약(award)보다는 각 기업과 노동조합의 교섭에 의해 결정되는 '기업별 협약(Enterprise bargaining agreement)'에 중점을 두는 노사개혁을 단행했다. 이러한 개혁을 통해 직종 및 산별 협약(award)은 최저임금 및 노동조건을 위한 도구로 하고, 별도로 개별 기업과 노동조합 사이에 맺어지는 '기업별 협약'을 법으로 권장하는 정책을 실시하였다.(Buchanan & Callus, 1993).

이와 같은 변화에 대해 노동조합들의 강한 반발이 예상되었지만, 그들은 세계화와 신자유주의의 강한 영향력에 맞서기보다는 연방 노동당 정부(1983~1996)가 도입한 노사관계의 분권화와 노동시장 유연화 정책(Labour market flexibility policy)을 타협차원에서 인정했다. 한편 노동조합들은 직종 및 산별 협약에 깔려 있는 '동일 직종(동일 산별), 동일 임금'이라는 공정성 정신을 '패턴협약'을 통해서 기업별 협약에도 적용시키려는 전략을 구사했다. 호주의 패턴협약은 기업별로 협약을 맺지만 실질적으로 같은 직종 또는 산별에 속해 있는 기업들이 노동조합과 맺은 기업별 협약들의 내용은 거의 동일하다. 이 전략은 연방 자유·국민당연합 정부(Liberal·National Coalition Government, 1996~2007)의 강력한 반대에 부딪쳐 노동법에서 금지되는 경우도 있었지만, 현재 대부분의 기업별 협약에 적용되고 있다. 패턴협약이 가능한 것은 전문성을 갖춘 산별노조 주 지부와 각 기업이 교섭을 통해서 기업별 협약을 맺기 때문이다.

이렇게 연방 노동당 정부의 노사관계 분권화와 노동시장의 유연화 정책에 노동조합들이 타협하면서 동시에 패턴협약 전략을 통해서 직종 및 산별 협약보다 유리한 조건으로 기업별 협약을 맺어 조합원들의 임금과 노동조건을 개선하려는 시도는 성공을 거둘 수 있었다. 그러나 전략적 타협과 패턴협약이 기업별 단체협약의 임금 및 노동조건의 측면에서는 비교적 양호한 상태가 되도록 이끌었으나, 기업별 협약을 맺을 수 없는 노동자들에게 적용되는 직종 및 산별 협약의 임금 및 노동조건을 약화시켰다. 이런 노동시장의 이중구조는 호주가 전통적으로 지켜왔던 생계임금 원리와 공정성의 가치가 일부 훼손되는 결과를 낳았다.

자유·국민당연합 정부(1996~2007)는 하청 강화와 더불어 임금 결정의 기준으로 직종 및 산별 협약을 간소화 하고, 기업별 협약을 유지하면서 차츰 개인별 협약(individual contract)을 강화하기 시작했다(Wails & Lansbury, 1997, 59). 현재 이 협약은 노동법상으로 폐지되었고 고소득층을 위한 협약의 기능만이 남겨져 있다.

특히, 이 자유, 국민 연합 정부가 신자유주의 이념에 따라 강력하게 추진했던 노동시장 유연화 정책은 노정 간의 갈등을 가져왔다. 이런 정책은 기업규모의 축소와 기술훈련 투자 감소에 따른 기술부족 현상을 야기했을 뿐만 아니라 고용형태의 변화에 따른 직업건강안전 문제의 증가와 소규모 기업들의 이에 대한 책임 회피로 인하여 사회적 비용의 증가를 가져왔다. 또한 자영업자의 증가와 그로 인한 낮은 단가는 그들로 하여금 수입 유지를 위해 세금을 회피하게 만들었고, 비공식 고용(Informal employment) 증가와 국가 세금 수입의 감소 등이 심화되었다.

이런 문제들로 인해 2007년 총선에서 연방 보수당 정부는 노동당에게 패배하게 되었고, 호주 역사상 2번째로 현직 수상이 지역구 선거에서 패하는 이변이 발생하기도 했다. 연방 노동당 정부(2007~현재)는 자유·국민당연합 정부가 노사관계의 연방화를 통해서 각주와 연방에 산재되어 있는 노동 관련법들과 직종 및 산별 협약들을 간소화하였던 정책은 그대로 계승해서 추진했다.

반면, 연방 노동당 정부는 케인스주의적 복지국가 원리를 반영한 사회·경제정책을 도입하고 노사관계 개혁을 추진했다(Richardson, 2012, 1). 노동당 정부는 공정 노동법 2009(Fair Work Act 2009)를 제정하여 자유·국민당연합 정부(1996~2007)가 저소득층에서 고소득층 노동자들까지 강력하게 추진했던 개인별 협약(Individual agreement)은 노동법에서 제외시키고 기업별로 단체 협상을 통해서 체결되는 기업별 협약(Enterprise collective bargaining agreement)을 임금 및 노동조건 결정 방법으로 선호하고 있다. 특히 직종 및 산별 협약과 기업별 협약을 적용받지 못하는 취약층의 노동자들은 전국 최저임금 규정(National minimum wage order)을 통해 보호하고 있다.

따라서 현재 호주의 임금과 임금 조건을 정하는 제도에는 기업별 단체협약, 직종 및 산별 협약(award) 그리고 전국 최저임금 규정(national minimum wage order)이 있다. 이외 노동법 범주에는 들어 있지 않지만 고소득층을 위한 개인별 협약도 노동자들의 임금 및 노동조건을 규정하는 제도이다. 개인별 협약보다 정규직을 강조하는 기업별 협약을 늘리려는 정책의 영향으로 임시직 노동자들의 비율은 1985년 16%에서 2004년 27.7%로 증가했지만, 2007년에는 25%로 감소했고, 2011년 11월 현재 19.3%로 더욱 줄어들었다(Watson 외, 2003; ABS, 2009; ABS, 2012, 3).

3) 고용형태, 정규직과 비정규직의 규모

호주에서 임시직을 포함한 비정규직을 규정하는 개념은 하나로 확정되어 있기 않다. 각종 법, 직종 및 산별협약에 따라 조금씩 다르게 정의하고 있다. 즉, 이 개념은 사회·경제적인 상황, 입장들, 연방과 각 주정부, 연방과 각 주의 입법기관, 연방과 각 주의 노사관계 위원회의 입장과 노사 간의 힘의 논리에 따라 조금씩 변화할 수 있는 동태적 개념이다. 특히, 호주에서의 임시직의 개념은 공정성의 원리와 차별의 극소화란 역사적 의미가 있어 중요하다. 그래서 임시직의 개념과 범주는 노동권과 깊게 연관되어 있다.

이 글에서는 비정규직 중 임시직에 대한 규정은 호주 통계국(Australian Bureau of Statistics, ABS)의 개념을 따른다. 이외 비정규직에 대한 규정은 호주 통계국의 분류 기준에 중점을 두고 도출해 낸다. 호주 통계국(ABS)은 정확하게 비정규직을 분류하고 있지는 않다. 그러나 사회·경제·역사적으로 비교적 중요한 의미를 갖고 있는 임시직 노동자에 대한 각종 통계는 조사·발표하고 있다. 그래서 통계국의 고용형태 분류와 조사를 참고하고, 다른 조사들을 보충하면 비정규직의 규모를 파악할 수 있다.

(1) 피고용인과 임시직의 개념 출현과 추가임금

호주 통계국은 피고용인의 개념으로부터 임시직의 역사적 배경과 발전 과정을 바탕으로 임시직(Casual)과 정규직(Permanent)의 개념을 도출한다. 그래서 임시직과 정규직을 구분하기 위해서는 먼저 피고용인(employee)의 개념을 알아야 한다.

호주 통계국은 피고용인(Employee)을 15세 이상인 사람들이 주요한 부분을 이루는 직업(Their main job)으로 공공의 또는 개인의 고용주(Employer)를 위해 일을 하고, 그에 대한 보수로 임금(wages), 봉급(salary) 또는 한 번의 의뢰요금(a retainer fee), 커미션(commissions), 팁(tips), 작업당 임금(piece rates, 작업결과에 따른 임금, 성과급), 물건을 받는 사람들로 규정한다. 다만 오직 물건으로만 대가를 받는 사람은 포함되지 않는다(ABS, 2004).

임시직 노동자들(Casual workers)은 모든 피고용인들(Employees) 중 1년에 4주의 유급연가와 10일의 유급병가가 주어지지 않는 피고용인을 말한다. 임시직이란 개념은 역사적으로 금속산업에서 시작되는데, 1920년 호주노사관계위원회의 결정에 의해 금속 산업협약(award)에 정규직 풀타임 노동자의 '주별 고용(weekly hire)'과 다르게 시간별 고용으로 일하는 노동자란 개념으로 도입되었다(Owens, 2001, 124-125).

이때 임시직에게 추가로 지급되는 임금도 도입되었다. 호주 제조업 노동조합(Australian Manufacturing Workers Union, AMWU)에 의하면 1921년 임시직 노동자에게 추가로 지급되는 임금(Casual loading)은 정규직 노동자 시간 당 임금의 10%였다(Pocock, Buchanan, Campbell, 2004a, 41). 이런 시간 당으로 임금을 받는다는 개념이 사회·경제적인 상황의 변화와 결합하고, 학자들의 논쟁을 참고하여 현재 호주통계국이 분류하는 임시직의 범위가 결정되었다.

(2) 통계국의 고용형태 분류

호주의 통계국은 매월 그리고 매년 한 번 추가적으로 고용인의 고용형태(Forms of employment)를 네 가지로 분류해서 조사하고 발표한다. 고용형태를 분류하는 데는 유급연가와 유급병가가 중요한 판단기준이 된다. 첫째, 정규직 노동자들을 휴가의 권리를 가진 피고용인들(Employees with leave entitlements)로 정의한다. 이들은 매년 유급으로 연가 4주와 병가 10일을 가질 수 있다.

둘째, 임시직 노동자는 휴가의 권리가 없는 피고용인들(Employees with leave entitlements)을 말한다. 이들은 타인의 사업 안에서 일하거나, 법인체가 아닌 자영업을 운영하면서 임금이나 대금을 받기 위해 고객에게 청구서를 발행하지 않고, 정규직처럼 소득세를 낸다. 임시직 노동자들은 휴가가 없는 대신에 동일 노동을 하는 정규직 노동자의 시간당 임금과 정규직 임금의 15~33%를 추가로 더 받을 권리가 있다. 이런 규정은 직종 및 산별 협약, 기업별 협약 그리고 전국 최저임금 규정에 들어 있다.

셋째, 고용인구(Employed persons)에는 포함되어 있지만 피고용인(Employees)에 포함되지 않는 독립하청인(Independent contractors)이 있다. 이 독립하청인은 본인의 비즈니스를 운영하는 사람으로서 피고용인의 법적 지위를 가지지 않으면서 계약에 의해서 다른 사람들을 위해서 서비스를 제공하는 사람들이다. 이들은 상업적인 계약에 의해서 고객에 의해 고용된 사람들이다(ABS, 2012). 예를 들면 타일공이 타일하청회사(고객)와 제곱미터당 받는 금액을 정하고, 본인의 성과에 따라서 하청대금을 받는 경우 이 타일공은 독립하청인으로 분류된다.

각종 수당 지급과 산업재해 등을 당했을 때 책임 소재를 밝히기 위해서 또는 고용관계에 있어서 고용형태에 대한 분쟁이 발생하는 경우, 논란을 최소화하기 위해서 피고용인과 독립하청인을 명확히 구분하고 있다. 일반적으로 [표 1]처럼 구분하지만 법원에서는 더욱 세밀한 검토를 통해서 피고용인과 독립하청인을 구분한다.

넷째, 고용인구(Employed persons)에는 포함되어 있지만 피고용인(Employees)에 포함되지 않는 기타 사업자(Other business operators)로 규정되는 자영인들이 있다. 이 자기 고용 노동자는 자기 자신의 사업을 운영하는 노동자로서 노동자를 고용하거나 고용하지 않을 수 있으나 그 사업을 독립 하청인처럼 운영하지 않는 사람들을 말한다. 이 자영인들은 하청인들과 다르게 본인의 피고용인들에 대한 관리와 고객에게 물품과 서비스를 제공함으로써 본인의 수입을 창출한다(ABS, 2012).

[표 1] 고용인과 독립하청인을 구분하는 지표들

지표	피고용인	독립 하청인
일에 대한 통제 정도	• 지속적으로 고용주들의 지시와 통제 아래서 작업을 한다.	• 자신이 작업하는 방법에 대한 높은 정도 자율권을 가진다.
노동시간	• 일반적으로 표준시간 또는 정해진 시간에 일을 한다(임시직의 경우는 주마다 다양하게 할 수도 있다).	• 합의 아래 특별한 업무를 마치는 시간을 결정한다.
업무에 대한 기대	• 통상적으로 업무에 대한 지속적 기대를 가진다(어떤 피고용인은 특별한 업무에 고용되거나 기간으로 고용되기도 한다).	• 일반적으로 하나의 특별한 업무에 고용된다.
위험	• 금전적인 위험을 가지지 않는다(이것은 고용주들의 책임이다).	• 각 업무에 대한 이익과 손실을 스스로 진다. • 통상적으로 업무를 진행하는 과정에서 발생한 잘못된 작업과 상해에 대해서 책임을 진다. • 독립 하청인은 본인의 보험료를 내야 한다.
퇴직연금	• 고용주가 지정된 퇴직연금 관리회사에 퇴직연금 분담금을 적립해야 한다.	• 본인의 퇴직연금 분담금을 적립해야 한다(경우에 따라서는 독립 하청인도 퇴직연금 분담금을 제공받을 자격을 가지기도 한다).
연장과 장비	• 연장과 장비는 고용주가 제공하거나 연장 수당을 지급한다.	• 자신의 연장과 장비를 사용한다(계약으로 대안적인 방법을 택할 수도 있다).

세금	• 고용주가 소득세를 공제한다.	• 본인의 세금과 물품과 서비스 세를 직접 낸다.
임금 지급 방법	• 정기적으로 지급한다(예로 주/2주/매달)	• 사업자 번호를 가지고 작업이 완료되면 청구서를 발행해서 또는 계약 또는 프로젝트가 끝나면 대금을 받는다.
휴가	• 유급휴가를 받을 자격을 갖는다(예로 연가, 간병 휴가, 장기근속수당), 또는 임시직의 경우 유급휴가 대신 추가임금을 받는다.	• 유급휴가에 대한 자격이 없다.

자료: Fair Work Ombudsman(www.fairwork.org.au)

이런 통계국의 분류를 토대로 해서 정부 기관들, 산업계, 학계 등을 사용하는 호주의 고용형태를 정규직 피고용인, 임시직 피고용인, 독립하청인과 자영인으로 분류할 수 있다. 이를 정규직 노동자, 임시직 노동자, 하청노동자 그리고 자영업자로 부를 수도 있다.

(3) 정규직과 비정규의 규모

호주 통계국에 의하면 2011년 11월 현재 15세 이상 실업자를 뺀 고용된 총 고용인구(Employed persons)는 1,135만 3,400명이다. 첫째, 이 중 일 년에 4주 유급휴가와 10일의 유급병가를 가지는 정규직 노동자(Employees with paid leave entitlements)를 708만 4,000명인 62.4%로 보고 있다. 이 정규직 비율은 2004년의 60%에서 2.4%가 늘어난 수치이다(ABS, 2005; ABS, 2012, 3).

둘째, 고용인구의 37.4%인 426만 4,000명이 비정규직인데 이들 중 임시직 노동자, 독립하청인과 자영업자의 비율과 숫자는 다음과 같다. 휴가의 권리가 없는 피고용인들(Employees with leave entitlements)인 임시직 노동자가 219만 6,800명으로 전체 고용 인구에서 차지하는 비율은 19.3%다. 고용인구(Employed persons)에는 포함되어 있지만 피고용인(Employees)에 포함되지 않는 독립 하청인(Independent contractors)은 전체 노동인구에서 차지하는 비율이 9.0%로 102만 6,900명이었다.

고용인구(Employed persons)에는 포함되어 있지만 피고용인(employees)에 포함되지 않는 기타 사업자(Other business operators)인 자영업자는 전체 노동인구의 9.1%로 104만 300명으로 집계되었다(ABS, 2012).

정규직과 비정규직의 변화와 분포에서 주목할 만한 것은 임시직 노동자들의 비율이 최근에 감소하고 있다는 것이다. 2011년 11월 현재 19.3%는 1985년의 16%보다는 많은 수치이지만, 2004년 27.7%, 2007년 25%보다는 적은 수치이다(Watson 외, 2003; ABS, 2009; ABS, 2012). 이런 비율의 변화를 통해서 연방 노동당 정부(2007~현재)의 케인스주의적 복지국가를 추구하는 사회·경제정책과 노사관계 개혁(Richardson, 2012)이 임시직 노동자들의 비율을 줄이고 정규직 노동자들의 비율을 확대시키는 역할을 하고 있다는 것을 알 수 있다.

4) 임시직 관련 논쟁, 지표와 내용

(1) 논쟁

호주 통계국에 의해 임시직(casual)으로 분류되는 노동자의 수가 1982년 70만 명에서 2000년까지 210만 명으로 증가했다. 이것은 임시 노동자의 비율이 13.3%에서 27.3%로 증가한 것으로 노동시장에 커다란 변화가 있었음을 의미 한다(Campbell & Burgess, 1997, 85).

2001년 자유·국민당연합 정부의 지원을 받고 있는 호주 생산성위원회의 보수 학자인 머토우(Murtough)와 웨이트(Waite)가 임시직의 범주와 숫자를 줄이려는 목적으로 논쟁을 시작했다. 1998년 호주 통계국의 분류에 따르면 임시직 노동자의 비율이 노동인구(Employed persons)의 26.9%인 194만 6,100명인데 머토우와 웨이트는 노동인구의 11.3%인 94만 8,000명만이되 진짜 임시직(True casuals)이라고 주장했다.

그들은 첫째, 피고용인에 포함되었고, 본인 회사의 고용된 자영업자들(Other business operators) 중 임시직으로 일하는 28만 명(호주 통계국의 분류 중 총 임시직의 14.4%)은 모두 임시직에서 빼야 한다고 주장했다. 둘째, 그들은 자기 스스로 임시직이라고 생각하지 않는 자기-불인식 임시직, 19만 9,700명(총 임시직의 10%)도 임시직의 범주에서 빼야 한다고 했다. 셋째, 장기간 임시직 노동자 53만 8,900명(27.7%)도 이 범주에서 제외해야 한다고 했다. 그래서 그들은 94만 8,000명(호주 통계국 분류의 총 임시직의 48.7%)인 단기적 그리고 불규칙적으로 일하는 노동자들만이 진짜 임시직(True casuals)이라고 주장했다(Murtough & Waite, 2001). 이렇게 보수적 학자들은 임시직 노동자들의 숫자와 비율을 축소하는 데 관심을 가져왔다.

반면 진보학자인 RMIT 대학의 캠벨(Campbell)과 뉴캐슬 대학의 버지스(Burgess)는 이들의 오만한 주장은 보수 진영이 임시직에 주어지는 추가임금과 근무시간의 크기에 따라 각종 수당에 대한 책임 부분을 은폐하기 위한 전술이라고 혹평했다. 그리고 진보적인 학자들은 임시직에서 제외된 자영업자들에 대한 보호정책의 중요성을 강조했다(Pocock 외, 2004b). 이렇게 임시직 개념은 노사관계를 둘러싼 세력들의 힘의 논리에 따라서 조금씩 변화할 수 있는 동태적 개념이다.

(2) 지표와 내용들

① 고용기간과 노동시간

임시직의 특징은 단기간 또는 불규칙한 고용으로 이해되지만, 많은 임시직 노동자들이 장기간 그리고 정기적으로 일하는 경우가 많다. 2003년 8월 현재, 호주의 190만 임시직의 57%가 12개월 또는 그 이상 한 직장에 고용되어 있었다. 임시직으로 일하는 노동자들은 파트타임(일주일 총 35시간 미만 일하는 경우)과도 크게 연관이 되어 있다. 2003년에 임시직의 70%가 파트타임으로 일을 했는데, 이는 정규직의 16%에 비해 높은 비율이다(Campbell, 2004).

② 산업별 임시직의 규모

2011년 11월을 기준으로 임시직이 많은 산업은 소매업(전체 임시직의 20%)과 숙박 및 요식업(전체 임시직의 20%)이다. 특히 산업별 피고용인(정규직과 임시직) 중 임시직이 차지하는 비율이 높은 산업은 숙박 및 요식업(전체 산업 피고용인 중 64%), 농업, 임업 및 수산업(전체 산업 피고용인의 48%), 소매업(40%)과 예술 및 레크리에이션업(39%)이다. 가장 낮은 산업 순은 금융 및 보험업(7.9%), 공공행정 및 안전업(8.8%), 전기·가스·수도 및 쓰레기 서비스 산업(11.8%), 광산업(13.2%)과 도매업(14.1%)이다. 이처럼 산업별로 임시직의 비율이 높은 산업과 낮은 산업의 차이는 심하게 나타나고 있다. 7.9%로 가장 낮은 금융 및 보험업과 64.1%로 가장 높은 숙박 및 요식업은 무려 8배가 차이가 나고 있다(ABS, 2012).

③ 기술, 연령 및 성과 임시직의 관련성

호주통계국에 의하면 비교적 낮은 기술을 요구하는 업종이나 산업에 임시직 비율이 높은 반면에 높은 기술수준이 필요한 업종과 산업에는 임시직이 낮게 나타났다. 이런 경향은 임시직이 높은 산업에 근무하는 임시직 노동자들이 불이익을 당하기 쉽다는 것을 의미할 수 있다. 2003년에 전체 노동인구의 21%가 청년(15~24세)으로 분류되는데, 전체 청소년 피고용인 중 40% 임시직으로 일하고 있었다. 청년들의 임시직 비율이 높은 것은 낮은 그들이 낮은 기술을 요구하는 업종 또는 직종에 근무하는 것과 연관이 있다.

또한 청년들의 임시직 비율이 높은 것은 그들이 학교에서 공부를 하고 있는 비율이 다른 연령층보다 높은 것과 연관성이 있다. 많은 청년이 공부와 일을 병행하는 경향이 많다. 1994년 5월~2003년 5월, 15~24세 청년들 중 공부를 하면서 파트타임으로 일하고 있는 청년의 비율이 67%에서 75%로 증가했다(ABS, 2003). 이런 현상은 청년들이 학업에서 일로 직업을 옮겨 가야 하는 위험에 처해 있다는 것을 의미한다. 이것은 대학의 무상교육이 점차적으로 축소하고 있는 것과 관련이 있다.

2011년 11월 현재, 전체 노동인구(1,135만 3,400명) 중 임시직 평균 비율은 19.3%인데 여성의 임시직 비율은 23.4%로 남성의 15.9%에 비해서 높다(ABS, 2012). 특히, 남성과 여성의 고용패턴도 연령에 따라 다른 특징을 보여 주고 있다. 남성들은 전 연령대(15~19세 제외)에 거쳐 풀타임 정규직이 압도적으로 많다. 여성의 경우 남성에 비해 전 연령대에 거쳐 풀타임의 비율이 낮은 반면, 파트타임 또는 임시직 비율이 높다. 많은 여성들이 아이를 돌보기 위해 풀타임 직업 또는 노동시장을 떠나고 있다. 2003년 8월, 25~29세 사이의 여성 풀타임 정규직 노동자의 비율이 42%였는데, 35~39세의 연령대는 25%로 낮게 나타났다. 비슷하게 25~29세 사이의 여성노동자의 파트타임 비율도 35~39세 연령대에 비해 낮게 나타났다. 파트타임 정규직에서도 비슷한 현상이 나타나는데, 25~29세 사이에는 7%, 그러나 35~39세 연령대에서는 16%로 늘어났다. 그리고 파트타임 임시직의 경우 같은 연령대의 비율이 각각 10%와 12%를 나타냈다.

이런 경로는 자녀가 어릴 때 여성들의 고용형태 선택을 반영한 것이라고 보인다. 한편 소수의 여성은 아주 일을 그만두지만, 많은 여성들은 가족에 대한 책임을 지면서 동시에 일을 하고 있다는 것을 의미한다. 40대의 여성 풀타임 정규직이 늘어나지만, 20대 후반만큼 증가하지는 않는다(ABS, 2005a).

④ 임시직의 직업만족도와 정규직 전환 희망

임시직 전반에 대한 연구를 행한 Pocock, Prosser and Bridge는 임시직 노동자들의 직업에 대한 만족도를 긍정(positive), 부정(reluctant or negative) 긍정과 부정(ambivalent)으로 나누어 조사했다. 임시직 노동자 55명을 인터뷰했는데, 그중 13명(24%)이 긍정, 36명(65%)이 부정 그리고 6명(11%)이 두 가지 면이 함께 있다고 답변했다. 그 결과는 그들이 좋아서 임시직으로 일하고 있다는 주장에 반대 방향을 나타내고 있다(Pocock 외, 2004, 25-28).

1999년 호주노총이 6,770명의 임시직 노동자를 대상으로 한 조사에서 38%가 더 많은 시간을 일하기를 희망했다. 또한 25%가 가족을 부양하는 데 필요한 돈을 벌기 위해 충분한 시간을 일하고 있지 않다고 답변했다. 더욱이 59%의 임시직 노동자가 본인들의 고용형태가 정규직으로 바뀌는 것을 희망하는 것으로 나타난다(ACTU, 1999). 또한 Pocock, Prosser and Bridge의 조사에서는 75%가 정규직이 되기를 희망, 22%는 임시직으로 남기를 희망, 2% 불확실 그리고 2% 모름으로 나타나, 정규직을 희망하는 임시직 노동자가 호주노총 조사보다도 더 높게 나왔다(2004, 11-12). 이 두 조사의 결과는 임시직에 추가로 지급되는 임금이 있다 해도 현실적으로 임시직노동자들이 상대적으로 불이익을 당하고 있음을 보여준다.

5) 비정규직의 증가 원인

비정규직의 증가 원인에는 정부의 사회·경제정책의 방향과 수요자의 노동시장 유연화 정책과 연관되어 있다. 또한 공급자들의 사회·경제적 지위 또는 비정규직이 공급자들에게 금전적인 이익을 더 준다고 판단하는 경우도 있을 수 있다.

(1) 기업의 시장유연화 정책

기업은 생산비용을 절감하기 위해 하청을 이용하거나, 일정한 노동자를 유지하다가 필요한 경우에 임시직을 이용함으로써 수량적 유연화와 자금의 유연화를 통해 비용을 절감하고자 한다. 동시에 사용자로서의 각종 책임을 극소화, 회피 또는 전가시키기 위해 비정규 노동을 이용한다.

훈련비용에 대한 투자 없이 필요할 때 필요 인력을 고용하기도 한다. 임시직의 증가는 대기업이 생산의 많은 부분을 하청 또는 아웃소싱을 주면서 발생한 중소기업의 증가로 더욱 촉진되고 있다. 하청을 통해 산재보험료를 작은 기업에 전가시키려 할 때도 발생한다(Shin, 2002). 또한 기업들이 많은 소규모 자영업자 들 간 경쟁 입찰에 의해 업무를 하청 또는 아웃소싱을 줄 때도 발생한다. 기업들이 소규모 비정규직 자영업자들에게 소사장이라는 자율성을 주고, 동시에 노동시장을 통한 경쟁을 유도함으로써 이들을 통제하려는 정책을 쓸 때도 발생한다(Shin, McGrath-Champ & Rosewarne, 2004).

(2) 공급자 측면

① 청년들의 풀타임 학업과 임시노동자

호주노총(Australian Council of Trade Unions, ACTU)의 Richard Watts(2001, 139)는 풀타임 학생들과 젊은 노동자들이 임시직 파트타임을 선호하는데, 그 이유는 풀타임으로 공부를 하고 파트타임으로 일하는 학생들이 많기 때문이라고 말했다. 그에 의하면 지난 20년간 대학이나 기술학교에 다니는 학생들이 많이 늘어난 것이 파트타임 또는 임시직 노동자의 증가하는 데 영향을 미쳤다는 것이다. 반면 이런 청년들의 노동시장 진입이 풀타임 노동자 비율을 낮추는 원인의 하나이다. 15~19세 사이의 청년들의 파트타임 임시직 참여율은 1984년의 29.8%에서 1994년에는 58.7%로 증가했다. 또한 20~24세 그룹도 14%에서 26.1%로 증가했다(Campbell & Burgess, 1997, 27).

② 여성들의 가사노동, 가족에 대한 책임과 임시직 노동자

임시직은 노동자들의 사회적 상황이 풀타임 정규직으로 일할 수 없

을 때도 발생한다. 특히 여성들의 가족에 대한 더 많은 책임을 지는 현실에서 아이가 있는 여성들이 임시직으로 일하는 경우가 많다(Watts, 2001, 139).

③ 고령 노동인구의 증가와 임시노동자

기업의 다운사이징, 아웃소싱, 정리해고 등으로 직업을 잃은 고령 노동자들도 임시직을 늘리는 역할을 한다(Watts, 2001, 139). 이와 더불어 고령노동자 고용은 자유·국민당연합 정부(1996~2007)의 노동시장 유연화(Labour market flexibility) 정책과도 관련이 크다. 정책을 실현하기 위해 자유·국민당연합 정부는 퇴직연금 일시불(Lump sums) 지급 제한과 고용관련 연령차별(Age discrimination) 금지 등을 통해 고령 노동자를 파트타임 또는 임시직으로 노동시장에 남게 했다. 또한 65세 이상의 고령노동자들이 파트타임으로 일할 경우 1년 수입 중 AUD 10,000까지 세금 감면 혜택을 늘리기도 했다. 일반적으로 개인 세금을 내지 않아도 되는 수입은 AUD 6,000까지다. 한편 사용자들이 노동자를 고용할 때 연령차별을 금지시킴으로써 경력이 풍부한 고령 노동자들을 비정규직으로 노동시장에 남게 하는 것도 비정규의 증가의 한 원인이다.

④ 자영업자에게 지급되는 세금 혜택을 주는 경우

호주의 세금제도가 비정규직 중 임시직과 하청인들을 늘리는 원인이 된다. 본인이 운영하는 1인 회사(Sole trade)의 경우 호주 사업자번호(Australian Business Number, ABN)로 임금을 받을 수 있다. 회사를 운영하는 데 드는 비용인 전화요금, 사무실 임대료(집에 사무실이 있는 경우, 보통 집세의 50%를 비용으로 인정), 자동차 구입 및 유지, 기름 값 등을 영업비용으로 인정하기 때문에 과세 표준을 대폭 줄일 수 있다(Alston, 1986, 22-23; Shin, 2002, 73). 이런 단기적 금전적 이익이 노동자들을 비정규직인 임시직 또는 독립 하청인으로 전환하게 하는 요인이 되기도 한다. 즉, 호주의 세금제도를 이용해 금전적 이익을 볼 수 있기 때문에 정규직보다 임시직 또는 독립 하청인을 선호하는 노동자들도 있다.

3. 비정규직의 보호 제도

1) 직종 및 산별협약과 기업별 협약에 포함된 최저임금 및 노동조건들

하나의 최저임금 제도만 있는 다른 선진국들과 다르게 호주의 최저임금 및 노동조건은 위에 언급한 기업별 협약, 직종 및 산별협약 그리고 전국 최저임금 규정(National minimum wage order)에 각각 다르게 명시되어 있다. 이런 제도들을 통해서 호주의 비정규직을 포함한 모든 노동자들에게는 비교적 높은 최저임금과 노동조건이 적용된다. 예로 한국의 소규모 식당에서 일하는 노동자들에게 한국의 최저임금(호주의 전국 최저임금 규정과 같은 개념)이 적용되지만 호주의 소규모 식당에서 일하는 노동자의 임금에는 식당 직종협약이 적용된다. 또한 임시직(1년에 4주 연가와 10일의 병가가 없는 경우)은 추가임금으로 정규직의 임금에다 25% 더 받을 수 있다. 그래서 단순한 최저임금 국제비교로는 한국과 호주의 최저임금의 차이를 정확하게 산정할 수 없다. 그것은 호주의 최저임금이 다른 나라에 비해 독특한 특징을 가지고 있기 때문이다.

호주의 최저임금을 규정하고 있는 세 가지 제도와 이 제도에 적용되는 노동자들의 비율을 설명하고자 한다. 첫째, 기업별 협약에 의해 임금과 노동조건이 정해지는 노동자들의 비율이 가장 높은데 그 비율은 2010년 5월 현재 전체의 43%이다. 이는 2000년 5월의 37%에서 약 6%가 늘어난 수치이다. 현재 대부분의 기업별 협약은 산별노조의 주 지부와 직종 또는 산별 사용자 단체의 지원을 받는 개인 기업이 주체가 되어 교섭이 이루어지고 두 주체가 기업별 협약에 서명한 후 호주 공정노동위원회(Fair Work Australia)에 등록해서 인증을 받으면 효력이 발생된다.

둘째, 전통적으로 대부분 노동자의 임금 및 노동조건을 결정했던 직종 및 산별 협약에 적용되는 노동자들의 비율이 1990년대 초부터 큰 폭으로 감소하기 시작하여 2000년 5월 23%를 기록했다. 2010년 5월에는 이보다 8%가 줄어든 15%의 노동자들에게만 적용되었다(ABS, 2011).

셋째, 한국 등 다른 나라들의 최저임금 개념을 적용받는 노동자들의 비율이 매우 낮다. 호주에서 제일 낮은 임금 및 노동조건을 규정하는 제도가 전국 최저임금 규정이다. 이 규정은 노동조합의 힘이 못 미치는 취약한 업종의 노동자들을 보호하기 위해서 만든 제도이다. 최저임금의 한 종류인 이 규정이 다른 나라에는 호주의 최저임금으로 알려져 있다.

호주 공정노동위원회(Fair Work Australia)의 7명의 위원으로 구성된 전국 최저임금 패널(National minimum wage panel)은 2012년 6월 18일, 2012년 7월 1일 부터 2013년 6월 30일까지 적용되는 새로운 풀타임 정규직노동자(1년에 4주 유급 휴가와 10일의 병가를 갖는 노동자)의 전국 최저임금 규정은 주에 정규 38시간 기준으로 606.40달러이고 시간당 15.96달러라고 발표했다(Fair Work Australia, 2012). 이 금액은 2011~2012 회계연도에 비해서 2.9%가 오른 액수이다. 이 임금은 직종 및 산별 협약과 기업별 협약에 적용되지 않는 노동자, 장애 노동자와 18세 이하의 청년노동자 등에 적용된다. 연가와 병가를 받지 못하는 임시직으로 일할 경우는 23%의 추가임금(Casual loading)을 더 받는다(Fair Work Australia, 2012). 즉, 전국 최저임금 규정에 적용되는 정규직 노동자는 시간당 15.96달러를 받지만 임시직의 경우 시간당 최저임금으로 18.57달러를 받는다.

이 규정에 의해서 보호를 받는 노동자들의 숫자는 전체 노동자들의 5% 미만이라고 볼 수 있다. 다른 국가들의 최저임금과 같은 개념인 전국 최저임금규정에 적용되는 숫자가 5% 미만이라는 것은 최저층이 매우 낮다는 것을 나타낸다(ABS, 2011).

매년 정해지는 이 전국 최저임금 규정의 임금 상승률은 직종 및 산별협약에 적용된다. 예로 이 협약에 적용되는 노동자의 경우, 2012년 6월 30일 현재 시간당 임금이 17.50달러인 정규직 풀타임 노동자의 임금은 전국 최저임금 인상률 2.9%가 반영되어 7월 1일부터 18달러가 된다(Drill, 2012). 임시직의 경우 이 임금에 15~33% 정도를 더 받는다. 기업별 협약은 통상 3년마다 갱신되기 때문에 매년 정해지는 최저임금 인상률은 기업별 협약에 매년 적용되지는 않지만 기업별 임금 인상에도 영향을 주고 있다.

이 세 가지 이외에 보수 자유·국민당연합 정부 시절에 있었던 노동법에서는 없어졌지만, 개인별 협약은 개인과 기업들 사이에 맺는 계약형식으로 남아 있고 연봉이 10만 달러 이상 되는 고소득층을 위한 제도로만 존재한다. 개인별 협약에 적용을 받는 노동자들은 2000년 5월 34%에서 2010년 5월에는 3%가 늘어나 37%가 되었다. 현재 연방 노동당 정부의 '공정노동법 2009'에는 개인별협약에 대한 규정이 없어 관련 정부 기관에 등록되어 있지는 않다(ABS, 2011). 자유·국민당 연합 정부(1996~2007)가 강력하게 추진해 왔던 개인별 협약은 직종 및 산별 협약(기업별 협약보다 낮은 임금 및 노동조건)의 최저 수준의 임금 및 노동조건보다 낮은 수준이 아닌 개인별 협약은 인정해서 정부기관에 등록되었다. 반면 연방 노동당 정부(2007~현재)는 개인별 협약이 직종 및 산별 협약보다 조건이 훨씬 좋고 일반적으로 기업별 협약보다도 높은 수준의 경우만 인정하고 있다. 따라서 현재의 개인별 협약은 연간 100,000달러 이상의 임금과 다른 좋은 고용조건으로 일하는 매니저들과 전문가들을 위한 임금 및 노동조건을 규정하는 방법으로만 인정되고 있다.

2) 노동조합의 임시직 노동자 보호 전략 수정

임시 및 계약 노동자의 비율이 한 자리 숫자 미만이었던 1970년대까지만 해도 호주 노동운동은 임시 및 계약 노동자의 증가를 억제하는 정책에 중점을 두었다(Campbell, 1996; Ferguson, 1975; AMWU, 1995). 이런 정책에도 불구하고, 1979년의 노동 인구 중 27%던 비정규직이 1999년에는 40%로 증가했다(Buchanan, 2004, 4).

이렇게 1980년 중반부터 심화된 기업과 정부의 노동시장의 유연화 정책으로 임시직과 계약노동자들은 더욱 늘어나게 되었다. 즉, 노동운동의 억제정책은 성공을 거두지 못하게 된 셈이다. 노동운동은 현실상황을 인정하고, 비정규직을 적극 보호하는 정책으로 전략을 수정했다.

이런 보호 정책으로는 첫째, 노동조합의 회원으로 임시직을 받아들였다. 둘째, 임시직이 받을 수 없는 4주의 연가, 병가, 공휴일 임금 지급 등을 추가임금으로 계산하여 더 지급하는 정책을 더욱 강화했다. 셋째, 특히 임시 및 계약 노동자도 정규직이 받는 퇴직연금, 장기 근속수당 등을 받을 수 있는 정책을 개발하여 제도화하였다.

이런 정책을 수립하고 실천할 수 있었던 것은 첫째, 호주의 노동조합이 직종 및 산별 형태였고, 직종 및 산별노조 형태로 정책 결정되고 산별 차원에서 실천되었기 때문이다. 둘째, 독립적 조정기구인 호주 노사관계위원회(현재의 호주 공정 노동위원회)의 권한이 전통적으로 막강했다는 점이다. 셋째, 호주사회 전반에 공정성이란 의식이 퍼져 있었기 때문에 임시직 보호 정책과 운동이 사회적으로 인정받기가 쉬웠다. 이런 배경 속에서 호주 노동운동은 비정규직 보호 조항을 직종 및 산별 사용자 단체들 및 각 기업들과의 협상과 호주 공정 노동위원회의 결정으로 정해지는 협약(award)과 각 기업과 산별 노동조합의 각 주 지부의 협상을 통해서 만들어지고 호주 공정노동 위원회에 등록해서 인증을 받아야 하는 기업별 협약(EBA) 속에 포함시킬 수 있었다.

이렇게 임시직 증가를 억제하기 위한 노력은 있었지만, 구체적인 제도들을 현대화 시키지 못해서 임시직은 계속해서 늘어났다. 그래서 새로운 제도들을 개발해서 크게 3가지 방향으로 시행되었는데, 첫째가 임시직을 제한하는 정책이다. 둘째, 임시직에게 금전으로 보상하는 정책 그리고 셋째, 혜택 등 조건을 추가하는 정책이었다. 이런 정책들의 영향으로 임시직의 비율은 2004년의 27.7%, 2007년 25.5% 그리고 2011년 11월 현재 19.3%로 줄어들었다(Watson 외, 2003; ABS, 2009; ABS, 2012, 3).

또한 임시직 제한 정책은 비정규직, 임시, 파트타임을 직접 줄이려는 방향으로 진행되어 몇 가지 정책이 실천되었는데, 임시직의 할당 비율을 정하는 것과 임시직으로 근무하는 기간을 제한하는 것이었다. 호주 노사관계위원회(현재의 호주 공정노동위원회)에 의해 2000년 12월 29일 제조업종에 있는 86개 직종 및 산별 협약들(awards)의 50%에 임시직 고용의 최장기간을 2~4주로 제한하는 내용과 69%의 협약에 8주 이하로 고용기간을 제한하는 내용이 첨가되었다. 이런 접근은 좌파 성향의 호주제조업노동조합의 사업장인 남성 주도적인 사업장에서 주로 실현되었다(Pocock 외, 2004b, 23). 다음 두 절에서는 금전적 보상정책과 각종혜택을 부여하는 제도에 대해서 자세히 알아본다.

3) 금전적 보상정책

임시직으로 근무하는 노동자들의 불리한 상황을 임시직에 추가로 지급되는 임금(Casual loading)에 의해 금전으로 보상하는 정책이다. 그 비율은 직종 및 산별마다 약간씩 차이가 있지만 대략 15%에서 33%에 달하고 있다(Owens, 2001, 124).

(1) 임시직에 지급되는 추가임금의 역사

먼저 금속 업종 협약(award)의 임시직에 대한 규정은 정규직 풀타임 노동자의 '주별 고용(weekly hire)'과 다르게 시간별 임시직이란 개념으로 1920년에 호주노사관계에 의해 처음으로 도입되었다(Owens,

2001, 124-5). 이 업종 관련 호주 제조업 노동조합(Australian Manufacturing Workers; Union, AMWU)은 1921년 임시직에 지급되는 10%의 추가임금이 도입되었다고 주장하고 있다(Pocock 외, 2004a, 41).

고용형태에 변화가 오면서 임시직에 지급되는 추가임금도 큰 관심거리가 되었다. 현재 대부분의 직종 및 산별협약과 기업별 협약에서 임시직에 지급되는 추가임금은 평균적으로 20%(전국 최저임금 규정에는 23%)이다. 그러나 임시직의 증가를 강력하게 저지하기 위해 어느 직종은 추가임금이 50%에 이르는 직종도 있다. 임시직에 지급되는 추가임금은 직종에 따라 다양하게 나타나고 있다(Owens, 2001, 128-129).

[표 2] 호주제조업 노동조합이 주장하는 임시직에
추가로 주어져야 하는 가치들(2000)

종류		추가되어야 하는 비율
4주 연가	20일(4주의 월~금)	
개인 휴가(병가 등)	10일	
17.% 휴가비	3.5일	
공휴일	10일	
소계	**43.5일**	19.8%
장기근속수당	13주/15년	1.67%
해고 통보	연 10~15일	4.5~6.8%
새로운 직업을 찾기 위한 휴가	-	0.9~1.4%
해고일	연 15일	6.8%
시간손실, 직업 찾기 위한 손실 등	-	7.2%
훈련비용		1%
합계		
41.87~44.6%		

임시 노동자가 금속산업에서는 풀타임 정규 노동자의 임금의 125%, 대학의 일반 직원은 123%, 그리고 건설산업에서는 125%를 받는다. 하지만 호주 제조업 노동조합은 정규직에 비해 불이익이 늘어나는 현실에서 임시직에 지급되어야 하는 추가임금이 41.87~44.6%가 되어야 최소한 공정성이 보장된다고 주장했다[표 2]. 과거의 정책은 임시직 제한 정책에 초점을 맞추었지만, 임시직에 주는 보상정책도 간접적으로 임시직 증가를 제한하는 역할을 했다.

(2) 임시직의 추가임금 혜택과 평균 임금

호주는 임시직에 지급되는 추가임금(15~33%)을 통해 정규직과 임시직의 수입 차이를 줄임으로써 공정성을 보장하기 위해서 노력해오고 있다. 이 규정은 전국 최저임금 규정, 직종 및 산별협약과 기업별 협약에 다 적용된다. 임시직 노동자에게 시간당 추가임금으로 보상하고 있지만 임시직은 대체적으로 임금이 낮은 청년층, 여성층 그리고 이민노동자, 고령노동자에 많이 분포되어 있기 때문에 임시직의 평균임금은 정규직 평균임금과 비슷하거나 적다[표 3]. 또한 임시직은 정규직이 가지는 유급연가와 유급병가를 가지 않은 경우가 대부분이고, 기타 수당을 못 받는 경우가 있어 임시직에 지급되는 추가임금이 있어도 완전하게 공정한 것이 아니기 때문에 임시직은 사회·경제적으로 취약한 지위에 있다고 볼 수 있다.

[표 3]과 같이 2005년 기준으로 직종별 임시직의 시간당 평균임금이 남성 17.33달러, 여성 16.9달러로 정규직 남성의 23.56달러와 여성 20.73달러에 비해 매우 적다. 이렇게 직종별로 비교했을 때 임시직은 그 지위가 취약하다는 것이 명확하게 나타난다.

　　호주 제조업노동조합(Australian Manufacturing Workers Union, AMWU)
에 의하면 노동시장이 이전에 비해서 많이 변화된 상황에서 임시직 노
동자들에게 15~33%의 추가임금을 더 지급한다고 해도 공정성이 보장될
수 없으며, 41.87~44.6%의 추가임금을 지급해야 최소한의 공징성이 보
장된다고 주장한다. 이렇게 높은 비율의 추가임금이 임시직에 지급되어
야 한다는 논리적 근거를 그 노동조합은 [표 2]와 같이 제시하고 있다.

[표 3] 직업별 정규직과 임시직의 시간당 평균 임금비교(2005)

(단위: AUD)

직업	남성		여성		전체		비율(a)
	임시직	정규직	임시직	정규직	임시직	정규직	
매니저 및 관리직	34.75	35.66	26.76	34.11	31.07	35.25	0.88
전문직	30.38	30.80	30.96	26.88	30.75	28.71	1.07
보조 전문직	22.06	25.18	16.65	21.23	19.37	23.54	0.82
기능공 및 관련직	19.98	19.40	16.18	13.64	19.22	18.99	1.01
상급 사무 및 서비스직	19.19	26.53	19.88	20.54	19.83	21.38	0.93
중급 사무, 판매, 서비스직	16.04	21.21	16.93	17.48	16.76	18.56	0.90
중급 생산과 운송직	16.30	19.23	15.21	15.22	16.10	18.73	0.86
기초 사무, 판매, 서비스직	13.n26	16.95	13.06	14.77	13.82	16.00	0.84
단순노무 및 관련직	13.81	16.68	13.83	14.70	13.82	16.00	0.86
전 직종	17.33	23.56	16.91	20.73	17.00	22.29	0.77

a) 비율은 임시직 노동자들의 시간당 임금에 대한 정규직 노동자의 시간당 평균임금
b) 임금비교는 호주통계국 1992~2003년의 노동력 조사와 1992~2003년의 피고용인의 임금, 수당과
　노동조합 조합원으로부터 추출해 만듦

자료: ABS, 호주사회 추세 - 임시직 피고용인. Cat. No. 4102.0(2005b)

즉, 호주제조업 노동조합은 임시직이 정규직과 동일노동을 하고 있는 경우, 공정성의 원리에 따라 그 손실가치를 비교하면 41.87~44.6%가 되고, 이 가치는 추가임금으로 지급되어야 한다는 것이다. 이 노동조합은 이외에 '산업시민권(Industrial citizenship)'으로서 임시직 노동자들이 직업을 위해 주거를 옮기는 데 드는 비용, 육아휴가, 간병휴가, 직업훈련에 참가에 따른 비용 등은 산정되지 않았다고 주장한다.

4) 각종 혜택을 보장하는 제도들

비정규직이 많은 건설업의 기업별 협약에 들어 있는 비정규직 보호정책과 제도를 소개한다. 건설산업노동조합은 1970~80년대를 거치면서 비정규직이 늘어나자 억제정책과 보호정책을 개발했다. 이 노동조합정책의 기본원리는 '가족 복지 개념(Family welfare concept)' 또는 '수입 안정 정책(Income security policy)'이라고 한다(McDonald and McDonald, 1998, 191-193). 이 개념에는 임금, 각종 수당에 관한 정책과 산업안전보건관리에 대한 정책이 포함된다.

임시직(Casual) 및 독립하청인(Independent contractor)을 위한 정책들을 개발하여 제도로 정착시켜 나가는 데 있어서 공정성(equity)이라는 사회적 가치와 직종 및 산별 노동조합의 각 회원에 대한 수입안정정책이 중요한 바탕이 되었다. 또한 정규직과 비정규직 노동자 사이에 임금 및 노동조건에 있어서 차별을 없애기 위한 방편으로 각종 수당, 연금 혜택을 주는 정책방향과 제도의 개발에는 기업별 접근이 아니라 산별 접근방식이 적용되었다. 비정규직에게는 직장이 바뀌는 경우가 자주 발생할 수 있다는 점을 반영한 이동식 시스템(Portable system)

이 적용되었다. 이동식 시스템이란 개개 노동자가 한 산업에서 직장을 옮겨 다녀도 각종 혜택을 받을 수 있는 제도이다. 첫 직장의 고용주는 노동자들을 관리공단에 등록하고 고유번호를 받아 주고, 직장을 옮겨 다녀도 각 고용주들이 각 관리공단에 있는 노동자들의 등록카드에 근무일수 또는 연금을 적립해 주는 방식이다.

이런 이동식 시스템은 모든 기업별 협약과 직종 및 산별 협약에도 도입되어 임시 및 독립하청인들의 장기적인 차원에서 수입을 보장하여 풀타임 정규직 노동자들과 차별을 극소화하는 데 도움을 주었다. 이 시스템이 적용된 건설산업의 장기근속수당(Long Service Leave Payment: LSLP), 퇴직연금(Superannuation)과 정리해고수당(Redundancy payment)을 자세히 검토하고, 산업안전보건관리에 대한 내용도 다루려고 한다. 전국적으로 통용되는 이 정책을 분석하기 위해 뉴사우스웨일스(New South Wales) 주의 대규모 건설현장의 예를 들어서 혜택을 추가하는 제도들을 검토한다.

(1) 장기근속수당

장기근속 휴가란 산업별 또는 주별로 약간의 차이가 있지만 전통적으로 한 직장에서 15년간 계속 근무한 후 약 9주 동안 유급휴가를 갖는 것이었다. 그러나 1960~70년대부터 나타나기 시작한 임시 및 계약 노동자들이 한 직장에서 장기간 근무하는 것이 점점 어려워지는 상황에서 그들이 장기근속 휴가를 갖는 것이 점점 어렵게 되었다. 따라서 공정성(equity)의 문제가 제기되었다. 이런 문제점을 개선하기 위해 고안된 제도가 같은 직장이 아니더라도 같은 산업에서 10년 이상 일한 경우 근무일수를 이동식으로 계속 기록하여 일정 근무일수가 되면 각 직장이 아닌 장기 근속수당 지급공단에서 장기근속수당을 지급받는 것이다. 임시 및 독립하청인들이 많았지만, 비교적 노동조합이 강했던 건설업에는 이런 제도가 잘 정비되어 있다(Fifa Group Pty Ltd. & CFMEU, 2004).

1974년부터 시작된 호주 뉴사우스웨일스 주 건설산업의 장기근속수당의 경우, 현재 이 수당 지급을 위한 부담금(Levy)으로 사용하기 위해 건축주나 발주처(개발업자)가 25,000달러가 넘는 비용이 드는 신축 또는 증·개축 공사를 하기 전 일정금액을 적립해야 건축허가를 받을 수 있게 하고 있다. 총 공사비의 0.2%가 공사 시작 전에 반드시 각 지역 카운슬(Council, 한국의 구청에 해당)에 적립되어야 건축허가를 받을 수 있다. 이렇게 건축허가를 담당하는 카운슬에 적립된 부담금은 정부기관인 장기근속수당지급공단으로 옮겨져 적립되고 관리된다(McDonald & McDonald, 1998, 191). 건설산업에서 10년 근무한 정규직 및 임시직 노동자뿐만 아니라 독립하청인과 자영인들도 이 공단으로부터 장기근속수당을 지급받는다.

(2) 퇴직연금

퇴직연금제도는 연방 차원의 제도이다. 1970년 말 완전고용 시대가 마감되면서 사회복지제도에 대한 비용증가와 세수의 감소가 심화되기 시작했다. 이런 상황에서 진보적인 학자들과 노동조합은 베이비붐 세대가 퇴직을 시작하는 2010년경부터는 노인복지가 감소할 수도 있다는 판단에 따라 장기적인 차원에서 퇴직연금제도에 대한 정책을 개발하기 시작했다. 호주의 퇴직연금법에 의하면 모든 업종의 모든 고용주는 예외 없이 모든 노동자의 정규시간 임금 총액의 9% 이상을 임금지급과 별도로 퇴직연금 관리회사에 적립하게 되어 있다(Plowman & Weaven, 1989, 251).

건설업의 경우, 임시 및 독립 계약이 많은 점을 고려해서 이동식 시스템이 도입되었다. 장기근속수당과 비슷한 방식으로 첫 번째 고용주가 퇴직연금 관리공단에 노동자를 등록시켜 이름, 고유번호 등이 기록된 카드를 받고, 일한 기간에 해당하는 정규시간 임금 총액의 9%를 퇴직연금으로 매월 적립한다. 그다음 고용주들은 각 노동자의 고유번호를 통해 관리공단의 장부에 적립금을 계속 기록한다. 55세 이후에는 언제든지 퇴직연금을 관리공단으로부터 찾을 수 있다. 이 적립금은 노동조합 대표 7명, 사용자 단체 대표 7명과 독립된 대표 1명이 이사가 되어 관리한다(United Super Pty Ltd., 1999, 15-16).

(3) 정리해고수당(임시퇴직연금)

정리해고수당(Redundancy payment) 제도는 1980년대 말부터 시작되었다. 1989년부터 정리해고 수당 제도가 정립된 건설 산업의 경우 산업 협약이 적용되는 회사(소기업)에서 1년 이상 근속하고 퇴직할 때 고용주로부터 정리해고수당을 받는다. 1년 근속의 경우 2.4주치 임금을 받고, 4년 이상 근속하고 퇴직한 경우는 8주치 임금을 받을 수 있다(CFMEU, 2000, 35). 그러나 건설노동조합은 임시 및 독립하청인들이 1년에도 몇 번씩 직장을 옮기는 경우가 많아 직접 고용관계가 빈번히 바뀌는 상황에서 산업 협약에 규정되어 있는 정리해고제도는 그들을 위해 실효성이 없다고 판단했다.

그래서 산별 차원에서 이동식 제도에 따라 정리해고수당을 지급하는 것이 공정하다는 문제를 제기했다. 건설노동조합은 큰 현장의 기업들(건설회사와 중간 규모의 하청회사들)과의 기업별 협약에 정리해고 수당 조항을 넣었다. 1994년부터 이 협약에 따라 정리해고수당관리공단(Australian Construction Industry Redundancy Trust)이 퇴직연금과 비슷하게 이 수당을 관리한다. 2001년 기준으로 사용자는 주에 임금의 6% 정도인 60달러를 일주일 분의 정리해고수당으로 정리해고관리공단에 적립해 준다. 적립금은 하루 단위로 계산되는데 하루분은 12달러였다(Prorata $ 12 per day worked)(Classic Tiles Pty Ltd. & CFMEU, 2001, 6).

산업협약의 규정은 4년 근속했을 경우 최대 8주치 임금만 정리해고수당으로 지급하게 되어 있지만, 큰 현장에 적용되는 기업별 협약에 의하면 건설업에서 근무한 기간대로 계속 적립된다. 이 적립된 금액은 한 직장을 그만두고 다른 곳으로 옮길 때 또는 계속 모아 놓았다가 필요할 때 찾을 수 있다. 즉 한 현장의 공사가 끝나서 잠시 쉬는 동안에는 정부에서 지급하는 실업자수당(2012년 현재 미혼자인 경우 주에 약 280달러 정도)과 정리해고수당으로 적립해 놓은 돈을 찾아서 생활할 수 있다. 이 제도는 일시적인 실업 기간에도 노동자들에게 일정한 수입이 보장될 수 있도록 함으로써 생활의 안정을 보장하는 제도이다.

(4) 비정규직과 산업안전보건관리

정규직보다 독립하청인들이 많은 호주 건설현장은 산업안전보건에 대한 문제점 또한 많다. 이런 문제를 극소화하기 위해 건설노동조합과 주정부는 크게 산재 방지정책, 산재보험과 기타 수입안전정책 그리고 재활정책을 수립해서 기업별 협약이 적용되는 큰 건설현장을 중심으로 적용하고 있다. 건설현장에서 일하는 모든 노동자들이 산업안전보건관리의 대상이다.

산재방지정책을 위해 안전교육, 일반교육, 직종별 특수교육 그리고 각 현장의 안전교육을 산업안전법의 의무사항으로 받게 한다. 건설현장에서 일하고자 하는 모든 노동자들은 건설산업 일반 안전교육을 받고, 주정부의 산업안전관리 기관인 워크커버(Workcover)에서 발행하는 카드를 받아야 일을 시작할 수 있다. 그리고 직종에 따른 특수교육과 각 현장에서 받는 현장안전교육을 따로 받아야 한다. 건설노동조합의 뉴사우스웨일스 지부는 노동조합이 주도하여 노사정이 출자·설립한 Comet Training Centre를 통해 건설산업 일반 안전교육을 실시한다(CFMEU, 2001, 12). 혹은 개인들이 산업안전보건관리 기관인 워크커버로 부터 허가를 받고 안전교육을 실시하기도 한다.

호주 건설노동조합은 하청이 이루어지면서 산재보험료를 내는 책임을 회피하거나 전가가 이루어지지 못하도록 하기 위해, 건설회사에서 하청을 받는 전문건설업체(타일회사 포함)와 기업별 협약을 통해 재하청을 금지함으로써 그 업체가 산재보상을 위한 보험료를 내게 하고 있다(Fifa Group Pty Ltd. & CFMEU, 2004). 또한 산업안전보건법과 산재보상법 등에 건설회사(원청)는 하청회사인 전문건설업체가 고용한 노동자들(정규직, 임시직과 계약노동자)을 위한 산재보험료를 제대로 내고 있는지를 확인할 의무가 있다.

그리고 산재보상법에 의해 건설노동자들이 산재를 당했을 때 보험회사에서 임시직을 포함하여 모든 건설노동자들에게 산재보상법에 따라 52주 동안 임금의 80%를 지급하게 된다. 또한 사용자가 24시간 상해보험을 따로 들게 해 건설현장을 포함한 24시간 모든 사고에 대해 보상하는 제도를 따로 실행하고 있다. 이런 정책은 사고로 발생될 수 있는 가족의 부담을 최소화시키기 위한 '가족 복지 개념(Family welfare concept)' 또는 '수입 안정 정책(Income security policy)'의 한 방편으로 실시되고 있다.

4. 결론

이 글에서는 임시직에 중점을 두고 비정규직에 관련 지표들과 문제점들을 검토하고 보호제도들을 분석했다. 여기서는 그 분석을 요약·정리하고 한국에 필요하다고 판단되는 시사점을 도출해 보려고 한다.

복지국가의 실현을 목표로 국가적 차원의 축적전략이 실효성을 상실하자, 호주 정부는 1970년 중반부터 최근까지 공정성의 원리보다는 효율성을 향상시킨다는 명분으로 신자유주의의 이념에 바탕을 둔 사회·경제정책을 확대해 왔다. 이런 정책은 관세 인하정책, 생산의 지구화, 노동시장의 세계화, 자유무역협정 그리고 하청, 아웃소싱, 다운사이징 그리고 노사관계의 분권화에 따른 기업별 협약의 확대와 개인별협약의 도입 등으로 구체화되었다.

이런 사회·경제정책으로 인하여 1970년부터는 임시직을 포함한 비정규직이 증가하기 시작했고, 전반적인 임금과 노동조건의 하락과 격차의 증가, 특히 정규직과 임시직 노동자 사이에 차별이 증가했다. 노동조합들은 비정규직의 발생을 자본주의 축적전략의 변화에 따른 구조적인 문제로 인식하지 못함으로써 적절한 정책을 개발하고 실행하지 못했다. 1980년 들어서 비정규직이 더욱 늘어나자, 노동운동은 좀 더 이런 문제에 적극적으로 개입했다.

노동조합은 임시직에 지급되는 추가임금을 늘리는 활동, 비정규직 제한 정책 그리고 혜택을 추가하는 정책을 연구·개발하고, 로비와 투쟁을 통해서 일정 부분성과를 보았지만, 연방 자유·국민당연합 정부(1996~2007)의 신자유주의 사회·경제정책으로 어려움을 겪기도 했다. 한편 노동조합은 연방노동당 정부(1983~1996/2007~현재)의 정책들에 대한 타협 및 협력을 통해서 변화된 사회·경제적 조건 속에서 임시직 및 독립 하청인들의 임금 및 노동조건을 개선하고 풀타임 정규직과 차별을 줄임으로써 공정성을 담보하려는 전략을 구사했다.

그것은 비정규직 철폐운동이 변화된 상황에서 성공하지 못한다는 것을 인식하고, 임시직에게 지급되는 추가임금을 늘리는 정책, 산별 접근이라는 전략과 이동식 제도를 통해서 임시직에게도 정규직과 같은 혜택들이 주어지도록 노력해 오고 있는 것을 의미한다. 이는 실질적인 동일노동 동일임금(임금, 수당, 산재보험 및 모든 조건을 감안한 동일성)이 확보되지 않으면 현대 자본주의 속성상 비정규직은 계속 늘어날 수밖에 없다는 인식에서 출발했다.

이런 노동조합들의 인식과 지속적인 실천이 연방 자유·국민당연합 정부 (1996~2007) 때인 2004년 임시직의 비율이 27.7%였던 것을 2007년에는 25%로 그리고 2011년 11월 현재 19.3%로 줄어들게 하는 데 일정 부분 공헌했다(Watson 외, 2003; ABS, 2009; ABS, 2012, 3). 한국에서도 비정규직 노동자들의 사회, 경제적 현실을 구체적으로 파악하고, 산별 또는 국가적 차원에서 정책을 개발하며 반영하는 시도들이 필요하다.

또한 노동조합들은 기업별 협약을 강조하는 연방 노동당 정부의 정책을 받아들여 직종 및 산별 협약보다 좋은 조건의 기업별 협약의 적용 비율을 늘리는 전략을 구사했다. 이 결과 기업별 협약에 의해 임금과 노동조건이 정해지는 노동자들의 비율이 2000년 5월 37%에서 2010년 5월 현재 6% 늘어나 전체의 43%가 되었다. 반면 직종 및 산별협약을 적용되는 노동자들의 비율은 1990년대 초부터 큰 폭으로 감소하기 시작하여 2000년 5월의 23%를 기록했고 2010년 5월에는 8%가 줄어든 15%를 기록했다(ABS, 2011). 노동자들에게 적용되는 최저 고용조건과 비정규직의 보호라는 차원에서 긍정적인 결과이다.

반면, 타협적으로 받아들인 노동조합들의 정책으로 직종 및 산별협약과 기업별 협약의 적용을 받는 노동자들 사이에 임금이 격차가 벌어진 것이 현실이다. 건설 산업의 경우 기능공의 시간당 최저임금이 2010년 3월 현재 산별 협약에는 16.78달러이고 기업별 협약에는 25.27달러로 규정되어 있어서 그 차이가 51%로 매우 크다(CFMEU, 2010a/2010b). 공정성을 담보하기 위해서는 정부와 노동조합들이 직종 및 산별 협약과 기업별 협약의 차이를 줄이는 정책을 개발하고 실천해야 할 것이다.

이런 실천을 바탕으로 전체 노동자들의 임금 및 고용조건을 향상시키는 것과 동시에 정규직과 비정규직, 남성과 여성, 이민자와 비이민자들 사이에 차이를 최소화시키는 정책들이 수립되고 실행되는 것이 중요하다. 한국에서도 변화된 고용형태와 취약한 사회·경제적인 상태에 있는 노동자들(이주노동자, 여성 및 청년 등)에 대한 임금과 고용조건에 대한 연구와 공정성을 위한 정책 대안이 필요하다.

호주의 정책 개발과 실행이 한계성은 있지만 긴 노동운동의 역사 속에서 형성되었고 사회적으로 퍼져 있는 공정성이란 가치를 중요시 여기는 사회적 인식의 영향으로 긍정적 결과를 가져오기도 했다. 그래서 노동조합들이 전국 최저임금 규정, 직종 및 산별 협약과 기업별 협약을 통한 임금 및 노동조건 결정 과정에 능동적으로 참여하고 있을 뿐만 아니라 각종 수당들, 퇴직연금, 정리해고수당 등을 관리하는 공단에 주도적으로 개입하고 있다.

한국의 노동조합들과 사회단체들도 호주처럼 차차 국가와 지방자치단체의 노동 관련 사업과 각종 연금관리사업, 산업안전보건관리에 적극 참여하기 위한 연구와 시도가 필요하다. 이런 조직사업과 각종 사업에 주체적 참가하지 않는다면 비정규직은 계속 늘어나고 정규직과 비정규직의 차별은 더욱 심화될 것이다. 이런 상황이 장기적 지속된다면 정규직 노동자들도 자본의 논리에 밀려 취약한 고용상태로 처하게 된다.

또한 한국의 노동운동은 지역과 산업이 통합되는 조직형태를 갖추고, 산별차원에서 그 지역의 비정규직 노동자를 조직하는 것이 과제인 듯하다. 특히, 평등성 또는 공정성을 산별 차원에서 확보함으로써 취약한 고용상태에 있는 비정규직 노동자들의 법과 사회경제적 지위를 향상시키기 위한 사업을 해야 할 것이다. 무엇보다도 한국에서는 노동조합, 시민사회, 정당 구성원들을 포함한 국민들이 의식 변혁운동을 통해 공정성을 존중하는 사회를 만들어 가는 노력이 필요하다고 본다.

<참고문헌>

ABS. 2003. Education and work, May 2003. Cat. No. 6227.0, Canberra.

___. 2004. "Changes in types of employment, 1992-2003." Australian Labour Market Statistics October 2004. Cat. No. 6105.0, pp.10-17, Canberra.

___. 2005a. "Labour force participation in Australia." Australian Labour Market Statistics, January 2005. Cat. No. 6105.0, pp.10-18, Canberra.

___. 2005b. Australian Social Trends-Casual Employees 2000. Cat. No.4102.0.

___. 2009. "Job flexibility of Casual Employees" in Australian Labour Market Statistics. Cat. No. 6105.0, Canberra.

___. 2011. Australian Labour Market Statistics. Cat. No. 6105.0, Canberra.

___. 2012. Forms of Employment. Cat. No. 6359.0, Canberra.

ACTU. 1999. Employment Security and Working Hours-A National Survey of Current Workplace Issues, July.

ACTU/TDC. 1987. Australian Reconstructed. Canberra, AGPS.

Alston, T. 1986. "Unionisation of the Housing Industry: An examination of the conflict between employers and the BWIU over the nature and role of Subcontracting." Unpublished Bachelor of Building thesis, University of New South Wales.

Australian Manufacturing Workers Union(AMWU). 1995. "Variation to the Metal Industry Award and an outline of a case that would limit the employment of casual", September.

Bramble, T. 1989. "Award Restructuring and the Australian Union Movement: A Critique." *Labour and Industry,* 2(3), pp.373-398.

Bray, M. and Walsh, P. 1998. "Different Paths to Neo-Liberalism? Comparing Australia and New Zealand." *Industrial Relations*, 37(3), pp.358-386.

Briggs, C. 1994. "Trade Unions & Economic Restructuring: Strategic Unionism in the Clothing Industry." *ACIRRT Monograph,* No. 11, Sydney, ACIRRT, Ch. 1.

Buchanan, J. 2004. "Paradoxes of significance: Australian casualisation and labour productivity." ACIRRT(Australian Centre of Industrial Relations Researching and Training) Working Paper 93, Paper Preprepared for ACTU, RMIT and the Age Conference 'Work Interrupted: Casual and insecure employment in Australia.' Hotel Sofited, Melbourne, 2 August.

Buchanan, J. and Callus, R. 1993. "Efficiency and Equity at Work: the Need for Labour Market Regulation in Australia." *Journal of Industrial Relations*, December, pp.515-553.

Campbell, I. 1996. "Casual Employment, Labour Regulation and Australian Trade Unions." *Journal of Industrial Relation*, 38(4), December, pp.571-599.

___________. 2004. "Casual Work and Casualisation: How does Australia Compare?" Report Prepared for a conference 'Work Interrupted: Casual and Insecure Employment in Australia.' Melbourne, August.

Campbell, I. and Burgess, J. 1997. "National Pattern of Temporary Employment: the distinctive Case of Casual Employment in Australia." Working Paper No. 53, Melbourne, National Key Centre in Industrial Relations. Monash University.

Campbell, I and Burgess, J. 2001. "A New Estimate of Casual Employment?" *Australian Bulletin of Labour*, 27(2), June, pp.85-108.

Carmichael, L.(1989), "Award Restructuring: Implications for Skill Formation Training." Prepared for the Employment and Skill Formation Council of the National Boars of Employment Education and Training.

Classic Tiles Pty and CFMEU. 2001. "Classic Tiles and Construction Forestry Mining and Energy Union Enterprise Agreement 2000-2002." Sydney, March 5.

Construction Forestry Mining Energy Union(CFMEU). 2000. "National Building and Construction Industry Award 2000." CFMEU Publication, October.

Construction Forestry Mining and Energy Union(CFMEU). 2001. "CFMEU Construction and General Division NSW Branch State Council." Conference Report Construction and General Division NSW Branch of CFMEU, July.

Construction Forestry Mining and Energy Union(CFMEU). 2010a. "Building and Construction General On-site Award 2010."

Construction Forestry Mining and Energy Union(CFMEU). 2010b. *5th Annual Industrial Relations Conference Report* by Andrew Ferguson, Secretary of Construction and General Division New South Wales Branch.

Drill, S. 2012. "Workers pay out on minimum wage rise." *Herald Sun*.

Fair Work Australia. 2012. "Annual Wage Review 2011-12." June 18.

Fifa Group Pty Ltd. and CFMEU. 2004. Fifa Group Pty and Construction Forestry Mining and Energy Union Enterprise Agreement 2004-2005. Sydney, October.

Ferguson, M. 1975. "Decasualisation of the Building Industry." Unpublished B.Ec. Honours Thesis, Department of Industrial Relations, University of Sydney.

Greig, A. 1997. "Australian Housing, Technological Change and the Fordist Regime of Accumulation." *Housing Studies*, 12(3), pp.321-335.

Hall, R. and Harley, B. 1993. "Workplace Flexibility: Problems and Prospects for the Australian Trade Union movement" in Callus, R. et al.(ed.) *The Economics and Industrial Relations of Australian Workplace: Quantitative Approaches*. ACIRRT Monograph No 10, Sydney, ACIRRT.

Kaul, J. 2001. "The Transformation of Australian Employment: Policy, influence and impacts." *Just Policy*, No. 23, September, pp.42-52.

McDonald, T. and McDonald, A. 1998. *Intimate Union-Sharing a Revolutionary Life*, Annandale, Pluto Press.

Murtough, G. and Waite, M. 2001. "A New Estimate of Causal Employment?" *Australian Bulletin of Labour*, 27(2), June, pp.109-117.

Owens, R. 2001. "The Long-term or Permanent Casuals-An Oxymoron or 'a well enough understood Australianism' in the Law?" *Australian Bulletin of Labour*, 27(2), June, pp.118-136.

Plowman, D. and Weaven, G. 1989. "Unions and Superannuation" in Ford, W. and Plowman, D.(ed.) *Australian Unions: An Industrial Relations Perspective*, 2nd Ed., South Melbourne, Macmillan.

Pocock, B., Buchanan, J. and Campbell, I. 2004a. "Securing Quality Employment: Policy options for Casual and Part-time Workers in Australia." Chifley Research Foundation, April.

Pocock, B., Buchanan, J. Campbell, I. 2004b. "Meeting the Challenge of Casual Work in Australia: Evidence, Past Treatment and Future Policy." *Australian Bulletin of Labour*, 30(1), pp.16-32.

Pocock, B., Prosser, R. and Bridge, K. 2004. "'ONLY A CASUAL...': How Casual Work affects Employees, Households and communities in Australia." *Labour studies*, School of Social Sciences, University of Adelaide, Adelaide, July.

Richardson, D. 2012. "Casual Labour: A stepping stone to something better or part of an underclass?" Australian Institute, Canberra.

Shin, J. 2002. "The Adaptation of Production Models and Union Policies to Rising Trends of Construction Subcontracting." Unpublished Master of IR and HRM(Honours) Thesis, University of Sydney.

Shin, J., McGrath-Champ, S. and Rosewarne, S. 2004. "The impact of Korean-speaking migrant workers on the skill formation and the labour market in the Australian construction industry." 5th Asian Regional Congress of International Industrial Relations Association(IIRA), Seoul, Korea, June 23-26.

United Super Pty Ltd. 1999. *The C+BUS-Delegate Hand Book.* Unpublished Training Booklet.

Wailes, N. and Lansbury, R. 1997. "Flexibility vs Collective Bargaining? Patterns of Australian Industrial Relations Reforms During the 1980s and 1990s." ACIRRT Working Paper No. 49, Sydney, University of Sydney.

Waring, P. and Burgess, J. 2011. "Continuity and Change in the Australian Minimum Wage Setting System: The Legacy of the Commission." *Journal of Industrial Relations*, 53(5), pp.681-697.

Watson, I., Buchanan, J. and Campbell, I. and Briggs, C. 2003. *Fragmented Futures: New Challeges in Working Life*, Sydney, Federation Press.

Watts, R. 2001. "The ACTU's Response to the Growth in Long-term Casual Employment in Australia in Austalia." *Australian Bulletin of Labour*, 27(2), June, pp.137-149.

21세기 20대 호주 원주민의 삶, 정체성 그리고 트라우마

장해성

1. 서론

전 지구적 관점에서 호주사회는 다양한 인종들과 문화가 공존하는 '모자이크 사회', 다시 말해 다문화(Multicultural) 사회를 지향하고 있다. 그러나 호주사회의 원주민(Indigenous peoples)의 삶은 다른 소수민족이나 다문화 그룹의 한 가지로 치부하기에는 매우 다른 역사와 문화적 배경을 가진다. 호주 원주민은 남반부의 섬으로 된 거대한 대륙이 호주라고 불리기 이전부터 그 땅에서 6만 년 이상을 살아온 사람들이며(O'Halloran, 2004), 영국인들에 의한 식민지 경험을 통해 자신이 살던 땅을 빼앗기고, 강제 이주로 인하여 가족의 뿌리와 문화를 빼앗긴 공통적 경험을 공유하는 사람들이다. 뿐만 아니라, 잃어버린 세대(Stolen Generations)라 불리는 원주민 세대와 그 자손들은 정부의 원주민 문화 말살정책의 하나로 시행된 '원주민 아이들 백인 가정에 입양 보내기', 또는 '선교사가 운영하는 선교 마을(Missions)에 보내기'에 희생되어 아직도 자신의 가족과 뿌리를 찾고 있기도 하다. 호주 원주민, 그들은 '문화적 트라우마(Cultural Trauma)'라는 공통분모를 함께 안고 있는 것이다.

호주사회가 계속적으로 그 변화를 만들어 온 만큼, 그로 인해 호주 원주민들의 정체성도 변화되어 왔다. 그러나 중요한 것은, 그들이 여전히 내면적·외연적 정체성 안에 지워지지 않는 트라우마를 담고 살아가고 있으며, 이러한 식민주의의 기억들은 그들에게 아직도 끝나지 않은 이야기라는 것이다. 21세기 후반 가시적인 인종차별적 법률 조항들은 호주 사법제도 안에서 사라져 갔지만, 이러한 변화가 원주민들의 주요한 문제들-낮은 경제적 수준, 수용소에서 죽음을 맞이하는 다수의 원주민, 높은 자살률-에 대한 해답을 제시하기에는 여전히 역부족이다. *The Age*에 실린 Andra Jackson(2004)의 보고에 따르면, 전 세계 100개국의 원주민들의 삶을 연구한 캐나다의 연구에서 호주 원주민의 삶의 질은 중국 다음으로 가장 낮은 수준인 것으로 드러났다. 또한 호주 원주민의 기대 수명은 비원주민들보다 20세 이상 짧게 나타났으며, 이는 캐나다, 뉴질랜드 그리고 미국의 원주민이 비원주민보다 3에서 7세가량 기대수명이 짧은 것에 비해 매우 심각한 수치이다(Australian Medical Association, 2010~2011). 영유아 사망률 또한 호주 원주민이 미국과 뉴질랜드에 비해 50%나 높은 수치를 나타냈으며, 이러한 통계수치는 가난, 낮은 수준의 주택, 교육의 부재, 접근성이 부족한 의료 서비스, 그리고 낮은 임금과 같은 사회적·경제적 요소들이 복합적으로 작용하고 있다고 전문가들은 분석한다(Australian Bureau of Statistics, 2011). 식민주의가 종결되었다고 믿는 21세기, 여전히 호주 원주민의 삶은 주변부로 밀려나 소외와 차별을 경험하고 있다.

호주 원주민의 사회적 정체성에 대한 연구를 목적으로 필자는 호주 북부 퀸즐랜드(North Queensland)에 위치한 호주 원주민 공동체 '야라바하(Yarrabah)'를 선택하고, 이 지역을 숭심으로 민족지학적 연구(Ethnographic fieldwork)에 기반하여 심층면접법과 참여관찰을 2008년 5월부터 11월까지 실시하였다. 야라바하는 퀸즐랜드 북단의 케언스(Cairns) 도심지에서 37km 떨어진 곳에 위치한 호주 원주민 공동체로 전체 인구가 3,000명을 조금 넘는 소규모 공동체이다. 1897년 영국 국교회(Anglican church) 선교사 Ernest Gribble에 의해 세워진 이 공동체는 그 지역 근방에 살고 있던 부족들을 이주시키거나 다른 지역에서 강제이주, 또는 영국인들의 박해를 피해 이주한 사람들이 모여 '야라바하'라는 이름의 선교지(Mission)로 시작하게 되었다. 60년대 후반 야라바하는 퀸즐랜드 주정부 산하가 되었고, 1986년 정부로부터 지역에 대한 정치적 독립운영권(Self-governing)을 이양받아 지금까지 야바라하 지역의회를 중심으로 독자적으로 운영되고 있다.

그렇다면, 왜 야라바하의 '20대 젊은 호주 원주민'의 정체성에 대한 연구인가? David Trigger에 따르면, 호주 원주민의 과거로부터 정형화된 문화와 사회적 구조는 산업사회로부터 만들어진 관료주의와 그와 같은 방식의 경제적, 그리고 다른 형태의 근대화 형식들과 균열을 이루어 왔다. 다시 말해, 두 가지 구조가 서로 타협하기 어려운 모순(Profound contradiction)을 드러낸다는 것이다(Trigger, 2005). 따라서 필자는 근대주의와 개인주의를 기반으로 하는 식민주의가 어떠한 형식으로 집산주의(Collectivism)를 기반으로 하던 호주 원주민의 정체성에 깊은 혼란과 갈등을 가져왔으며, 더 나아가 21세기 전 지구적 담론이

가세한 호주사회에서 이러한 가치모순(Value conflict)에 의한 갈등이 젊은 원주민들에게 어떠한 형식으로 각인되어 왔는지 추적해 보는 일이 의미 있을 것이라는 가정을 하게 되었다. 이러한 정체성 안에서의 가치 갈등을 역추적하는 연구에는 개인의 생각과 삶의 구조가 공고해진 40대 이상의 원주민보다는 21세기의 새로운 담론들에 더 많이 노출되어 있는 젊은 원주민이 더욱 적합하다고 판단하였다.

이에 첫 번째로, 이 논문에서는 근대를 기반으로 하는 호주 후기식민주의(Neo-colonialism)와 식민주의적 담론이 어떠한 형식으로 호주 원주민 20대에 영향을 미치는지 구체적으로 들여다보고자 하며, 두 번째로 그렇다면 식민주의적 맥락 안에서, 다양한 사회적 기제들－가족, 학교, 공동체－을 중심으로 저장, 유포되는 다양한 담론들이 어떠한 형식으로 호주 원주민 20대들에게 영향을 미치는지에 대해 구체적인 그림을 그려 보고자 한다. 궁극적으로 20대 젊은 원주민들이 그들의 일상 속에서 접하는 다양한 담론들을 어떠한 형식으로 생애 주기를 통해서 내면화하고 또는 거부하는지, 그리고 이를 통해 구성된 사회적 정체성이 어떠한 방식으로 젊은이들의 행동패턴, 가치체계 및 그들의 일상에 영향을 미치는지 구체화 하고자 한다. 마지막으로, 식민주의 맥락 안에서 구성된 그들의 사회적 정체성을 통해, 근대와 탈근대, 전 지구적 담론이 호주 원주민의 가치, 그리고 집산주의와 개인의 정체성 안에서 충돌하며 모순을 드러내는지, 또는 타협 지점을 만들어 내는지를 그들의 이야기(Life histories)를 통해 드러내고자 하며, 이를 통해 끝나지 않은 인종차별주의와 식민주의가 만들어 온 21세기 호주 젊은 원주민들의 이야기를 보다 깊이 있게 들여다볼 기회를 제공할 것이다.

2. 방법론: 민족지학적 면접법(Ethnographic interviewing)

　본론에 들어가기에 앞서, 이 연구의 중심을 이루는 '민족지학적 면접법'이란 무엇이고, 어떻게 현장 연구를 수행하였는가를 기술한다. 민족지학적 면접법은 기존의 문화인류학적 연구방법이나 사회학적 심층면접법과 다소 차이를 보이는 접근방식으로, 문화인류학과 사회학적 방법론이 규합된 학제 간 연구방법의 하나이다. Heyl에 의하면 민족지학적 면접법이란 오랜 기간 연구 장소에 머물면서 현장연구를 진행하는 문화인류학적 연구 방법에서 많은 부분을 차용한 질적 연구방법이다. 따라서 이 연구방법은 연구자가 연구장소에 충분한 시간을 머물면서 피면접자들의 삶의 공간을 이해하고 공유하는 과정을 거친 후에, 피면접자들과 열린 마음과 친밀성, 그리고 상호존중을 통한 지속적 관계 형성을 바탕으로 심층 면접을 진행한다(Heyl, 2001, 368). 필자는 연구방법을 조금 더 구체적으로 구현하기 위해 생애주기 면접법(Life history interviewing)을 선택하였으며, 이는 피면접자와 면접자가 높은 수준의 친밀성과 신뢰를 바탕으로 전 생애에 대한 이야기를 공유하는 방식의 면접법이다(Becker, 1970; Spradley, 1979, 24).

　필자는 2008년 5월 시드니 대학교 윤리위원회(Ethics committee)의 호주 원주민 공동체 야라바하 연구에 대한 승인을 받고 민족지학적 생애주기 면접법을 중심으로 한 현장연구를 시작하였다. 그러나 연구 승인에 앞서 필자는 야라바하 마을 근처에 머물면서 3개월 이상의 시간을 공동체 구성원들, 그리고 Yarrabah Shire Council의 CEO 및 임원진과 신뢰를 쌓는 데 많은 노력을 기울였다. 2008년 5월부터는 마을의 원로 중 한 분이신 로이 그레이(Roy Gray)의 집에 홈스테이의 형식으

로 함께 거주하면서 연구를 진행하였으며, 좀 더 젊은 층의 원주민들
과 함께 근접한 거리에서 생활하기 위해 주중 이틀에서 사흘 정도는
원주민 친구였던 파밀라(Pamila)의 집에서 함께 생활하였다. 전체적인
인터뷰 과정은 2008년 11월에 마감되었으며, 이후 몇 번의 방문을 통
하여 모자란 부분들에 대한 보충 인터뷰를 실시하였다. 필자는 야라
바하의 20대 젊은 여성 피면접자 10명, 남성 피면접자 7명과 개인적
으로 두세 차례에 걸려 면접을 진행하였으며, 일반적으로 각각의 피면
접자와 2시간에서 3시간 정도의 시간을 생애주기 면접에 할애하였다.

3. 호주 원주민의 역사, 그리고 야라바하

호주 식민지의 역사는 6만 년의 역사를 뒤로하고, 1770년 영국의
입장에서는 해군이자 탐험가, 과학자로, 원주민의 입장에서는 침입자
로 불렸던 제임스 쿡(James Cook) 선장이 현재의 시드니(Sydney) 근처
보타니(Botany) 만에 도착하면서 시작되었다(Australian Government, 2009).
제임스 쿡이 이 지역을 뉴사우스웨일스(New South Wales)라는 이름으
로 영국에 합병한 이후, 1788년 수백 명의 죄수들을 태운 배가 현재
의 시드니 부근에 도착하게 되면서 영국 해군 아더 필립(Authur Philip)
대령에 의해 호주 대륙은 영국의 식민지(The British Colony)로 명명되
기 시작한다(Australian Government, 2009). 1770년 당시 제임스 쿡은 시
드니 근처뿐만 아니라 산호섬들의 바다, 그레이트 배리어 리프(Great
Barrier Reef)를 지나 지금의 야라바하(Yarrabah) 지역 근처인 퀸즐랜드
주, 엔디버(Endeavour) 지역에 배를 대고 그 지역을 정찰하였으며, "이
나라는 매우 높은 산과 돌이 많고 우리가 보지 못한 몇몇 식물들을

제외하고는 맑은 물밖에 찾을 수 없었다(Thomson, 1989, 1)"라고 후에 기록하였다. 이는 그가 호주 대륙은 이미 원주민들이 살고 있던 땅이 라는 점을 부정하고 '아무도 살지 않는 땅(Terra Nullius: empty land)'임 을 강조한 부분으로 풀이된다.

그가 "호주 땅은 그 누구의 소유도 아니다(Terra Nullius)"라고 본국 에 보고한 이후 1820년대부터 80년대까지 영국은 식민 정부를 중심 으로 호주의 식민지화에 총력을 기울였다. 이 기간 호주 원주민들의 극렬한 저항에도 불구하고 총과 같은 살상 무기를 소지한 영국군의 군사력을 이길 수 없었으며, 많은 지역에서 원주민에 대한 집단학살 이 일어나기도 하였다(Thomson, 1989, 1), 호주 원주민 부족들은 영국 군과의 전쟁으로 역사에서 사라져 가거나 오랜 시간 동안 살아온 고 향을 등지고 깊고 외진 곳으로 이주해야 했고, 집단학살에서 살아남 은 사람들은 영국인 선교사들이 만든 선교지에서 새로운 마을을 이 루게 되었다(Denigan, 2008). 제임스 쿡 선장이 다녀간 이후 100년이 지난 시간 동안 높은 산으로 인해 자신을 보호할 수 있었던 퀸즐랜드 주 내 케이프 그라프톤(Cape Grafton) 지역의 원주민들(지금의 야라바 하 지역)은 깊은 산 속에 숨어살면서 집단학살의 위험에서 자신들을 보호할 수 있었으나(Thomson, 1989), 이 또한 식민 정부가 법과 질서 라는 이름으로 원주민들을 관리하기 시작하면서 위험으로 몰리게 되 었다(Eckermann, 2006, 16). 식민정부는 산에서 살고 있는 원주민들을 잡아들여 수용소에 가두거나 원주민 지역을 관리하고자 하였으나 이 는 법적인 절차를 밟을 수 없는 무법적인 것이었고, 법적 절차를 따 를 수 없으며 그들에게 시민권을 부여하지 않는 이유로 원주민들이 기독교(Christian)가 아니라는 점을 들었다("Cultural Clash", Menmuny

Museum).

19세기 후반에 들어서면서 식민정부는 원주민 관련 대대적인 동화정책(Assimilation)과 보호정책(Protection policies)을 펴기 시작한다(Australian Government, 2009). 1969년 원주민보호조례(The Aborigines Protection Act)가 발표되면서, 빅토리아(Victoria), 퀸즐랜드(Queensland), 그리고 서호주(Western Australia) 지역의 4세 이후의 아이들이 부모에게서 떨어져 기독교 공동체(Missions), 공장, 그리고 직업교육 학교나 보호구역으로 강제 이주되었으며, 백인이나 비원주민 가정에 입양되기도 하였다(Australian Government, 2009). 그 외연적인 목적은 부모로부터 방기된 아이들을 보호하는 것이었으나 사실상 원주민 부모로부터 격리하여 그들의 문화적 연속성을 단절시키고자 하는 것이었다. 1910년부터 1970년까지

[그림 1] 야라바하를 세운 선교사 어니스트 그리블(Ernest Gribble)의 아들 존 그리블(John Brown Gribble)-멘뮤니 박물관(Menmuny Museum)에 그의 일기가 전시되어 있다.

원주민 전체에서 적게는 10분의 1, 많게는 3분의 1의 원주민 가족들이 자녀를 잃었으며(Australian Government, 2009), 21세기 부모를 잃어버리고 여전히 가족을 찾기 위해 노력하는 이들을 '잃어버린 세대(Stolen Generations)'라고 부른다.

19세기 후반 동화정책에 의해 부모로부터 강제로 분리되거나 고향으로부터 강제 이주해야 했던 대다수의 원주민들은 선교사가 운영하는 선교지(Mission)에 정착하게 되었고, 그들 선교지 중 하나가 바로 1892년에 세워진 야라바하이다.

선교사의 기독교 식민교육 안에서 호주 원주민들은 자신의 언어를 잃었고, 문화를 부정해야 했으며 1967년 근대국가를 구성한 호주 정부에 의해 시민권이 인정되기까지 호주의 '비시민'으로 인권과 법적 보호에서 철저하게 소외되어 있었다. 자신이 일한 노동의 대가를 받지 못하기도 하고, 때로 성인 여성과 여아들은 성폭력에 노출되었다(Denigan, 2008). 1967년 호주 연방정부(Commonwealth Government)가 처음으로 국민투표(Commonwealth Referendum)를 통해 호주 헌법이 원주민의 시민권을 인정하기까지 그들은 태어나고 결혼하며, 죽음을 맞이하는 모든 절차들이 법적으로 인정되지 않거나 차별적으로 인정되었으며(Dillon, 1999), 거주이전의 자유 또한 허락되지 않았다. 야라바하의 원주민들도 예외일 수 없었다. 일부 기업들은 원주민들을 공장이나 농장의 노동자로 고용하고 임금을 정부 은행(Government Savings Bank)에 넣어놓은 채 노동의 대가를 지불하지 않았다. 일부는 코카인과 같은 마약을 임금 대신 지불하여 많은 원주민 젊은이들이 마약 중독에 노출되었다. 1936년 처음으로 거주이전의 허가를 받은 야라바하 원주민은 단 한 명이었으며, 전국을 다 합쳐도 764명에 불과했다(Denigan, 2008,

18). 원주민들은 60년대와 70년대를 거쳐 동화 정책(Assimilation policy)으로 인해 그들의 문화를 부정하고 호주에 정착한 영국 후손들의 문화를 받아들일 것을 강요당하였고, 고등교육과 사회복지에서 제외된 채로 낮은 수준의 삶을 영유하며 문화적 트라우마를 극복하지 못하는, 호주사회의 가장 낮은 계층으로 전락하게 된다. 이것이 오늘날 호주 원주민을 억압하고 차별하던 법령과 제도들은 공식적으로 사라졌지만, 호주 원주민 그리고 젊은 20대의 삶 속에 깊게 박힌 트라우마가 여전히 진행형인 이유이다.

4. 야라바하 20대 젊은이들의 이야기(Life histories)

제도화된 인종차별주의(Institutional racism) 속에 살고 있는 야라바하의 20대 젊은이들의 이야기를 풀어감에 있어서 다양한 담론을 저장·유포하는 다양한 사회적 기제에 주목하는 것은 매우 중요하다. 따라서 이 본문의 분석은 원주민 개개인이 식민담론(Colonial discourse)을 포함한 다양한 사회적 담론들에 어떠한 영향을 받으며 자신의 정체성을 구성해 내는가를 들여다보는 과정이 될 것이며, 가장 중요한 사회적 기제인 가정(The family), 학교(The school), 그리고 공동체(The community)라는 세 가지 기제들에 보다 집중할 것이다. 첫 번째로 이러한 사회적 기제들이 20대 원주민들에게 어떠한 담론을 유포하고 영향을 미쳐 왔는가를 주목할 것이며, 두 번째로, 개개인이 이러한 영향하에서 어떠한 생각과 정체성을 구성해 왔는지 보다 세밀한 시선으로 따라 가고자 한다.

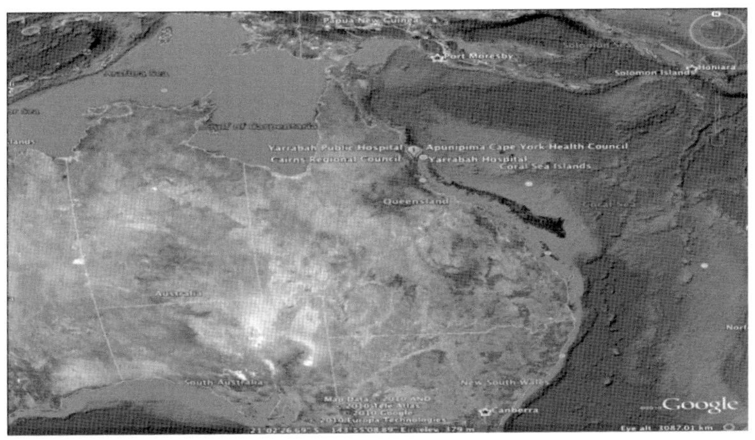

자료: Google Earth(2010)

[그림 2] 호주 지도와 야라바하(Yarrabah) 마을 공동체(지도 상부에 표시된 지역)

1) 가족

앞에서 잠시 언급하였듯이, 야라바하는 '잃어버린 세대'와 강제이주에 의해 고향을 잃어버리고, 식민주의정책에 의해 자신의 문화를 부정하기를 강요당했던 원주민들이 새로운 정체성을 구성하면서 21세기 '현재'를 살고 있는 원주민들(Indigenous peoples)의 공동체이다. 야라바하(Yarrabah)는 만남의 장소(Meeting place)라는 의미를 지닌 원주민 언어와 영어의 합성어라 전해진다. 선교사 어니스트 그리블이 오랫동안 그 지역에 살고 있었던 공갠지(Gongenji) 부족과 이딘지(Idinji) 부족뿐만 아니라, 다른 지역에서 강제이주한 가족들 그리고 부모로부터 강제로 분리되어 이주한 어린이들(Stolen Generations)을 모아 만든 공동체라고 하여 '만남의 장소'라는 이름을 지었다고 전해진다. 그러나 야라바하에 모였던 원주민들이 선교사의 보호 아래 있었다고 하더라도, 기본적인 인권과 국민으로서의 권리가 보장된 삶을 영위할 수 있는 것은 아니었다. 어린이들뿐만 아니라 성인들조차 선교 마을 안에서 자신의 부족언어를 사용하는 것이 금지되었으며, 선교사에게 이를 적발당했을 시 육체적인 체벌을 받아야 했다. 어린이와 청소년들은 도미토리(dormitory)라는 기숙사 시설에서 공동생활을 하면서 부모와 격리되어 소위 '식민지 교육'을 받았고, 고등교육이나 정규 교과서를 통한 체계적인 교육이 허용되지 않았다. 일정 나이가 되면 자신의 의사와 상관없이 선교사가 정해 주는 상대와 결혼을 하고 독립을 해야 했으며, 원하지 않는 결혼으로 불화를 겪거나 자살하는 일들이 일어나곤 했다(Denigan, 2008). 이러한 비극적인 이야기들은 역사 속에 기록되지 못하였지만, 가족들의 이야기를 통해 여전히 그들의 마음 깊이 남아 있다.

> 역사는 여전히 그 자리에 있어요. 우리 증조할머니·할아버지는 Alice Spring에서(끌려) 오셨대요. 증조할머니는 Stone Henge가 고향이고, 할아버지는 Woodrow에서 나고 자라셨다고 했어요.
>
> *필자: 여기로 왜 이주한 거예요?*
>
> 그들이 이주한 게 아니에요. 여기로 강제이주 당한 거예요. 영국인들이 처음 왔을 때 그들이 우리 증조할머니·할아버지를 살던 지역에서 모두 강제로 끌어냈다고 들었어요. 그리고 정부는 그분들이 여기서 살기를 원했다는 거죠. 그들은 도망쳤어요. 그렇지만 잡힌 사람들은 모두 다시 돌아와야 했대요. 영국인들은 아이들을 모두 도미토리에 넣고 가족과 떨어지게 만들었어요. 그래서 그들을 '잃어버린 세대'라고 부르는 거예요. 너무나 많은 사람들이 희생되었어요. 그래서 저는 이렇게 말합니다. 저는 잃어버린 세대의 역사를 가진 가족으로부터 왔다고요(Maliana, 여[29]).

할아버지는 야라바하 도미토리에서 자랐어요. 자라면서 단 한 번도
누나를 본 적이 없었대요. 처음이자 마지막으로 본 것은 이미 누나
가 죽은 침대에서였다고 했어요(Adriana, 여[25]).

　　도시와 유리되고 소외된 지역에 위치한 호주 원주민 마을 야라바
하에는 아직도 이러한 식민주의의 트라우마와 역사적 분절의 단면들
이 남아 있다. 원주민들이 식민 법령에 의해 규율되고 시민권을 인정
받지 못하던 1967년 전까지 법과 제도는 원주민 가족에게 어떠한 구
속력도 가지지 못하였다. 호주 원주민들의 전통적 결혼과 육아 제도
가 식민 교육과 선교 마을의 새로운 제도 속에서 혼란을 겪은 이후
공동체 내에서 가정을 이루지 않고 태어나는 아이들이 생겨나게 되
었고, 책임을 다할 수 없는 부모들은 아이들을 경제적으로 안정된 가

[그림 3] 야라바하 원주민 공동체의 입구 표지판

족과 친족들이 기를 수 있도록 입양을 통해 맡기거나 부모의 도움을 받으며 양육에 참여하게 되었다. 이에 21세기 야라바하에서는 많은 여성들이 결혼 전에 동거나 연애를 통해 임신을 경험하고 이르면 10대에 출산을 하기도 한다. 10대 출산으로 인하여 야라바하에는 30대 후반이나 40대 여성들이 조부모가 되는 사례들을 쉽게 찾을 수 있다. 어린 나이에 엄마가 된 딸의 역할을 부모가 대신하기도 하며, 다수의 영유아들은 부모가 아닌 조부모의 손에 키워진다. 식민주의 경험을 통하여 전통적인 양육방식과 가족을 구성하는 원주민만의 문화는 변화를 겪어왔으나, 과거의 방식을 잃어버린 공간에는 새로운 방식뿐만 아니라 혼란과 가치갈등이 자리 잡게 된 것이다. 어린아이들이 부모에게 버려지거나 친척에 의해 입양되어 자라나게 되고, 그 상처가 다

[그림 4] 야라바하 전경
－해변을 중심으로 마을의 집들이 가지런히 정돈되어 있다.

시 아물지 못하고 다시 자신의 아이를 방기하게 되는 악순환이 가족의 순기능을 위협하기도 한다. 식민주의로 인한 '잃어버린 세대'들의 고통이 가족의 구성과 양육이라는 지점에서 그 '고름'을 드러내는 것이다.

식민주의로 인한 역사 분절의 트라우마는 다양한 인종들과 섞이게 되었던 근대 사회의 변화 속에서도 발견된다. 20세기 전반, 중국을 비롯한 전 세계의 다양한 인종들이 황금에 대한 꿈을 가지고 호주 광산업에 뛰어들었던 골드러시(Gold rushes) 기간에 많은 원주민들은 다양한 인종과 섞여 생활하게 되었다. 이에 20세기 후반 이민과 다문화주의가 더해지면서 원주민 공동체 내에서 조차 순수한 혈통을 중심으로 하는 생물학적 정체성에 대한 강조는 점차적으로 사라져 갔다. 그러나 호주 정부는 그들에게 반혼혈 원주민(Half-caste)이라는 비하적 이름을 붙이면서 백인과의 혼혈 원주민을 부분적으로 백인 사회로 흡수하거나 차별하는 정책을 지속하게 된다. 21세기 호주사회를 관통하는 다민족과 다문화의 흐름 속에서 호주 원주민의 정체성은 생물학적 정통성보다는 문화적 기반에 의해 설명되고 해석되는 방향으로 변화하고 있으나, 여전히 식민주의로 인한 반혼혈 원주민들의 상처와 정체성 고통은 고스란히 그들의 몫으로 남겨져 있다. 순수혈통과 반혼혈 원주민을 나누고 차별하던 식민주의자들이 다시 호주의 주인이 된 21세기, 원주민 공동체 안에서 그 간의 갈등을 봉합하고 상처를 치유하는 작업들이 아직은 더딘 것 또한 사실이다. 그러나 오늘날 원주민의 정체성을 이야기하는 데 있어서, 식민주의로 인한 역사적 경험을 공유하는 '공동체적 의식(Collective sense)'과, 같은 공간을 공유하는 '문화적 인식'은 생물학적 요소보다 더욱 중요한 위치를 차지하게 되었다. 원주민 스스로가 만들어 온 보다 나은 미래를 위한 치유의 노력들이 작은 변화들을 만들어 왔기 때문이다.

여기서 역사적 인식과 공통적 경험이라는 토대는 '잃어버린 세대(Stolen Generations)'라고 불리는 세대와 그 자손들이 공유한 '혈연적·문화적 연속성의 상실'이라는 비가시적 의식과 경험을 통해 더욱 구체적으로 드러난다. 본 연구에 참여한 Lina와 Casiana의 경우 아버지의 부재로 인하여 그들의 가족이 어디로부터 강제 이주를 통해 야라바하로 오게 되었는지 설명하지 못하였다. 17명의 피면접자들 대부분이 가족의 고향에 대한 부분적 기억을 가지고 있었으나 자신의 직계부모나 조부모의 기억에 그쳤고 파편화되어 있었다.

> 우리 아버지는 인도인이었고 우리 할머니는 Hopevale이라는 북쪽에서 오셨어요, 그렇지만 중앙부의 퀸즐랜드로 강제이주 당하셨죠. 저는 할머니와 할아버지가 어떻게 만나셨는지 잘 몰라요. 우리 아버지는 아주 큰 부족 출신이라고 하셨는데… 하지만 더 물어보지 마세요. 사실 제가 엄마에 대해 아는 만큼 아버지에 대해서 [아버지의 부재로 인하여] 아는 것이 별로 없어요(Casiana, 여[29]).

> 저는 아버지가 어디서 태어났는지 잘 몰라요. 그렇지만 아버지의 엄마는 야라바하에서 태어났다고 들었어요. 우리 할아버지는 공갠지 부족의 왕이셨고 모계 쪽에서 물려받았기 때문에 증조모가 여왕이셨다고 들었어요(Lina, 여[20]).

Chris Weedon은 자신이 어디에 소속되었는가, 어디로부터 왔는가에 대한 소속감과 그 뿌리를 찾는 행위는 탈식민·탈근대 사회에서 긍정적인 정체성 구현하는 데 가장 중요한 이슈라고 말한다(Weedon, 2004, 85). 그러나 야바라하에서 젊은 원주민들이 원주민(Indigenous peoples)으로서의 정체성을 확립해 가는 과정에는 보다 복잡한 역사적 담론들과 다양한 가족에 대한 담론이 등장한다. 야라바하에서 가족이라는 공동체에 대한 연대의식과 가족주의는 혈연이라는 단순한 언어로 표현되기보다는 역사적 경험의 토대 안에서 더욱 선명하게 드러난다.

> 우리 엄마와 아빠는 제가 가족과의 연대감을 잃지 않도록 많은 영향을 주었어요. 엄마의 경우 정신적(spiritual)으로 그리고 문화적으로 많은 영향을 주었고요… 우리 외할머니는 항상 많은 이야기를 저에게 들려 주셨는데, 항상 우리가 어떤 사람들과 어떻게 연결되어 있는지, 어디에서 왔는지, 우리가 누구인지 잊지 말라고 강조하셨죠. 우리는 우리의 땅과 우리의 사람들(Aboriginal people)과 연결되어 있다고 하셨어요. 할머니와 부모님은 항상 자신들이 '잃어버린 세대'로 인해 잃어버린 가족과의 연대를 우리만은 잃지 않고 살기를 간절히 바라셨습니다(Chelsea, 여[28]).

> 원주민 문화와 삶의 방식들은 여전히 그 자리에 있어요. [제 마음에서] 절대로 떠나지 않죠. 사람들은 원주민에 대해서 나쁜 이야기들을 하곤 했지만 저는 절대로 그것을 받아들이지 않았어요. 저는 그런 이야기들에 귀를 닫고 무시해 버렸죠. 아직도 저는 그렇게 합니다. 저의 부모님은 항상 웃음을 잃지 말고 네가 누구인지, 어디에서 왔는지 자랑스러워하라고 말하셨어요(Adriana, 여[24]).

호주 원주민 가족의 다양한 문제들─가정폭력, 부모에 의한 어린이 성추행, 술, 마약 중독으로 인한 가족의 해체─이 사회적 이슈가 되고, 식민지 경험과 트라우마로 인한 호주 원주민 가족의 문제가 사회적으로 가시화되는 측면이 있는 반면, 호주 원주민 가족들이 문화적 연속성을 지켜올 수 있었던 탄탄한 가족주의에 대해서 호주사회가 깊이 있는 성찰이 없어왔던 것 또한 사실이다. 야라바하 원주민들에게 가족이란 식민주의가 야기한 정신적·육체적 공포로부터 유일하게 그들을 보호해 줄 수 있는 공간으로 인식되어 왔으며, 서구의

[그림 5] 야라바하의 대가족, 야라바하 선교 마을 교회 앞(Mission Station)

개인주의와 구별되는 이러한 가족주의는 그들이 식민주의 속에서 그들의 삶과 문화의 연속성을 모두 잃지 않고 살아남을 수 있는 원동력이 되었다. Adriana와 Dana의 면접내용은 그들이 여전히 집산주의(Collectivism)에 기반한 가족주의를 이어오고 있다는 것을 보여준다.

우리는 [백인들]보다 더 탄탄한 가족주의를 가지고 있어요. 그들은 15세만 되면 아이들을 학교에 쫓아 보내버리고 20세가 되면 독립을 시켜요. 사회에 나가서 직업을 가지라고 강요하죠. 저도 백인 친구들이 있는데, 그들의 삶은 너무나 우리와는 달라요. 우리 엄마가 만약 저에게 백인들처럼 한다면, 그건 상상할 수 없는 일이에요. 한 달에 한 번 아이들과 통화를 하거나 하는 식으로 살아가는 백인들, 저는 절대 그럴 수 없거든요. 저는 거의 매일 밤 우리 가족들과 이야기하고 그들이 괜찮은지 항상 확인하고 잠들어요(Adriana, 여[25]).

야라바하에서 저도 떠나고 싶어요. 그렇지만 저는 도시 지역에서 물건을 사러 갈 때에도 집으로 곧장 들어오곤 합니다. 오랜 시간 집에서 멀리 떨어져 있을 수 없기 때문이에요. 저도 나름의 계획과 목표가 있고 도시에서 일하고 싶어요. 그러나 저는 그렇게 할 수 없어요. 엄마가 아프시거든요. 야라바하를 떠나서 제 공간을 만들고 싶지만, 우리 엄마 때문에 저는 그럴 수 없어요(Dana, 여[29]).

그러나 호주 원주민의 가족주의는 양면성을 가지고 있다. 식민화 속에서 살아남을 수 있었던 원동력으로서의 연대감은 때로 암묵적으로 행해지는 가족 내의 폭력이나 다양한 갈등을 감추어 버리는, 보이지 않는 힘으로 작용하기도 한다. 호주 원주민의 가족구조는 사실상 식민화 과정의 빠른 변화 속에서 기본적인 틀이 해체되었고, 탄탄한 가족주의로 보이는 혈연중심의 연대감은 가족의 일이 사적인 공간의 일이라는 개념과 맞물려 다양한 문제들을 야기하고 있다. 사회구조의 변화로 더 이상 사냥과 수렵이 가부장의 권위를 지켜주지 않게 된 현대 사회에서 권위를 잃었으나 권력을 놓지 않으려 하는 가부장과, 미래에 대한 희망이 없이 무기력해지거나 우울증에 빠져 버리는 많은 야라바하의 젊은이들은 극단적인 방법으로 자신보다 약한 가족구성원에게 폭력을 행사하기도 한다.

'여자를 때리지 않으면 여자가 그 집의 대장이 될 것이다, 여자가 너에게 대들게 하면 너는 약골임에 틀림없다' - 이런 배배 꼬인 생각을 가진 남자들이 아직 있다는 거죠. 그렇지만 많은 남자들이 또한 변화하고 있기도 해요. 남들이 뭐라 하든 자신의 생각을 가지고 삶을 살아가는 남자들이 늘고 있다는 거죠. 그래서 지금 야라바하에는 이런 남녀 간의 권력 게임이 시작되고 있어요(Maliana, 여[29]).

[그림 6] 홈스테이 아저씨 Roy Gray, 어느 해변에서의 낚시[1]

호주 원주민의 가족주의가 가족 내, 사적 영역의 폭력을 막지 못하고 있는 측면이 있다면, 또 하나의 문제는 식민지 교육과 '잃어버린 세대'의 훈육 분절로 인한 가족의 교육 기능 약화이다. 많은 아이들이 실제로 부모의 손이 아닌 친척이나 조부모의 손에 키워지면서 일정 기간이 지나 청소년기가 되면 양부모나 친척과 떨어져 독립하기를 원하게 되고, 국가지원금(Allowance)에 대한 의존으로 인하여 아이들의 미래에 대한 고민을 아이들 개개인의 몫으로 남겨 버리는 어른들이 생겨나게 되었다. 이로 인하여 야라바하의 청소년들은 때때로 일정한 틀의 훈육 없이 지역사회에 노출되게 된다. 90% 이상이 직업

---

1) 원주민 아버지들의 사냥과 낚시, 채집에 대한 의무는 식민화 과정 속에서 근대화와 더불어 해체되었다. 자본주의 사회에서 일자리가 없는 원주민 가족의 아버지들은 가부장적 권위와 현대 사회의 변화 속에서 혼란을 겪고 있다.

을 가지고 있지 않은 야라바하, 그러나 그것은 과거 호주 원주민이 사냥과 수렵채취를 통해 삶을 영위하던 시대와는 다른 형태의 무직이며, 가족 내에서 좋은 역할 모델(Role model)을 찾지 못하는 청소년들은 부모들이나 다른 공동체 구성원들과 비슷한 전철을 밟게 되고, 때로 미래에 대한 좌절을 경험하기도 한다.

> 부모들이 아이들을 방기하는 문제가 여기서는 참 심각해요. 지나치게 성숙하지 못한 어른들이 많다는 거예요. 그들 생각 자체가 너무 텅 비어 있어요. 어른들의 생각 자체도 15살에 머물러 있다고 보면 되요. 말하는 것도 15살처럼 말한다니까요. 교육을 받지 못한 탓이에요. 마을 사람들은 아이를 16살 정도에 낳아서 비슷한 방식으로 키워요. 아니면 조그만 아기를 그 아이의 오빠나 언니에게 그냥 맡겨 버리는 거죠. 그 아이들이 자라서 그 정도의 나이(15~16세)가 되면 또 같은 방식으로 아이를 키워요. 그러니 뭐가 옳고 그른지 알 수가 없는 거예요. 어린 나이에 아이를 낳고 그 아이 언니, 오빠나 다른 사람들에게 그냥 맡겨 버리는 거예요(Allen, 남[29]).

> 저는 친척집에서 자랐어요. 우리 부모님이 저를 낳고서 친척집에 입양을 시켰대요. 그리고 저는 17살에 양부모님에게서 독립했어요. 그들은 저에게 사랑을 주었지만, 사실 항상 부족하다고 느끼면서 지냈어요. 그래서 항상 외로웠죠. 저는 그래서 어려서부터 제 가족을 만들고 싶었어요. 저는 지금 여자친구와 같이 살고 있고요, 결혼은 아직입니다. 아마도 돈을 좀 더 모은 다음에 결혼을 하게 될 거 같아요(Danish, 남[27]).

야라바하의 도미토리에서 자라난 조부모 세대로 인하여, 그들이 6만 년 동안 세대와 세대를 통해 이어온 그들의 구전 역사, 꿈의 이야기(Dreamtime Stories)들은 사실상 많은 부분 분절되었고, 아이들에게 이야기를 들려 주던 관습은 다른 형태로 변화되었다. 그들이 가진 오랜 관습은 사라진 것이 아니라 21세기 다양한 문화와 사회적 영향 아래서 변형(transformation)되었으나, 여전히 야라바하의 젊은이들과 마을의 원로들은 문화를 상실하였다는 '박탈감'을 호소하기도 하였다.

음… 이야기들을 잃어버렸죠. 우리 부모님들은 선교지 도미토리에서 자라진 않았지만 그들의 부모들은 선교 공동체(Mission)에서 자랐으니까요. 잃어버렸다고 말하는 게 옳을 거예요. 우리 엄마, 생물학적 엄마 말고요, 저 키워주신 엄마의 엄마[할머니]는 3살 때 야라바하에 왔는데요, 여기 도미토리에서 자랐대요. 선교사들이 우리가 어디서 왔는지, 원주민의 역사나 문화 관련 이야기를 일절 하지 못하게 했대요. 그래서 엄마는 [Dreamtime Stories에 대해서] 전혀 알지 못합니다. 왜냐하면 엄마가 할머니에게 들은 이야기는 모두 선교사들이 선교 공동체에서 알려준 이야기들이니까요(Teresa, 여[21]).

일부의 가족들에서 이어져 오고 있음에도, 호주 원주민의 구전 역사인 '꿈의 이야기(Dreamtime Stories)'는 이제 야라바하에서 많은 부분 사라져 가고 있다. 우리나라의 단군 신화를 연상시키는 다양한 동물들의 창조신화와 자연과 인간이 신의 창조물로서 이어져 있음을 강조하는 원주민들의 역사 이야기는 기록된 역사만이 역사라고 하는 서구인들의 이분법, 즉 선사(Pre-historic)시대의 유물로 원주민의 구전 역사를 인정하지 않는 역사학자들의 오만으로 인해, 단순한 이야기로만 치부되고 있는 것도 안타까운 현실이다. 많은 젊은이들은 역사와 꿈의 이야기의 경계를 설정하지 못하거나 공동체 내에서 내면화한 변화된 시간의 개념을 가지고 있었으며, 자신의 문화적 정체성을 박탈감을 통해 내면화하는 것에 거부감을 느끼는 사람들은 종교적인 가치관을 중심으로 자신의 정체성을 재구성하는 모습도 보여주었다. Casiana의 경우 가족 내에서 어머니의 영향이 매우 강하였으며, 어머니는 언제나 잘못된 역사를 수정하려 노력하기보다는 종교적인 인간이 되는 것이 미래로 향하는 데 더 발전적인 생각이라고 강조하였다고 전하였다.

> 원주민 운동가들(Indigenous activists)은 호주 원주민의 고유한 국기를
> 만들어 걸고, 빨강, 노랑, 검정 말이에요. 사실 우리만의 국기를 갖
> 는 것은 좋은 일이지요. 그러나 다른 사람들이 보기에 우리가 반대
> 로 그들을 인종차별하고 있다고 생각하지 않겠어요? 우리 엄마는 절
> 대로 원주민 운동가들처럼 국기를 걸지 않았어요. 엄마는 백인들이
> 절대 돌려주지 않으려 하는 것을 돌려받기 위해 싸우는 것이 옳은
> 일이기는 하지만, 어차피 되돌릴 수 없는 일은 붙잡고 있는 것보다
> 과거로 흘려보내는 편이 더 나은 일이라고 하셨어요(Casiana, 여[29]).

이 연구에 참여한 몇몇 피면접자들은 원주민 운동가들의 활동이 대다수 원주민의 의견은 아니라고 말하기도 하였다. 식민화 과정을 통하여 호주 원주민들은 저항하기 어려운 식민 권력에 적응하는 법을 배웠으며, 그들의 무력함(powerlessness)을 받아들이는 과정을 경험한 것이다. John Cawte는 대다수의 호주 원주민들이 변화를 위해 희망을 가지고 거리로 나와 운동가들과 함께 싸우고 있는 것이 아니라, 반대로 혼란, 심리적 고통으로 무기력해져 있음을 일부 학자들만이 인식하고 있다고 말한다(Cawte, 1974,194). 원주민의 독립된 주권(Indigenous sovereignty)을 되찾기를 원하는 원주민 운동가들의 주장을 대부분의 원주민들이 공감하고 있으면서도 그들이 적극적으로 동의할 수 없는 것 또한 이러한 이유 때문일 것이다. 살아남기 위해 싸우기보다 적응하고자 했던 그들의 역사는, 변화와 문화적 재생을 염원하는 많은 진보적 지도자들과 운동가들, 학자들의 정치적 이상과는 다른 현실을 그리고 있다. 가족이라는 가장 긴밀한 공간에서 전달되는 식민담론은 어떠한 대중매체의 영향보다 강하게 개인의 생각을 지배하게 되며, 아주 오랫동안 마음에 새겨지기 때문이다.

2) 학교

야라바하 주립학교(Yarrabah State School)는 1학년부터 10학년으로 구성된다. 12학년까지 마쳐야 대학에 갈 수 있는 호주의 교육 체계 안에서 야라바하의 많은 학생들이 고등학교 교육을 마치지 못하는 이유이기도 하다. 2008년 현재 야라바하 주립학교에는 440명 정도의 학생들이 함께 공부하고 있으며(Yarrabah State School, 2008), 모든 학생들은 '애보리진'이라 불리는 대륙의 원주민(Aboriginal people)과 호주 주변의 섬 원주민(Torres Strait Islanders)들의 후손들이다. 일반적으

[그림 7] 야라바하 주립 초등학교의 전경

로 학생들은 문화와 언어적으로 다양한 배경을 가지고 있으며, 선생님은 주로 원주민이 아닌 외부에서 자라 야라바하로 일하러 온 백인 교사들이 중심을 이룬다. 대부분의 학생들은 크리올/야리 링고(Kriol/Yarrie Lingo)라는 원주민화된 영어를 사용한다. 원주민화된 영어는 문법적으로 표준화된 영어와 다소 차이가 있기 때문에 교육 과정을 통해 표준 영어를 배우고 있다(School annual report of Yarrabah State School, 2008).

10학년 이후에 학생들은 대부분 고든베일(Gordonvale)이나 케언스 도심지(Cairns City)에 있는 기숙학교를 선택하는 경우가 많으며 10학년 이전에도 야라바하 주립학교의 여러 문제로 인해 다른 근교의 도시 학교를 선택하는 경우 또한 많다. 11학년과 12학년의 학생들은 대부분 대학(college)이나 대학교(university)에 가기 위해 노력하는 마지막 단계로 환경에 적응하는 것이 매우 중요하다. 그러나 10년 동안 야라바하 주립학교를 단 한 번도 벗어나지 못한 학생들의 경우 외부의 학교에서 대부분 문화적 충격(Culture shock)을 경험하게 된다. 기숙학교로 간 학생들의 경우 향수병을 앓거나 고립감을 참지 못하여 학교를 중퇴하는 경우가 많으며, 이 연구의 대다수의 피면접자들은 이러한 이유로 대학 교육을 포기할 수밖에 없었다고 말하였다.

야라바하 주립학교에서는 원주민 학생들에게 문화적 자긍심을 심어주기 위해 '원주민 문화 교육'을 실시하고 있다. 이 수업은 주로 원주민 언어, 원주민 미술, 그리고 원주민 춤을 배우는 것으로 구성되어 있으나 체계적인 교육 교재와 선생님의 부족으로 많은 어려움을 겪고 있다. 또한 역사 교육의 경우 영국인의 원주민에 대한 식민 역사를 가르치지 않음으로써, 대부분의 학생들이 19세기와 20세기 사이의 식민화 과정의 역사를 인지하지 못하고 있었다. 또한, 야라바하 주립학교와 주류 비원주민 학교의 교육 과정과 교재, 학교 내 편의시설의 차이가 확연하여 주류 학교의 교육과정에 단 한 번도 노출되지 못한 야라바하 학생들이 11학년 과정을 위해, 또는 더 나은 교육 환경을 위해 주류 학교로 입학을 하는 경우, 대부분 자신감을 잃고 방황하는 결과를 낳았다.

왜 우리 아이가 여기서 5학년 수준의 공부를 하다가 다른 학교에 가면 8학년 수준으로 갑자기 뛰어야 합니까? 이 정부는 우리 학교에 정말로 좋은 교사를 보낼 마음도 없고 그런 돈을 쓰고 싶지도 않아 하는 겁니다. 그저 대학교 갓 마친 선생들을 보내서 여기서 가르치는 연습이나 시키는 거죠. 이런 식으로 [질 낮은 교육으로] 가르친 지 정말로 오래 되었습니다. 유치원부터 10학년까지 있는 야라바하 학교, 11학년에 가려면 케언스로 가서 학교를 가야 하는데, 저 같은 경우도 사실 케언스에 있는 학교에 가서 절반 이상의 내용을 알아듣지 못했어요. 이미 초등학교에서 배워야 했던 내용들을 저는 배우지 못한 거였죠. 여기 야라바하의 교육은 정말 엉망입니다. 게다가 커리큘럼에 없는 내용은 못 가르치게 되어 있다더군요. 그게 제가 들은 이야기예요(Maliana, 여[29]).

[그림 8] 야라바하 주립학교의 학생들, 쉬는 시간의 풍경

이른 시기에 주류 학교에 입학한다 하여도 많은 학생들은 여전히 인종차별주의적인 친구들의 발언이나 교사들의 암묵적 차별에 상처를 입기도 한다. 이 연구에 참여한 대다수의 피면접자들은 학교 과정에 따라가지 못하는 자신에 대해 자괴감을 느끼고 학교에서 벗어나기를 원하였으며, 이러한 이유로 많은 학생들이 학교를 떠나거나 야라바하 주립학교로 돌아온다고 하였다.

몇몇 원주민 학생들은 사실 굉장히 뛰어났어요. 그렇지만 그들도 주류 학교에 적응하기 위해 조금 더 많은 시간이 필요했습니다. 그래서 그들은 계속 질문을 하곤 했었는데, 선생님은 그 질문들에 대답하기보다 얼굴 표정으로 짜증이 났음을 보여주었죠. 원주민 학생들은 결국 포기했습니다. 자신감도 없어져 버렸어요. 그리고 학교를 떠났습니다. 선생님들이 조금만 그들의 문제에 신경을 더 써주었다면, 그래서 그 아이들이 적응할 때까지 조금 더 참을성 있게 기다려 주었다면 아이들을 학교를 떠나지 않았을 수도 있었겠죠(Allen, 남[29]).

한 선생님은 저랑 제 친구 팔을 회초리로 때리곤 했어요. 그 선생님은 저에게 단 한 번도 웃어주지 않았습니다. 그 선생님은 저희를 길에서 만나도 모른 척 했어요. 제 생각이지만, 몇몇 선생님들은 우리를 그냥 냄새 나고 멍청한 학생들이라 치부한 것 같아요.

필자: 왜 그 선생님에게 불만을 표시하지 않았나요?

그런다고 변할 사람이 아니었어요. 그때는 그런 생각도 하지 못했고요(Collene, 남[28]).

학교 내의 인종차별적 또래문화 또한 그들이 학교에 적응하는 것을 막는 이유 중 하나이다.

저는 고든베일 학교에 가자마자 상처를 받았습니다. 백인 아이들에

게 잡혀서 포박당하기 일쑤였어요. 그들은 저를 검둥이(black nigger)
라고 불렀어요. 저는 그들에게 너무나 화가 나서 제가 해서는 안 되
는 행동을 하곤 했어요. 그들이 저를 검둥이라 부를 때마다 저도 폭
력을 행사했습니다. "아니야, 나는 내가 원주민인 것이 자랑스러워"
라고 말하기보다 저는 그저 상처받고 있었습니다(Casiana, 여[29]).

학교 내에서의 차별뿐만 아니라, 교육 제도 안에서 자행되는 원주
민 역사에 대한 침묵은 원주민 학생들에게 역사에 대한 혼란을 주기
도 한다. 또한, 공동체 안에서 들어왔던 담론들과 다른 영국인 정착자
들의 입장을 반영한 역사 교육은 원주민 학생들에게 교육 기관에 대
한 신뢰를 잃어버리게 만들거나 혼란을 가중시키기도 하였다. 특히
호주 원주민에게 침입자로 여겨지는, 영국인 정착자들에게는 최초로

[그림 9] 야라바하 주립학교 내의 원주민 고유의 미술 벽화

호주 대륙을 발견한 탐험가로 알려진 캡틴 쿡(Captain Cook) 선장에 대한 백인 중심의 역사 교육은 원주민 학생들이 교육 과정에 대한 혼란을 야기하는 거대한 담론으로 자리한다.

음… 처음부터 받아들이려 하지 않았어요. 그렇지만 제가 들은 이야기와 너무 달라서 듣는 일만으로도 너무 힘이 들었어요. 그래서 저는 저의 입장에서 쿡에 대한 이야기를 전달하려 했고 선생님은 그것을 들으면서 저를 설득하기 위해 노력했죠. 그렇지만 우리 할머니가 말씀하길 그들은 우리 조상들을 잡기 위해서 쫓아 다녔다고 했어요. 저는 결코 그를 좋아할 수가 없었습니다. 그는 나쁜 사람으로 보였으니까요. 그리고는 저는 혼란에 빠졌어요. 왜냐하면 어떻게 생각해야 할지 알 수 없었거든요. 제가 가족과 공동체에서 배운 것들을 묻어 두고 지내야 할지 잘 몰랐어요. 집에 와서 할머니에게 물었더니 '네가 믿을 수 있는 것만을 믿어라'고 조언해 주셨어요. 그래서 저는 이러한 생각을 잠시 밀어두고 백인들의 문화에 따랐어요. 하지만 집에서는 원주민의 방식을 따랐습니다(Adriana, 여[25]).

호주의 교육 체계 안에서 상호 모순을 일으키는 두 가지 상이한 담론은 Adriana의 경우처럼 두 가지의 다른 삶의 방식을 배우고 장소에 따라 맞추어 나가는 순응을 가르치기도 하는 반면, 반대로 적개심이나 비판의식을 고양하고 식민 권력에 대한 저항적 의식을 드러내는 젊은이들도 생겨나게 되었다. Allen의 경우, 그는 '역사는 승자에 의해 쓰인다'라고 강조하면서 그간의 원주민 역사가 호주 영국인 정착자들에 대해 어떠한 방식으로 교육 과정 안에서 제거되거나 왜곡되어 왔는지 말하였다.

학교에서는 원주민 관련해서 아무런 역사도 배우지 않아요. 캡틴 쿡이나 테라 눌리어스(Terra Nullius: '아무에게도 속하지 않은 땅'이라는 뜻으로 영국인들이 호주 대륙을 '발견'했다고 강조하기 위해 사용한 표현)와 같은 쓰레기 같은 지식들만 배울 뿐이죠. 우리의 역사 '꿈의 이야기(Dreamtime)'에 대해서는 단 한 가지도 배우지 않아요. 원주민 역사와 문화는 철저하게 무시된 거죠. 1900년부터 백인을 위한 호주가 헌법을 제정했을 때부터 지금까지 달라진 것이 없어요. 야라바하의 역사는 다르게 쓰였어요. 역사는 승자에 의해 쓰이는 거죠. 백인들은 당신(호주인이 아닌 사람들)이 호주에 대해서 일정한 지식만을 가져가길 원할 거예요. 그들이 원주민들에게 어떤 짓을 했는지 외부인들이 알기를 절대 원하지 않죠. 왜냐하면 외부인들이 우리가 어떤 일을 당했는지 들으면 매우 끔직한 일이라며 충격을 받을 것이 분명하기 때문이죠(Allen, 남[29]).

이러한 분노와 혼란은 야라바하의 젊은 원주민들에게 그들의 문화와 가치를 서구의 가치보다 더 마음 깊은 곳으로 내면화할 수 있게 인도한다. 야라바하의 교육 체계와 원주민 공동체는 젊은 원주민들이 겪는 역사관에 대한 갈등을 공유하고 고민할 수 있는 체계적 제도나 공간을 갖추지 못하고 있었으며, 이는 젊은이들이 보다 공고하고 연속된 맥락의 역사의식을 공유할 수 있도록 호주의 교육 제도가 이를 권장하기보다, 오히려 과거 식민 교육과 다름없는 침묵을 영위해 왔음을 보여준다. 대다수의 학생들은 야라바하 주립학교 내에서조차 단 한 번도 식민 역사와 원주민 역사를 배워 본 적이 없다고 이야기하였다.

원주민 역사를 전혀 배운 적이 없습니다. 그저 모든 게 기본적인 이야기였고요, 학교에서 원주민 역사를 단 한 번도 들어 본 적이 없어요(Peter, 남[26]).

역사를 배운 적은 있지만 원주민 역사는 전혀 배운 적이 없어요. 그저 캡틴 쿡이 호주 대륙에 왔고, 그들이 호주 땅에 왔을 때 아무도 영어를 사용하지 못하였고, 우리는 어떻게 우리말을 못 쓰게 되고 영어를 배우기 시작하였나 정도요…. 우리 아버지가 백인들이 와서 마을 사람들을 죽인 이야기에 대해서 이야기한 적은 있지만, 학교에서는 들어 본 적이 없어요(Frana, 여[24]).

공동체와 교육 기관의 역사 교육의 부재로 인하여 몇몇 젊은이들은 영국에 의한 식민 지배와 빼앗긴 땅에 대한 인식을 공유하고 있었으나, 다른 젊은이들은 신이 주신 땅이라는 점에서 과거 영국인이 왔을 때와 별로 달라진 것이 없다고 생각하는 젊은이들도 있었다. 이 연구에 참여한 젊은 20대 원주민들은 각자의 삶의 경험과 교육의 정도, 그리고 대중 매체에 대한 노출 정도에 따라 그들 나름대로의 시간과 공간에 대한 개념을 그들의 문화적 맥락 안에 구성해 나가고 있었으며, 이로 인하여 호주 원주민의 정체성을 이야기함에 있어서도 역사적·지리적 공통분모들을 넘어 넓은 스펙트럼을 보여 주었다. 그러나 공통적으로 그들이 빼앗긴 땅과 주권에 대한 응집된 이야기를 하기 어렵고 정치적으로 세력화(Empowerment)하기 어려운 환경을 만든 제일 중요한 사회적 기제는 바로 학교(The School)라는 점에 주목해야 한다. 학교는 학생들에게 근대화와 식민화로 인한 변화가 원주민의 삶을 질을 향상시켰다고 강조하고 있었지만, 반대로 그들에게 좋은 질의 교육을 제공하지 않았다. 좋은 교사를 제공하지 않았으며, 많은 학생들이 학교에 가지 않는 상황을 문화적 차이로 치부하며 오랜 시간 방

[그림 10] 야라바하 주립학교의 마크

기하였다. 2009년 즈음 다시 필자가 야라바하를 방문하였을 당시, 국가가 아이들을 학교에 보내지 않는 부모들에게 국가보조금(Allowance)을 박탈하는 정책을 추진하고 있었으나 마을의 주민들은 이러한 공포감 조성으로 교육의 문제가 해결되지는 않을 것이라고 말했다. 근본적으로 교육의 질을 높이고, 그들이 사회에서 당당한 구성원으로 자랄 수 있도록 자존감을 높여주는 체계적인 교육 체계가 갖추어지지 않는 한, 원주민 공동체의 구성원들과 새로 태어나는 아이들의 미래는 답보 상태를 반복하게 될 것이다.

3) 원주민 마을 공동체

야라바하는 깊은 산 속에 위치한 원주민 공동체임에도 불구하고 차로는 도시에서 50분 정도면 도착하는, 케언스 도심지에서 그리 멀지 않은 곳에 위치해 있다. '파라다이스 버스'라고 하는 개인 버스가 일주일에 세 번, 그리고 운행하는 날에 하루 두 번 마을과 도시를 오가고 있지만, 12달러 50센트라는 요금이 도시의 버스보다 높고, 매일 다니는 버스가 아니기 때문에 도시에서 직장을 구하려는 많은 젊은 이들은 교통 문제로 인하여 좌절하는 경우가 대다수이다.

야라바하 원주민 공동체에서 가장 많은 사람들이 고민하고 논의하는 문제가 바로 실업(Unemployment)이다. 야라바하 지방의회(Yarrabah Shire Council) 소속 여성고용센터에서 일하는 Teresa는 사람들의 편견과 달리 젊은 원주민 여성들은 모두 직업을 갖기를 원한다고 강조하였다. 그러나 야라바하와 도시를 연결한 대중교통수단이 부재하고, 공동체 밖에서 일할 경우 개인이 자동차를 운영할 수 있는 운영자금이 부족

[그림 11] 케언스 도심에서 홈스테이 집으로 돌아가는 길(파라다이스 버스 안)

하며, 직업 교육을 받을 기회를 갖는 것도 쉽지 않기 때문에 많은 젊은이들이 좌절을 경험한다는 것이다. Teresa는 이어, 이러한 악순환은 결국 젊은이들의 정신 건강에도 영향을 미치며, 우울증에 빠지고 혼란을 느끼거나 사회에 대한 분노를 쌓아가는 젊은이들을 양산한다고 말하였다.

저는 실업 관련 젊은이들을 돕는 일을 하고 있어요. 저는 사람들이 Centrelink(호주 고용과 복지 관련 정부 기관)에서 벗어나 CDEP(the Community Development Employment Projects)로 이동하게 돕고 있습니다. 대부분 저와 상담하는 사람들은 다들 직업을 갖기를 원해요. 대중교통이 없으니, 차가 필요하지만 직업이 없으니 차를 살 수 없고 차를 살 수 없으니 직업을 찾아도 일하러 갈 수가 없습니다. 그렇다고 가족을 버리고 도시로 이주하기에는 두려움이 크고 가족들을 돌봐야 하

는 부모들은 아이들을 버리고 이주하기 어려워요. 오랜 무직으로 우
울증에 걸리거나 알코올 중독에 빠지게 되는 젊은이들의 문제도 심
각합니다. 모두들 직업을 원하지만 기회가 많지 않아서, 이것을 해결
하는 일이 저에게는 어려운 도전이에요(Teresa, 여[21]).

마을 공동체에서 가장 많이 공유되는 주제가 실업이라면, 그 다음
주제는 아이들에 대한 훈육이다. 아이들에 대한 훈육 방식이 언제나
공동체 내에서 주요 이슈가 되는 이유는 그들이 선교 마을로 들어선
이후 선교사에 의해서 원주민의 방식으로 아이들을 기르는 훈육 방
식이 사라졌다고 믿는 주민들이 많기 때문일 것이다. 공동체의 어른
들뿐만 아니라 마을의 젊은이들 또한 정부의 지나친 간섭과 강요된
방식 때문에 아이들 교육의 원칙이 흐트러졌다고 말하였다. 또한 몇

− 다양한 직업 교육 프로그램이 진행되지만, 많은 사람들이 참여하지 못하는 한계가 있다.

[그림 12] 야라바하 미술과 소품 센터(Art and Craft Centre)

몇 사람들은 정부의 정책들이 문제의 핵심을 꿰뚫지 못하고 미봉책에 불과하다고 말하였다. 이러한 현실과 동떨어진 정부의 정책으로 인하여 원주민들은 호주사회에서 더 많은 소외와 편견 어린 시선을 경험하게 된다는 것이다.

> 우리가 아이들을 교육하던 방식은 모두 다 완전히 사라졌어요. 우리는 이제 우리 아이들이 잘못해도 때려서 가르칠 수 없게 되었고요, 아이들은 어른들이 관리할 수 없게 엉망이 되었어요. 정부는 우리를 과거로 되돌리려고 하는 것 같아요. 그들은 사실 우리가 아이들을 죽이든 말든 상관하지도 않다가 문제가 일어나면 아이들을 공기관에 데리고 가 버리니까요. 어른들도 문제가 많아요. 돈을 받기 전까지는 아이들이 잘되든 그렇지 않든 상관하지 않아요. 아이들을 책임감 있게 돌보려 하는 사람들도 생겨나고 있지만 그렇게 많지 않다는 게 문제죠(Maliana, 여[29]).

젊은이들 사이에서 가끔씩 폭력 사태가 일어나는 이유 중의 하나는 10대들의 또래 문화가 그 중심에 자리한다. 야라바하는 사실상 지리적인 요인, 사회문화적인 요인으로 인하여 호주사회에서 소외된 측면이 크고, 기숙학교를 정해 마을을 떠나지 않는 한 다른 사회와 긴밀하게 오랜 시간 접촉하기 어려운 환경에 있다. 이러한 이유로 마을 내에서 청소년들 사이의 또래 문화는 어느 사회보다도 큰 힘을 발휘하며, 일상의 작은 일들뿐만 아니라 가치와 행동 패턴, 미래를 고민하는 방식들에 영향을 미친다. 청소년기에 들어서게 되면 부모와의 유착관계가 상대적으로 줄어들게 되고, 청소년 시기의 또래와의 관계 형성은 20대가 되면서 어떠한 삶을 살게 되는지 결정적인 요소로 작용하기도 한다.

도시로 갔을 때 오빠 친구들과 어울렸는데 오빠 친구들이 저에게
그런 짓(거리에서의 싸움, 상점에서 물건 훔치기 등)을 시켰어요.
저는 별로 하고 싶지 않을 때도 있었고, 잘못되었다는 것도 알았지
만 결국 그냥 그렇게 같이 동조해서 어울렸어요(Casiana, 여[29]).

남자들, 그리고 파티들, 그게 제 10학년 때의 삶이었어요. 하지만
제가 기독교인이 되었을 때 일부러 그런 삶과 멀어졌고요. 저는 여
전히 그 친구들과 학교에서는 같이 잘 지냈지만 학교가 끝난 이후
에는 그들과 놀러 다니지 않았습니다. 왜냐하면 그들이 하는 일들
에 섞이고 싶지 않았거든요. 소통도 하고 싶지 않았고요. 지금 생
각하면 그때 참 잘한 결정이었다고 생각합니다. 지금 그 친구들은
저랑 다르게 아무것도 하고 있지 않거든요(Teresa, 여[21]).

변화가 많지 않은, 어제와 내일이 다를 것이 없는 공동체 내의 일
상은 때로 젊은 원주민들에게 피로감과 무력감을 전하기도 한다. 몇
몇의 상류 계층이라 말할 수 있는, 외부에서 오거나 마을 바깥에서

[그림 13] 2차 대전 당시 침몰한 일본군함의 잔해가 남아있는 야라바하 해변

성공하여 돌아온 일부를 제외하고는 대부분이 낮은 생활수준을 영위하고 있는 야라바하에서 특별한 변화를 기대할 수 없는 일상이라는 것은 젊은이들에게 고통으로 다가오기도 한다.

Frana(여[24])는 "여기 있는 사람들은 모두 같은 생활 패턴을 가지고 생활하고 있어요. 아무것도 달라지지 않죠. 몇몇은 좋은 직업을 가지고 있고요, 또 몇몇은 직업 교육을 받고 있고요, 뭐 그 정도의 차이일 뿐이죠. 몇몇은 아이들을 기르고 있고 집에서 집안일을 하거나 뭐… 몇몇은 파트너(결혼하지 않은 배우자나 사실혼 관계)를 가지고 있고… 많은 차이가 나지 않아요"라고 말하였다. 실제로 많은 젊은이들이 변함없는 생활에 대한 불안과 초조, 무기력을 호소한다. 그들은 도시의 젊은이들처럼 MP3와 DVD와 같은 현대 문명의 기기들에 익숙한 세대이기도 하지만 이러한 것들이 그들의 불안이나 지루함을 달래주기에는 역부족인 것으로 보였다. 이 연구에 참여한 피면접자들은 청소년들이나 20대 젊은이들이 이러한 무력감에서 벗어나고자 술과 마약에 노출되기도 하고, 이를 통해 중독의 악순환에 빠져 버리는 경우도 많이 있다고 전하였다.

> 어렸을 때 저는 캠핑도 가고 사냥도 가고 고기 잡으러도 가고 그랬어요. 근데 요즘 청소년들은 별로 이런 문화를 즐기는 것 같지 않아요. 학교도 안 가고, 담배나 피우고 술 마시고 그러는 걸 보죠. 이런 나쁜 것들이 다시 마을에 돌아오는 것을 우리는 원하지 않아요. 저는 가끔 아이들을 데리고 숲을 걷기도 하고 비치를 걷기도 하고 말을 타게 하고 싶지만, 아이들은 더 이상 이런 것들을 즐겁게 받아들이지 않는 것 같아요(Danish, 남, [27]).

[**그림 14**] 마을에서 말을 타는 아이들2)

야라바하의 청소년들은 대부분 또래들의 강압이나 권유를 통해 마약을 접하게 된다. 야라바하 내에서 마약 상인들이 너무나 쉽게 노출되어 있고, 이를 통제하지 못하거나 의지가 없는 제도적 한계들이 청소년들의 마약 중독을 부추기고 있다.

> 제가 16살 되던 때에 마약 하는 친구들과 놀기 시작했어요. 마리화나를 피우기 시작했죠. 그 당시 사실 저 자신에게 누군가 경고라도 줬어야 했지만, 몇몇은 마약에 손을 대기 시작한 이후 중독이 돼요. 그게 시작이죠.

> *필자: 어디서 마약을 구할 수 있었나요?*

---

2) 다수의 말들이 마을을 돌아다니고 있으며 그 말들은 모두 주인이 있다고 한다. 말을 타는 문화는 식민유산으로 알려져 있으나 이제는 야라바하의 문화로 자리 잡았다.

음… 제 친구들이 마약을 파는 친구들과 알고 지내는 사이였어요.
그래서 쉽게 마약을 구할 수 있었죠. 제가 그 사람들을 만났을 때
는 저는 사실 그들이 뭐 하는 사람인지 정말 알고 싶지도 않았어
요. 왜냐하면 그들은 마약거래상이고 그들을 알고 지내는 것이 좋
을 것이 없다고 생각했거든요(Adriana, 여[25]).

한 친구가 서호주(WA)에서 마약을 처음 여기로 가지고 왔어요. 그게
여기 야라바하에서 마약이 시작된 역사죠. 70년대였을 거예요, 아마.
그 이후 사람들은 마약에 중독되어 왔어요. 아무도 마약 거래상들을
막지 못해요. 경찰들은 다 필요 없는 존재들이죠. 경찰들은 그저 사
건이 터질 때 조금 움직여주는 척 하는 자들이에요(Allen, 남[29]).

뚜렷한 목표 의식을 가지고 자신의 삶을 일구어 나가는 많은 젊은
이들이 있는가 하면, 변화가 없는 마을 공동체의 삶으로 인하여 알코
올 중독과 마약 중독으로 이끌리는 젊은이들도 공존한다. 이러한 지
루함과 무료함은 때로 젊은이들의 작은 갈등을 커다란 폭력 사태로
키우는 촉매제가 되기도 한다. 작은 공동체 안에서 젊은이들은 자신
의 미래에 대한 불안감을 키우게 되고, 작은 일들에도 때로 질투와
견제를 통해 이웃에 대한 부정적인 소문을 양산해 내기도 한다. 또한
소문은 갈등을 낳고 결국 폭력 사태로 비화되는 경우들을 종종 목격
할 수 있었다.

필자: 왜 질투를 합니까?

여자들과 남자들이 몰려다니기 때문에 그래요. 제가 지금 25살인데
요, 여전히 그들은 그렇게 몰려다니죠. 25살들 중에서 저와 두 명밖에
제대로 직업을 가진 사람이 없어요. 그들은 그냥 작은 토끼들 같아요.
여기저기 옮겨 다니면서 이야기를 전하죠. 말하지 말아야 할 것들을
전하고 다녀요. 작은 이야기는 커지고 커져서 걷잡을 수 없어지고, 화
는 분노가 되고 점점 커져만 가게 되는 거예요(Adriana, 여[25]).

> 싸움은 정말 큰 문제입니다. 제 생각에는 그들이 지루하고 심심하
> 기 때문에 싸우는 것 같아요. 여기서는 뭔가 새롭게 할 일들이 없
> 거든요. 그들은 마음에 원한 같은 것을 가지고 있어요. 그래서 작
> 은 일도 큰 싸움이 됩니다. [일부] 청소년들은 매우 파괴적으로 변
> 해가고 있어요. 마을을 돌아다니며 쓰레기통에 불을 지르거나 남의
> 건물에 불을 지르기도 해요(Danish, 남[27]).

청소년들이 겪게 되는 지루함과 혼란, 그리고 그로 인한 반사회적
선택은 때로 극단적인 경우 자살로 귀결되기도 한다. 청소년을 비롯
한 젊은이들의 자살은 야라바하 공동체에서 가장 중점적인 문제로
부각되고 있다. 퀸즐랜드 정부 자살예방 관련 보고서에 따르면, 퀸즐
랜드 지역의 자살률은 다른 지역에 비해 훨씬 높은 것으로 나타나며,
그중에서도 젊은 남성, 그리고 원주민의 자살률이 가장 높았다(The
Queensland Government, 2003, 3). Tatz(2001, 55)는 또한 원주민의 자살
은 다른 자살과는 다른 특징을 보여준다고 지적하면서 지난 30년 동
안 알려지지 않은 젊은 원주민들의 자살은 지금 비원주민의 자살보
다 두 배에서 세 배로 늘어났다고 말한다. 그러나 중요한 것은 젊은
원주민의 높은 자살률에도 불구하고, 이러한 원주민들의 정신적인 고
통으로 인한 자기 파괴행위들이 일반적인 원주민 사회의 문제들—알
코올 중독, 마약 중독—보다 사회적으로 주목을 받지 못하고 있다는
사실이다. 뿐만 아니라, 원주민의 자살이 다른 비원주민의 자살과 다
른 사회적, 그리고 정치적 맥락을 가진 특수한 현상으로 분류되어야
함에도, 대부분의 학자들이 문제의 본질과 원인 그리고 예방책을 이
야기함에 있어 원주민 자살의 문제를 일반적인 범주에 넣고 깊이 없
이 접근하고 있다고 비판한다(Tatz, 2001, 10). 사회적·정치적 차원에
서 보다 전문적인 원주민 자살에 관한 고민과 그에 대한 정책이 필요

하다는 것이다. 실제로 원주민 자살 관련 사례들을 분석해 보면, 가족은 고통을 호소하는 젊은이들에게 이상적인 사회적 기제가 아님을 보여준다. 가족은 때로 자살을 선택하는 젊은이들의 자살 원인을 제공하는 장소가 되기도 한다. 그러나 다양한 문제에 직면한 젊은이들이 마을 공동체 내에서 전문적인 도움을 요청할 공간은 그리 많지 않다.

우리가 알코올 중독과 마약 중독으로 두 명의 오빠를 잃었을 때, 한 명은 18세였고, 다른 한 명은 20세였습니다. 그들은 여러 가지의 문제로 매우 심약해져 고통에 빠져 있었고 부모님의 말을 절대 듣지 않았어요. 큰 오빠는 술과 마약에 이미 너무나 많이 중독이 된 상태였어요…. 너무 이른 나이에 술과 마약을 시작한 게 문제였던 것 같아요. 그들은 사랑받는 가족이었지만 어떤 가족의 도움도 받으려 하지 않았습니다. 그들은 진정으로 도움이 필요한 것처럼 보였지만 아무도 그들을 도울 수가 없었어요(Dana, 여[29]).

[그림 15] 야라바하 법원과 경찰서 건물

야라바하 공동체에서 가장 암묵적으로, 그러나 가장 심각하게 이야기되는 주제가 가정폭력이다. Yanmin Yu에 따르면, 호주의 원주민 여성은 비원주민 여성에 비해 50배 이상 가정폭력에 노출되어 있다고 말한다(Yu, 2005). 야라바하의 여성들 또한 예외는 아니며, 이는 가정 안에서의 문제만이 아닌 공동체 내의 젊은이들의 문제로 부각되고 있다. 실제로 식민화 이후 변형되어 온 원주민의 가부장주의는 가족의 약자들을 타 부족으로부터 보호하는 기능을 잃어버리고 권위만을 남겨 놓은 새로운 형태로 변화하였다. 남성의 권위는 때로 가부장의 의무와 직결되지 않고 식민주의와 근대주의로 인한 희생자로서 여겨지게 되었으며, 호주사회의 사회적 약자로서의 남성은 때로 공동체 내에서 권위를 부정당하지 않기 위해 노력하는, 시대착오를 겪는 안타까운 존재들로 그려진다. 따라서 많은 여성들이 데이트폭력이나 가정폭력의 희생양이 되면서도 그것이 술과 마약 때문에 일어나는 일이라고 여기거나 폭력을 행사하는 사람들을 동정하며 관계를 유지하는 경우가 많으며, 마을 공동체 내에서 이러한 폭력은 때로 묵인되고 감추어진다.

> *필자: 지금 남자친구 있나요?*
> 네, 있어요. 지금 감옥에 있어요.
>
> *필자: 왜요?*
> 가정폭력 때문에요.
>
> *필자: 누구를 때렸는데요?*
> 저를요.
>
> *필자: 그런데 왜 여전히 그 남자친구와 관계를 유지하나요?*

사랑하니까요.

필자: 그 남자친구는 왜 폭력을 행사했나요?
제가 술 마시고 그 친구를 만족시키지 못했거든요. 화가 난 거죠.

필자: 감옥에서 나오면 그 친구와 계속 관계를 유지할 건가요?
그렇습니다.

필자: 그도 Joana를 사랑합니까?
네, 저를 사랑한다고 편지를 보냅니다(Joana, 여[20]).

때로 왜곡된 형태의 가부장주의는 폭력을 야기하는 것을 넘어 남성들의 자녀에 대한 의무감을 약화시키기도 한다. 아이들을 양육하는 일이 여성의 일임을 강조하고 양육 참여에 소극적인 태도를 보이는 것이다. 결혼을 하지 않은 상태에서 아이를 낳고, 남성으로부터 양육을 위한 경제적 원조를 받지 못한 채 결별을 통보받는 여성들은 마을 공동체 안에서 부모나 친척의 도움으로 아이를 양육하거나 입양을 택하게 된다. 야라바하 공동체 안에서 아이를 출산하는 것은 가족을 이루기 위한 시작이 아니라, 연애의 결과물로서 받아들여진다. 이로 인해 마을 공동체 안에서 아이들은 다양한 형태로 길러지기도 하지만 다양한 형태로 버려지기도 한다.

저는 딸 두 명이 있어요.

필자: 두 명의 딸은 여전히 전 파트너와 함께 있나요?
아니요, 두 명 각각 다른 엄마에게서 태어났어요.

필자: 연애를 많이 하셨군요
하하하.

필자: 왜 짧은 관계들만을 유지하게 되었나요?
저는 결혼할 수 있을 돈을 벌 만한 직업이 없었어요. 몇몇의 여자
들은 그리고 너무나 게을러요. 요리도 안 하고 집안 청소도 하지
않죠.

필자: 그런데 왜 아기를 갖게 되었나요?
여자들은 아기를 낳는 것을 통해 돈을 벌길 원해요. 아이를 낳으면
정부에서 돈을 주니 아이를 낳길 원하는 거죠. 저와 같이 살기를 원
하는 것이라 하지만 사실 아이를 통해 돈을 벌고 싶어 하는 거죠.

필자: 아이들을 위한 양육비를 왜 보내지 않나요?
저는 아이들 생각을 해요. 매주 한 번 그들을 보러 가곤 하죠(Peter, 남
[26]).

오, 저도 아이 두 명 가리가리(Idinji 언어: 아이들)가 있어요. 한 명
은 아들이고, Yanonton에 살고요, 한 명은 딸이고 야라바하 여기에
삽니다.

필자: 오랫동안 보지 않고 지내면 어떤가요?
오, 보고 싶습니다, 생각나고요…(Colene, 남[28]).

마을 공동체 안에서 자의이든 타의이든 가족을 통해 받은 상처를
공유하고 치유의 과정들은 계속되고 있지만 그 누구도 어디서부터
다시 시작해야 하는지, 그 해법을 백인들의 시각에 의존해야 하는지,
아니면 전통적인 방식에서 해답을 찾아야 하는지, 그 대답을 쉽게 내
놓지 못하고 있다. 충분한 애정을 받지 못하고 자란 아이들이 다시
자신의 자녀에게 충분한 사랑을 주지 못하는 악순환이 계속되고, 개
개인이 풀지 못하는 문제들을 마을 공동체와 마을의 원로들(The elder)
또한 적극적으로 해답을 모색하지 못할 때, 그 공동체는 때로 개인을
보호하기보다 다시 상처를 주는 사회적 기제 중의 하나로 남게 된다.

가족을 넘어, 공동체 안에서 자라나는 아이들이 실업과 사회적 차별의 고통에 신음하는, 때로 가족에 대한 연대의식을 잃고 소외되는 어른들을 마주하게 되는 현실 속에서, 오늘도 21세기 야라바하의 젊은 이들은 그 누구 하나를 비난하거나 교정한다고 해서 달라지지 않을 식민주의의 깊은 그늘 아래 놓여 있다.

5. 결론

선교사에 의해 37개가 넘는 부족으로부터 강제이주를 통해 야라바하에 모이게 된 원주민들은 역사적 고통과 트라우마를 이기고 새로운 공동체를 만들어 가기 위해 노력하고 있다. 원주민의 문화와 방식대로 새로운 세대들에게 원주민의 역사(Dreamtime Stories)를 들려주며 미래를 준비하는 전통적 방식은 많은 부분 희석되었지만, 그렇다고 해서 그들의 문화와 관습들이 모두 사라졌다고 생각하는 것이야말로 진정 잘못된 식민주의적 발상이 될 것이다. 공동체 안에서 많은 젊은 이들이 끝나지 않은 식민 교육과 차별로 인하여 혼란과 내적 갈등을 호소하기도 하지만, 야라바하 공동체는 또한 원주민 공동체라는 이름으로 상처 입은 구성원들의 자녀를 거두어 기르기도 하고, 서로의 상처를 보듬어 가기 위한 많은 노력을 해 왔다. 빠른 변화를 이기지 못하고 왜곡된 가족주의와 가부장주의로 인하여 힘들어 하는 가족들과 젊은이들이 자기파괴행위(Self-destructive behaviour)를 통해 고통의 신음을 알리고 있지만, 여전히 그들의 고통스러운 선택과 죽음을 슬퍼하는 일도 원주민 공동체의 구성원들의 몫으로 남겨져 있다.

호주사회는 정치적인 구호로서 다문화주의를 선택하였으나, 호주의 땅에서 오랫동안 자신의 문화와 관습을 일구고 살아왔던 그들에 대해 진정한 존중과 연대의식을 보여주지 못하고 있다. 2008년 전 호주 총리 케빈 러드는 호주 역사를 통틀어 처음으로 차별적 원주민 식민정책과 '잃어버린 세대'라는 비인륜적 정책에 대해 사과하였다. 그러나 이러한 공식적인 사과는 공식적인 통계를 통해 퀸즐랜드 주에서 가장 열악한 생활을 하는 원주민 공동체로 지목된 야라바하의 주민들에게 어떠한 변화도 가져다주지 못하고 있다. 몇 년째 말뿐인 케언스 도시와 야라바하를 잇는 대중교통 문제나, 여전히 대안이 없는 직업교육의 한계들, 공교육의 문제, 이 모두가 공동체 내의 긍정적 연대를 저해하고 있음에도 불구하고, 호주사회는 여전히 원주민들이 게으르기 때문에 일하고 싶어하지 않는다고 대중매체를 통해 반복적으로 이야기한다. 가정폭력과 알코올 중독과 같은 문제들에 대해 원인을 찾고 해결하기보다는 마을 내의 술집과 알코올 판매 가게를 강제적으로 문 닫게 하고, 경찰들을 집 근처에 배치하여 공포감만을 조성하는 지나친 사생활 침해 정책을 고수하고 있기도 하다. 야라바하의 젊은이들이 그들 스스로를 위로하고 트라우마에서 벗어나며, 자신의 자존감과 자립심을 키우고 미래를 설계할 수 있기 위해서는 식민주의의 연장으로 보이는 지나친 공권력의 간섭보다는 그들 스스로의 길을 열 수 있는 고등교육의 강화, 문화적 긍지와 역사적 인식을 고양할 원주민 친화적 문화·역사교육, 그리고 공동체 내에서 비자본적인 공동체 문화 함양을 위한 다양한 활동들이 권장되어야 할 것이다. 아직 멀게만 느껴지는 이러한 변화는 호주사회의 각성과 원주민 스스로의 세력화를 통해서만이 가능할 것이나, 세계의 시민으로서 국제사회에 드러나지 않는 그들의 삶을 읽어내고 공유하는 다양한 제3자들이 많아질 때 그 변화는 조금 더 빨리 그리고 가까이 올 것이라고 믿는다.

이 글에서 필자는 현대를 사는 다양한 20대 원주민들의 목소리를 통하여 다양한 사회적 기제들―가족, 학교, 공동체―안에서 그들이 어떠한 방식으로 사회적 정체성을 그려 가는지 그들의 삶의 고민과 이야기들을 통해 전달하려 노력하였다. 또한 필자는 이 이야기를 통해, 그들의 다양한 문제들에도 불구하고, 그들이 현대 호주사회를 살아가기 위해 자신들의 삶의 방식을 어떠한 방식으로 변형하고 타협하면서 근대와 마주하였는지, 그리고 식민주의하에서도 어떻게 살아남을 수 있었는지를 보여주고자 하였다. 많은 사람들은 일반적으로 호주의 원주민들을 호주라는 대륙의 '역사적 상징'이나 특별한 관습을 가진―디저리두(Didgeridoo)를 연주하고 부메랑을 던지는―'문화적 존재들'로 인식한다. 반대로 그들은 또한 원주민들을 호주사회의 사회적 문제로만 인식하거나, 자신의 의지로는 아무런 발전도 변화도 일구어 낼 수 없는 힘없고 미래가 없는 존재들이라고 단정한다. 그러나 이러한 두 가지의 생각은 사실상 매우 잘못된 편견에 지나지 않으며, 필자는 그들, 호주 젊은 원주민들이 현대 사회를 살아가기 위해 고통과 트라우마 속에서도 자존감과 문화적 자긍심을 찾기 위해 노력하는 '사회적 존재들'이라는 것을 역설적으로 드러내 보이고자 하였다.

현대 호주사회에서 사람들은 호주의 원주민들이 그들의 문화적 연속성을 잃지 않고 살아가고 있음을 목격할 것이다. 그러나 원시 공동체에 기반한 문화적 정체성만을 진정한 호주 원주민의 문화적 연속성의 연결고리로 인정하는 것은, 오히려 그들의 근대 사회 편입을 저해하고 편견을 통해 그들의 문화 정체성을 백인들의 요구에 맞게 재구성하는 일에 다름 아닐 것이다. 어떠한 인종이든 상관없이 모든 인간은 사회 속에서 존중감을 바탕으로 관계를 형성하고자 한다. 원주민들도 여기서 예외가 아니며, 그들은 지금 호주사회 안에서 '사회적인 존재'로서 문화적 자긍심, 자존감과 자립심을 고양하고 보다 나은 미래의 구성원이 되기를 희망한다. 끝나지 않은 식민주의를 앓고 있는 그들에게 필요한 것은 동정주의에서 오는 지원이 아닌, 편견 없는 사회적 시선과 민주주의에 기반한 그들의 사회적 권리에 대한 인정이다. 이 논문이 이 글을 읽은 독자들에게 호주 원주민에 대한 보다 깊이 있는 접근을 가능하게 하는 그 처음의 실마리가 되기를 바라며 글을 마친다.

〈참고문헌〉

Australian Bureau of Statistics. 2011. "The heath and welfare of Australia's Aboriginal and Torres Strait Islander peoples." Viewed 20 October 2012, Available at http://abs.gov.au/AUSSTATS/abs@.nsf/lookup/4704.0Chapter7550Oct＋2010.

Australian Medical Association. 2010-11. "AMA Indigenous Health Report Card, Best practice in primary health care for Aboriginal peoples and Torres Strait Islanders." Viewed 20 October 2012, Available at http://ama.com.au/aboriginal-reportard 2010-2011.

Becker, H. 1970. *Sociological Work*. New York: Free Press.

Cawte, J. 1974. *Medicine is the law: studies in psychiatric anthropology of Australian tribal societies*. Honolulu: University of Hawaii Press.

Denigan, K. 2008. *Reflection of Yarrabah*. QLD: Yarrabah Aboriginal Shire Council.

Eckermann, A., Dowd, T., Chong, E., Nixon, L., Gray, R., Johnson S. 2006. *Binan Goonj: Bridging Cultures in Aboriginal Health*. Sydney: Elsevier Press.

Edwards, B. 1994. "Family and Kinship, in Aboriginal Australia." In Bourke C. J., Bourke E. and Edwards B.(eds.) *An introductory reader in aboriginal studies*. Queensland: University of Queensland press, pp.77-99.

Eckermann, A., Dowd, T., Chong, E., Nixon, L., Gray, R., Johnson, S. 2006. *Binan Goonj: Bringing Cultures in Aboriginal Health*. NSW: Elsevier.

Gray, A. 2002. *Research Practice for Cultural Studies*: *Ethnographic Methods and Lived Cultures*. London: Sage Publications.

Gribble, E. 1930. *Forty Years with the Aborigines*. Sydney: Angus and Robertson Ltd.

Grieves, V. 2008. *Aboriginal Spirituality a baseline for Indigenous Knowledges development in Australia: building the capacity to enhance Social and Emotional Wellbeing for Indigenous people living within a colonial regime*. Sydney: The Co-operative Research Centre for Aboriginal Health.

Heyl, B. S. 2001. "Ethnographic Interviewing." In Atkinson, P., Coffey, P., Lofland, J., Lofland, L.(eds.) *Handbook of Ethnography*. London: Sage Publications, pp.369-379.

Higgins, B. 2007. "Billons Stolen from Abogines." *Monthly Yarrabah News*, September, pp.1-2('Editors Yarn' section).

Higgins, G. 1994. *Resilient adults: Overcoming a cruel past*. San Francisco, CA: Jossey-Bass.

Holmes, W., Stewart, P., Garrow, A., Anderson, I., & Thorpe, L. 2002. "Researching Aboriginal Health: Experience from a study of urban young people's health and wellbeing." *Social Science and Medicine, 54*: 1267-1279.

Jackson, A. 2004. "Life of Aborigines second worst on earth." *The Age*, 28 April(National section). Viewed 20 June 2010, Available at *http://www.theage.com.au*.

Morton, J. 1998. "Essentially black, essentially Australian, essentially opposed: Australian anthropology and its use of aboriginal identity." In Wassmann, J.(ed.) *Pacific answers to Western hegemony: cultural practices of identity construction*. Oxford/New York: Berg Press, pp.355-380.

Moses, A. D. 2004. *Genocide and settler society: frontier violence and stolen Indigenous children in Australian history*. New York: Bergbabn Books.

O'Halloran, K. 2004. "Social Inclusion and the Indigenous People of Australia: Achieving a Better Fit Between Social Need and the Charity Law Framework." *The International Journal of Not-for-Profit Law, 6*(2). Viewed 30 August 2010, Available at http://www.icnl.org/knowledge/ijnl/vol6iss2/special_1.htm.

School annual report of Yarrabah State School. 2008. "Yarrabah State School." Viewed 5 June 2010, Available at http://yarrabahss.eq.edu.au/wcmss/images/stories/annual%20report%2008.pdf.

Spradley, J. P. 1979. *The Ethnographic Interview*. Orlando: Harcourt Brace Jovanovich.

Schlunke, K. 2006. "Historicising Whiteness: Captain Cook Possesses Australia." Paper presented at the 'Historicising Whiteness Conference.' University of Melbourne, 22-24 November. Viewed 20 July 2010, Available at http://www.transforming.cultures.uts.edu.au/pdfs/Historicisingwhiteness.pdf

Schlunke, K. 2008. "Captain Cook Chased a Chook." *Cultural Studies Review*, 14(1), pp.43-54.

Sztompka, P. 2004. "The Trauma of Social Change: A Case of Postcommunist Societies." In Alexander, J. C.(ed.) *Cultural Trauma and Collective Identity*. Berkeley: University of California Press, pp.155-195.

Tajfel, H., Tuner J. C. 1979. "An integrative theory of intergroup conflict." In Austin, W. and Worchel, S.(eds.) *The Social Psychology of Intergroup Relations*. Monterey, CA: Brooks-Cole, pp.33-47.

Tatz C. 2005. *Aboriginal suicide is different*. Sydney: AIATSIS.

The Queensland Government. 2003. *Reducing suicide: The Queensland Government Suicide Prevention Strategy 2003-2008*. Viewed 10 July 2010, Available at http://

www.health.qld.gov.au/mentalhealth/docs/qgps_report_apr06.pdf.

Thomson, J. 1989. *Reaching Back: Queensland Aboriginal People recall early days at Yarrabah Mission.* Camberra: Aboriginal Studies Press.

Trigger, D. 2005. "Mining projects in remote Aboriginal Australia." In Austin-Broos, D. and Macdonald, G.(eds.) *Sites for the articulation and contesting of economic and cultural futures.* Sydney: University of Sydney Press, pp.41-61.

Weedon, C. 1987. *FeministPractice and Poststructuralist Theory.* Oxford: Blackwell.

Yanmin, Y. 2005. "Australia New Country, Old History: Australian Media and Indigenous Affairs." *Fulbright-Hays Seminar Abroad.* Viewed 15 August 2010, Available at: http://www.fulbright.com.au/events-andmedia/documents/YanminYu.pdf.

다문화 호주와 이민정책:
호주 내 한인 공동체 사례[1]

한길수

1. 들어가는 말

대한민국 초대 대통령을 지낸 이승만 박사의 부인 프란체스카 여사는 오스트리아 출신임에도 불구하고, 오스트리아와 오스트레일리아를 구별하지 못한 많은 한국인들에게 '호주댁'으로 불렸다는 일화가 있다. 또한, 2010년 말 한국에서 개최된 G20 정상회담에서는 참석한 각국의 대표들을 환영하는 의미에서 자국의 전통의상을 입힌 인형이 제작되었다. 그런데 호주의 줄리아 길러드(Julia Gillard) 총리 인형에 오스트리아 전통의상을 입히는 실수를 범하는 일화가 있었다. 이는 우리가 호주라는 나라에 대해 얼마나 무관심하고 무지한가를

---

1) 이 글은 필자의 졸고 "From overt to covert racial discrimination in Australia: the experiences of Korean migrants." *Korean Social Science Journal*, 9(2), pp.1-13. 그리고 *Health and Medicine under Capitalism: Korean Immigrants in Australia* (London & Madison, N.J.: Associated University Presses & Fairleigh Dickinson University Press)를 바탕으로 작성되었고 글에 사용된 면접은 1995년 3~6월에 수행한 것이다.

보여 주는 하나의 예이다.

한 가지 예를 더 들자면, 한국사회에서는 아직도 호주를 백호주의 정책을 실행하는 나라로 이해하고 있는 경우를 흔히 접할 수 있다. 백호주의는 한국인의 호주 이민이 본격적으로 시작된 70년대 초 폐기된 정책이다. 이는 21세기를 사는 호주 사람이 한국을 첨단기술력을 가지고 선진국으로 발돋움하는 나라로 이해하기보다는 6·25 전쟁의 폐허로 무너진 잿더미 속에서 굶주리며 절규하는 나라로 인식하는 것과 유사하다고 볼 수 있겠다. 지난 20여 년간 호주와 한국은 상호 간에 3~4번째로 중요한 무역 대상국이 되었고, 국제사회에서 차지하는 정치·경제적 역량은 증가하고 있다. 두 나라 간의 교육 및 문화적 교류의 중요성을 생각하면 호주사회에 대한 보다 깊은 이해가 요구되고 있음은 두말할 여지가 없다.

필자는 이 글에서 이민으로 지속적인 발전과 변화를 추구해온 호주 근대 및 현대사회의 이민정책을 간단히 고찰하고, 지난 40여 년간 다양한 경로를 통하여 호주로 이주한 한국인들이 어떻게 정착하였으며, 유럽계 이민자들과 어떻게 소통하고 왕래하였는가를 여러 사례를 통해 살펴볼 것이다. 그리고 이들 사례를 통해 호주의 이민정책과 다문화주의를 이해하는 하나의 시선을 제공하고자 한다.

2. 호주의 인구 구성

본론으로 들어가기 전에 현재 호주의 인구 구성을 이해할 필요가 있다. 호주의 인구 구성을 이민 1세대, 2세대, 출신 국적, 인종별로 분류하면 다음과 같다. 호주의 통계청에 의하면 2012년 5월 호주의 인구는 2,290여만 명이며, 2006년 6월 30일을 기준으로 약 4명 중 1명 (24.6%)은 호주 밖에서 출생한 것으로 집계되었다.[2] 이 비율이 2009년에는 26%로 증가되었다. [표 1]은 2007~08년 호주통계청(Australian Bureau of Statistics: ABS)에 의해 집계된 자료로 호주 밖에서 출생한 사람을 출생국가별로 정리한 것이다. 영국으로부터의 이민자, 즉 앵글로색슨계가 가장 다수이지만 중국 등 동양계도 적지 않다.

[표 1] 호주 밖에서 출생한 사람 수 및 출생국가

출생국가	출생자 수(명)	호주 외 타국 출생자 전체에 대한 비율(%)
영국	1,140,263	15.3
뉴질랜드	443,606	14.8
중국(타이완 제외)	259,095	7.5
미국	443,401	5.3
일본	434,078	5.2
기타	4,373,579	51.8
합계	8,414,282	

자료: Migration Australia(Australian Bureau of Statistics Cat 3412.0)

한편 2008년 7월부터 2009년 6월까지 호주에 정착한 이민자들의 출신국가를 보면 [표 2]와 같다. 여기서 [표 1]과 대비하여 두드러진 현상은 다양한 아시아계의 비중이 증대하고 있다는 점이다.

---

2) 'Fact Sheet 2 - Key Facts about Immigration'. http://www.immi.gov.au/media/fact-sheets/02key.htm

[표 2] 최근 호주 이민자들의 출신국가 배경(2008~2009년)

출생국가	정착 이민자 수(명)	전년 대비 이민자 증가·감소 추이(%)
뉴질랜드	33,034	19.7
영국	21,567	-7.0
인도	16,909	10.3
중국(타이완 제외)	14,935	14.9
필리핀	5,619	2.9
이라크	4,008	79.9
스리랑카	3,918	11.3
말레이시아	3,261	11.9
버마(미얀마)	2,931	17.1

자료: Australian Government, Department of Immigration and Citizenship.
http://www.immi.gov.au/media/fact-sheets/02key.htm

호주 인구 통계조사에 따르면 출생지를 막론하고 부모 중 한 명이라도 한국인인 한국계 호주인은 1986년에는 10,264명(호주인구의 0.1%)이었으며 2006년에는 60,873명(호주인구의 0.3%)에 이른 것으로 조사되었다. 2008년 중반에는 65,000명으로 증가되었을 것으로 추산되고 있다(Coughlan, 2008, 53).

3. 호주 이민 정책의 변천

호주 땅에는 지난 4만여 년 동안 호주의 원주민(Aborigines)이 거주해 왔다. 1770년 영국의 제임스 쿡 선장이 호주 땅에 처음 발을 디딘 이래, 점진적으로 식민지화함으로써 유럽계, 특히 영국계 유럽인이 득세하는 근대 호주의 역사가 시작되었다. 특히 초기 식민지 시대에 영국의 죄수들을 수용하기 위한 감옥으로 호주 영토의 일부가 이용되었다는 것은 잘 알려진 사실이다. 근대 호주 역사의 주축을 이룬

유럽계 이민자들을 시작으로, 현대의 호주사회를 구성하는 시민은 세계 여러 나라에서 온 이민자들이다. 즉, 현대 호주는 이민을 통하여 형성된 나라이다.

1840년대에는 가뭄으로 인한 기아를 피하여 많은 아일랜드 사람들이 호주로 이주하였고, 1860년대에는 멜라네시아 사람들이 퀸즐랜드의 농장으로 농업이주를 하기도 하였다. 지난 200여 년간 호주의 이민정책이 호주의 정치, 경제, 문화 전반에 지대한 영향을 미치는 가장 중요한 요소로 주목받아 왔음은 논란의 여지가 없다. 문경희는 '호주 다문화주의의 정치적 동학'이라는 논문에서 "인종, 에스닉 공동체 간의 갈등을 해결하기 위해 국가의 이민, 문화 정책의 근간으로 도입된 다문화주의가 오히려 정치적 이해관계에 따라 경합되고 있다"(2008, 269)고 지적하였는데, 이는 호주사회에서 이민정책이 갖는 중요한 의미를 매우 적절하게 읽은 것이다.

한 나라의 정치체계로 다문화주의 같은 주요 정책이 입안되는 배경에는 그 나라의 이민역사나 인종관계, 여타의 정치, 경제적 요인이 있을 터인데, 호주사회가 다문화주의를 주요 정책으로 채택한 것은 1973년이다. 앞서 언급한 문경희의 논문 내용을 중심으로 호주경제와 사회의 발전에 따른 호주 이민정책의 변천을 간단히 기술하면 다음과 같다.

1) 백호주의 형성기(1901~1940년대 후반)

백호주의는 1901년 영국계 앵글로 색슨을 중심으로 대영제국의 자치령이자 근대국가를 기본으로 하는 호주 정부가 탄생하면서, 유색 인종이나 인근 태평양 군도로부터의 인구가 호주로 유입되는 것을 금지하기 위한 법안과 정책 등을 포괄하는 용어이다. 1901년 당시 호주의 인구구성은 영국계 98%, 독일계 1%, 중국계 0.8%로 알려졌다(Stratton & Ang, 1998, 149). 수정을 거쳐 영국의회의 승인을 받고 입안된 백호주의 정책의 골자 중의 하나는, 호주로 이민을 원하는 사람은 유럽에서 통용되는 언어 중 하나에 대해서 50개 단어 받아쓰기를 통과해야 한다는 것이다. 이 시험은 1958년까지 시행되었다고 한다. 이 같은 이민 정책은 '누가 호주에 이민할 수 있는가'에 절대적인 영향을 미쳤으며, 대영제국의 출신자들만이 사실상 호주 이민자로 환영받을 수 있었다.

백호주의가 형성되는 이 기간에 성취하고자 했던 주요 목표는 호주사람의 인종적 순수성을 지키는 것이었고, 1869년부터 1969년까지 시행된 '원주민 보호정책(Aboriginal Protection Act, 1869)'은 원주민 인구와 문화를 소멸시키기 위한 대표적인 정책이었다. 10만 명 이상의 원주민 아동들을 부모들로부터 강제 분리시켜 양육함으로써 '보호'라는 말의 본래적 의미와는 달리 원주민의 영구적 소멸을 꾀하였던 것이다(문경희, 2008, 274-5). 이 아동들이 이른바 '빼앗긴 세대(Stolen Generation)'이며, 이에 대한 호주 정부의 공식적 사과는 2008년에야 비로소 당시 호주 총리였던 케빈 러드(Kevin Rudd)에 의해 이루어졌다.

2) 동화주의·통합주의(1940년대 후반~1972년)

2차 세계대전 종결 이후 국제경제의 급진적 변화와 함께 호주의 자본주의는 세계시장에 진입하기 위하여 적극적인 발돋움을 하기 시

작하였다. 이러한 일련의 과정은 호주 정부뿐 아니라 서구 선진국이
추진한 이민 정책에도 막대한 영향을 미쳤다. 국제적 이민 동향이 큰
변화를 맞게 되는 이 시기는 크게 1945~73년 시기와 1973년 이후로
나뉜다. 첫 번째 기간에는 서부 유럽, 북미, 호주를 비롯한 선진국에
서의 경제투자와 산업팽창으로 인하여 유럽에 있는 개발도상국으로
부터 막대한 숫자의 이민노동자가 발생했다. 노동력 흐름의 형태는
과거 식민국가가 피식민국가로부터 단기노동력을 유입 하거나, 영구
이민을 받아들여 노동력을 확보하는 것이었다(Kalantzis, 1990). 이 첫
번째 이민동향은 1973~4년의 이른바 '오일쇼크' 또는 유류파동으로
종식되었다. 한편, 호주의 자본주의 발전과 더불어 다수의 이민자를
유입시키게 된 또 하나의 이유는, 2차 대전 이후 약 1,100만 명에 불
과한 인구로 말미암아 '인구를 증가시키지 않으면 자멸할 수도 있다
(Populate or perish syndrome)'는 우려 때문에 유럽인에 대해서 이민문
호를 대폭 열었기 때문이다(Rizvi, 1998). 이민자 정책에 관한 한 백호
주의는 앵글로색슨을 주축으로 한 국민으로부터의 저항이 거의 없었
으며, 1960년대까지 계속적인 정책으로 집행되었다. 이때까지 비영어
권 출신 자녀에 대한 영어교육조차 체계적으로 이루어지지 않은 것
도 사실은 백호주의를 집행하기 위한 의도적인 방책으로 이해된다(문
경희, 2008, 276). 하지만 1960년대 후반부터 비영국계 출신의 유럽이
민자들은 그들 자녀의 교육기회, 영어교육, 자신들을 대변할 정치인
의 부재 등에 대한 불만을 표시하기 시작하였으며, 이는 장차 실행될
다문화주의가 생성되는 밑거름으로 작용했다(Rizvi, 1998). 또한, 앵글
로색슨 인종 간에도 문화적 다양성이 존재함으로써 그들 간에 형성되
는 갈등은 호주의 문화가 순수성을 유지할 수 없다는 것을 보여주었고,

이는 동화정책을 지양하게 된 또 하나의 요소이다(문경희, 2008, 278).

호주의 대표적 이민정책 연구자로 꼽히는 스티븐 카슬을 비롯한 학자들은 백호주의 동화정책의 기본을 이루는 개념으로 세 가지를 들고 있다. "첫째, 호주는 영국의 가치, 문화, 전통에 기반을 둔 동질적인 사회이다. 둘째, 호주사회의 동질성은 유럽인의 이민과 상관없이 유지될 수 있다. 셋째, 호주로 들어오는 아시아 출신 이민자를 허락해서는 안 된다(Castles 외, 1990)." 문경희는 호주의 백호주의 정책은 유럽인의 우월주의를 지키려는 인종차별주의 정책으로, 호주의 백호주의·동화정책은 지금도 그 맥을 잇고 있으며 소수민족의 이민생활에 종종 문제가 되는 인종차별이 역사적으로나 사회구조적으로 깊이 뿌리박혀 있음을 지적하였다(2008, 277).

2차대전 이후, 호주는 노동력이 극히 부족하던 시기임에도 불구하고 이민자를 유럽출신으로 제한하는 정책을 고수하였다. 단, 1950년대와 1960년대의 이민자들의 출신국가가 북부 유럽으로부터 시작하여 남부 유럽 그리고 동부 유럽 등으로 확대되었다. 예를 들면, 네덜란드, 노르웨이, 프랑스, 벨기에, 덴마크 등지에서 모집되던 이민자들이 차후 독일, 이탈리아, 그리스, 터키, 유고슬라비아로 옮겨졌으며, 그 이후에는 헝가리, 체코슬로바키아, 나아가서 남아메리카 대륙의 칠레 등지로 이동하였다(Castles & Miller, 2009, 76).

3) 다문화주의(1973년~)

한편 유류 파동에 따른 경제침체는 세계경제의 재구성을 불러일으켰으며, 이 과정은 신흥산업국가에 대한 자본투자, 새로운 무역 패턴

또는 새로운 기술개발 등을 통해 진행되었다. 이를 발판으로 세계적인 이민동향이 1970년대 중반부터 재개되었다(Castles & Miller, 2009, 65-66). 이 무렵의 세계 경제 및 국제정치 변화는 아프리카, 아시아, 남미 전역에 지대한 영향을 미치게 되었다. 한국을 비롯한 많은 개발도상국은 인구팽창, 자연자원의 남용과 파괴, 걷잡을 수 없는 도시화, 정치적 불안, 빈부격차 등으로 인해 힘든 시기를 보냈다. 개발도상국에 편재한 이들 요소는 많은 사람이 선진국으로 이민을 선택하는 데 영향을 주었다. 이 기간에 이루어진 이민은 가족 재결합, 난민, 1980년대의 기술이민 또는 1980년대 후반의 사업이민 등으로 범주화할 수 있다(Castles & Miller, 2009).

시대착오적인 호주 정부의 백호주의 정책은 1973년 고프 휘틀럼(Gough Whitlam) 노동당 정부의 이민장관이었던 앨 그래스비(Al Grassby)가 '미래를 위한 다문화사회(Multi-Cultural Society for the Future)'라는 보고서를 발표함으로써 공식적으로 막을 내리게 되었다. 다문화 정책하에 진행되는 프로그램으로는 이민자들을 위한 조직적인 영어교육이나 다국어 통역 및 번역서비스 등이 있었다. 과거의 동화정책은 문화의 동질성에 강조점을 두어 문화의 순수성을 유지하려 하였음에 반해 다문화주의는 문화나 배경이 달라도, 즉 다양한 문화를 가진 종족들이 모여서도 평화롭게 살 수 있다는 것에 강조점을 두었다.

1970년대 다문화주의가 채택되면서 호주 이민자들의 출신국가가 다양해졌는데 1975년 월남전이 종식되면서 많은 월남인들이 들어왔고, 1981년에는 폴란드에 계엄령이 선포되면서 다수의 폴란드인들이 유입되었다. 특히 아시아로부터 많은 이민자들이 유입되었고, 2000년대 초반부터는 다수의 아프리카 난민과 이민자들이 호주에 정착하였다.

4. 호주의 이민정책과 한인교포들의 정착 양태

이민자들이 얼마나 성공적으로 또는 만족스럽게 적응하는가는 각 개인의 노력과 자질뿐만 아니라 소수민족 또는 비영어권 출신 이민자들에게 정책적으로 어떠한 지원이 주어지는가도 중요한 영향을 미친다. 본 절에서는 한인교포들의 정착 양태에 대한 이해를 통해 위 명제를 고찰한다.

1971년 호주 정부의 인구통계조사 데이터에 의하면 당시 호주에 거주하는 한국태생의 교포는 약 500명이었다. 이들 대부분은 유학생이었으며 여타의 사람들은 1921년 이후 호주가정에서의 가사일을 찾아서 이주·정착한 것으로 알려졌다. 한인교포의 다수가 정착하게 된 것은 1972~75년에 500여 명이 이주하면서 시작되었다. 이 시기를 기점으로 대다수의 한인이 시드니와 멜버른 등 대도시에 정착해 왔으며 1980년대 이후에는 기술이민과 사업이민을 통해 호주로 유입되었다. 근래에는 이른바 기러기 엄마들과 조기 유학생, 워킹홀리데이 비자를 받아 6개월에서 2년여 기간 동안 단기 거주하는 젊은이들이 많이 있다.

호주 동포들의 한인회는 1968년 12월 시드니의 레드펀 지역에서 처음으로 결성되었고, 현재는 시드니의 캠시와 크로이든 파크 지역에 사무실을 두고 있으며, 이는 남반구에서 가장 큰 규모를 가진 한인회로 알려져 있다. 시드니 지역의 교민들은 캠시, 캔터베리 및 이스트우드 등지를 중심으로, 멜버른 지역의 교민들은 카네기와 글렌 웨이버리를 중심으로 각종 사업을 운영하고 있다. 2006년 호주 통계국의 자료에 의하면, 한국 태생 이민자들 중 15세 이상 교민들의 한 주간 평균 수입(미디안-중간값)은 238달러인 데 비해, 해외 출생 이민자들은 431달러, 호주 태생은 488달러인 것으로 조사 되었다. 교민들의 평균 수입이 왜 이렇게 낮은가에 관해서는 정확한 통계적 분석이 필요하다. 한 분석에 의하면, 교민들은 많은 경우 부부가 함께 자영업에 종사하는데, 자영업의 수입은 비교적 높다. 하지만 대부분의 수입을 영업비용이나 임금으로 처리한 후의 개인 수입은 낮다는 것이다. 교민들의 직업 분포를 보면 1세대는 호주에 언제 이민했는지와 관계없이 자신의 전문기술을 활용하지 못하는 경우가 대부분이다. 지난 20년간 1.5세대와 2세대의 한인교포들이 각종 분야의 전문인으로 활동할 뿐 아니라 호주의 주류사회에 깊숙이 들어가 활동하는 경우가 많은 것으로 알려지고 있다. 그럼에도 불구하고 교민들의 활동이 잘 알려지지 않은 이유는 무엇보다도 한국계 이민자들의 숫자가 17번째로 비교적 적기 때문인 것으로 이해된다(Coughlan, 2008, 54).

이하에서는 한인 이민의 흐름을 1970년대의 사면 이민, 1980년대의 기술 이민, 1990년대의 사업 이민으로 나누어 살펴본다. 2000년 이후 새로운 이민 형태이자 '기러기 엄마'라는 말로 대변되는 교육 이민이 등장하고, 또 워킹홀리데이 비자협정 체결 이후 대학생과 청년들의 숫자가 많이 늘었지만, 이들에 대한 분석은 후속 연구에서 다룬다.

1) 사면 이민(1970년대)

1972~75년에 다수의 교포가 호주에 정착하게 된 것은 호주 정부가 제어하기 어려운 외적 요인에 근거한 것이었다. 그 당시는 한국정부가 월남전(1954~75)에 참전했던 국군과 시민을 귀환시키는 시기였는

데, 그중 다수가 귀국을 하기보다는 남미, 서독, 중동 등지에서 구직을 원하였다. 수천 명이 여행비자를 받아 타국에 입국하였고 여행비자 유효기간을 넘기면서 일을 하는 경우가 생겨났으며, 많은 사람들이 '불법취업'을 이유로 강제 출국조치를 받기도 하였다. 한편 이들 '불법체류자' 중 500여 명은 1974년 호주 정부의 사면령 혜택을 받아 영주권을 얻게 되었다. 이 같은 사면령 조치가 처음으로 내려진 것은 1974년 휘틀럼 정부하에서인데, 사면의 혜택은 불법체류자뿐만 아니라 한국에 거주하는 가족들에게까지 주어졌다. 이 관대한 사면령은 국외에서 외화를 벌어들이기에 여념이 없었던 시절에 이란, 사우디아라비아, 파라과이, 우루과이, 아르헨티나 등지에서 일하고 있던 한국인들 중 이민을 희망하는 사람들을 호주로 불러들이는 결과를 낳았다. 이렇게 호주로 이주한 한국인들은 1979년과 1980년의 사면령을 통하여 호주에 영주하게 되었다. 이들의 대부분은 시드니에 정착하였으며, 다른 나라 출신 이민자들과 유사하게 유럽계 호주인이 기피하는 직종 또는 3D 직종에 종사하였다. 제강, 제철, 제련, 용접 등이 그들이 종사했던 대표 직종으로 알려져 있다. 호주 정부는 1960년대 중반부터 1970년대에 이르기까지 제조업의 획기적인 성장을 추진하였고 이에 필요한 노동력을 확보해야 하는 상황이었다. 1970년대는 호주경제가 성장하는 기간이었으므로, 그 무렵 정착하게 된 사면 이민자들은 호경기의 경제적 혜택을 누렸다고 할 수 있다. 1980년대와 1990년대와 비교해 1970년대는 호경기를 누리던 시기였지만, 1970년대에 호주 정부가 난민이나 불법이주자들을 대상으로 사면령을 내린 것은 국제사회의 압력을 견딜 수 없었기 때문이라는 연구 결과도 있다(Collins, 1988, 48). 이는 미국과 아시아 국가들이 월남전 난민을 수용한 이래, 호주도 적정 숫자의 난민을 수용할 것을 국제사회가 종용한 결과이다.

1980년대에 들어서도 대부분의 한국 사람들은 호주를 백호주의가 팽배한 사회로 인식하고 있었다. 그래서 호주로 여행 간다는 것 자체가 대단한 용기로 간주되었고, 차별을 감수할 각오가 되어 있어야 할 것이라 짐작하였다. 사면 이민자들을 대상으로 한 필자의 인터뷰에 의하면 1970년대의 인종차별은 비교적 공공연했다. 예를 들면, 최기상 씨는3) 1974년 집을 구하기 위해서 거리를 걷고 있는데, 누군가가 2층에서 머리 위로 물이 가득한 양동이를 쏟아부었다는 것이다. 최씨는 화가 나서 2층으로 올라가 당사자를 만나 불평을 토로하고 있는데, 오히려 이웃사람들이 모여들면서 최 씨에게, "너희 나라로 돌아가라"고 하였다. 최 씨는 아직도 이 일을 마음속 깊이 아픈 상처로 간직하고 있다. 다문화주의가 입안된 1970년대 초 이래에 호주에 인종차별이 있었는지 없었는지, 또는 그것이 어떻게 변천되고 있는지에 관해서는 다양한 경험과 의견이 있다. 1973년 이래 다수의 아시아 이민자들이 받는 인종차별의 양태가 근본적으로 달라졌다고 주장하는 사면 이민자들이 있는가 하면, 그렇지 않다고 주장하는 사람도 있다.

> 내가 호주에 온 것은 1973년인데, 오히려 그 당시에는 인종차별의 정도가 매우 미미하다고 생각했다. 하지만, 그 이후 아시아로부터 다수의 '보트피플'이 입국하면서 아시아 이민자들에 대한 이미지가 매우 흐려지게 되었다. 이렇게 하여 인종차별의 정도가 심각해진 것이다. 인종차별이 나 개인의 생활에 지대한 영향을 미치지 않는 한 나는 신경 쓰지 않고 산다. 내가 듣기로는 공무원으로 일하는 아시아 이민자들은 승진하기가 매우 어렵다고 한다(송주표, 사

---

3) 이 글에 인용된 피면접자 이름은 개인 신상 보호를 위하여 가명을 사용한다.

면 이민자).

　필자의 의견으로는, 인종차별이 송주표 씨의 생활에 영향을 미치지 않는다는 것이 아니라, 인종차별에 대하여 지나치게 염려하여도 그 개인의 생활에 도움이 되지 않는다는 것이다. 아시아 이민자들의 현저한 증가에 의해서, 많은 유럽계 이민자들이 직업을 잃게 되며 호주 경제에 악영향을 미친다는 잘못된 생각이 호주 경기가 침체될 때마다 유행하기도 한다. 다문화 정책은 오래전 입안되었지만, 인종차별적 관행이 사회 전체에서 사라졌다고 볼 수는 없다. 인종차별 때문에 마음 아파하는 경우가 지금도 종종 있기 때문이다.

　사면 이민자 나강진 씨는 한국에서 법과대학을 졸업하고 1970년대 초까지 중동과 월남 등지에서 한국회사의 해외지사원으로 근무하였다. 월남이 망하면서 호주를 방문한 계기로 나 씨는 시드니에 정착하게 되었다. 비교적 영어에 유창한 나 씨가 인종차별에 대처한 방법은 영어에 유창하지 않은 경우와는 다르다는 것을 그의 경험을 통하여 알 수 있다. 나 씨가 택시운전기사로 시드니에 정착한 초기에 있었던 일이다. 어느 날 유럽계 여인을 택시의 손님으로 맞이하였다. 나 씨에 의하면 그날 택시 안에서 나눈 대화는 다음과 같았다.

　　나 씨: 어디를 가길 원하십니까?
　　여인: Dee Why.
　　나 씨: 어느 길을 거쳐서 목적지에 가시렵니까?
　　여인: 거기 어떻게 가는지 모르십니까?
　　나 씨: 물론 알고 있지만 선호하는 길이 있는지 알고 싶어서요. 손님마다 약간의 차이가 있거든요.
　　여인: 왜 쓸데없는 질문을 하시오? 운전면허증은 있는게요?
　　나 씨: (농담조로) 시험관에게 뇌물을 줘서 면허증을 땄습니다.

나 씨는 그날 어떤 일이 있었는지 다음과 같이 진술하였다. 그 승객은 인종차별적 언행을 계속하였고 나 씨는 더 이상 참을 수 없는 지경에까지 이르게 되었다. 그는 경찰서 앞에 택시를 세우고 그녀가 어떻게 자신을 괴롭혔는지를 신고하였다. 그녀는 웃으면서 자신의 언행을 극구 부인하였다. 그녀의 경찰서에서의 언행은 택시 안에서의 그것과는 전혀 비교할 수 없을 만큼 공손하고 친절하였다. 나 씨는 그녀를 용서하기로 마음먹고 다시 목적지를 향하여 운전을 시작하였다. 하지만 택시가 출발하자 그녀의 차별적 언행은 더욱 노골적이 되었고, 특히 아시아 이민자들에 대해 욕설을 하는 것이었다. 나 씨도 평소에 사용하지 않던 말을 입에 올리며 언쟁을 시작하였다. 언쟁이 계속되면서, 그녀는 자신이 불리한 상황으로 몰린다고 생각했는지, 택시 안에 있는 마이크로폰을 집어들어 나 씨의 얼굴에 던졌다. 나 씨가 거울을 통하여 자신의 얼굴을 바라보니 입술에서 피가 흐르고 있었다. 나 씨는 흐르는 피를 닦지 않은 채 다른 경찰서 앞에 주차하여 경관에게 보고하였다. 두 명의 경찰관이 와서 그녀에게 택시에서 내릴 것을 명했지만, 그녀는 거절하였고, 결국 경찰관은 그녀를 택시 밖으로 끌어내렸다.

이 작은 사건은 모두에게 매우 비생산적인 사고로 그칠 뿐이었다. 손님의 입장에서는 다른 각도로 해석할 수도 있다. 나 씨가 좀 더 서비스업을 하는 전문인으로서 행동해 주기를 원했을 것이다. 필자의 소견으로는 나 씨에게 전혀 잘못이 없었다고 말하기 어렵다. 여하간,

그 일은 아직도 나 씨의 가슴에 안타까운 기억으로 남아 있다. 이 경우 나 씨는 닥친 상황에 대처하는 데 필요한 지적·언어적 능력을 어느 정도 갖춘 상황이었다. 하지만 호주사회에 깊숙이 뿌리내린 인종차별에 맞서서 살아갈 수 있다고 해서 인종차별이 문제가 되지 않는 것은 아니다(Castles 외, 1990, 82). 나강진 씨가 자신의 교육이나 전문직종에서의 경험과는 무관하게 택시를 운전했던 이유 중의 하나는 호주의 자본주의가 유럽계 호주인을 중심으로 발전하는 과정에서 그들이 기득권을 쥐고 여타의 이민자들을 차별하는 추세가 자연스레 문화적 요소로 깊숙이 정착되면서, 특히 비영어권 출신자들이 불이익을 받은 것과 무관하지 않다.

나 씨와는 다르게 대부분의 다른 택시운전기사들은 자신을 방어하거나 언쟁 한번 해보지 못하고 인종차별의 수모를 겪어야 하는 경우가 많았다. 이로 말미암은 정신적 모멸감 등은 그들이 만족스러운 이민생활을 하는 데 적지 않은 영향을 미쳤다고 한다.

지금은 개인택시를 운영하고 있는 김종수 씨는 택시 운수회사에 고용되어 수년간 일했는데 퇴직하는 날까지 운전경험이 없는 초보운전자로 취급받았다고 한다. 그렇지만 한국에서 택시를 운전하는 것보다는 호주에서의 택시 운전이 훨씬 만족스러운 삶이라고 그는 말한다. 그렇다고 해서 그가 인종차별로 말미암아 겪는 고통이 과소평가될 수는 없다. 호주 교민들에게는 인종차별에 대처하는 다양한 방법들이 있는 듯하다.

> 나도 인종차별을 당해 보았지만, 나는 그것을 굳이 인종차별로 간주하지 않는다. 내가 차별을 받았다고 생각하면 스스로 화가 나기

때문이다. 나 자신을 위해서라도 나의 심기를 조절하는 것이 문제 해결에도 도움이 된다(김기춘, 사면 이민자).

김기춘 씨에게는 '잊어버리는 것이' 차별을 극복하는 하나의 방법이었지만, 때로는 차별적 언행에 좀 더 적극적으로 대처한 때도 있었다.

자재공급회사에서 일할 때였다. 어느 날, 그날은 매우 바쁜 날이었는데 '호주 사람' 세 명이 일은 하지 않고 잡담만 하고 있었다. 지게차 면허증이 없었던 나는 자격증이 없음을 아쉬워하며 운전석에 한 번 앉아 보았다. 그랬더니 욕설을 퍼부으며 내려오라는 것이었다. … 나는 지게차 면허증을 따기로 작정하고 일주일에 3번씩, 하루에 30분을 투자해서 3개월 만에 자격증을 땄다. 그리고 지게차 운전석에 앉을 기회를 찾다가 어느 날 기회를 얻었다. 그랬더니 '호주 사람' 한 사람이 더러운 욕설을 퍼부으며 내려오라 하였고 다른 두 사람까지 합세하였다. 나는 운전석에 그대로 앉아 있었고 그들이 내게 다가올 때 나는 면허증을 꺼내 보였다. 그들은 아무 말도 하지 않았다. … 나에게 면허증이 꼭 필요했던 것은 아닌데 그들의 차별적인 태도를 극복하기 위해서 면허증을 취득한 것이다. 물론 그 후, 그 자격증을 종종 유용하게 활용할 수 있었다(김기춘, 사면 이민자).

지게차 면허증이 없이 지게차 운전석에 앉은 것은 김 씨의 잘못이었을 텐데, 아마도 평소에 김 씨와 '호주' 사람들 간에 표면화되지 않은 갈등이 있었기 때문에 지게차 운전석에 앉은 그 순간에 갈등이 표면화되었을 가능성이 매우 크다. 자신과 다른 문화, 다른 출신 배경을 가진 사람 아래 고용되어 일하는 것은 이미 그 나름의 어려움을 동반한다. 게다가 그때 감수해야 하는 인종차별적 언행은 이민생활의 어려움을 가중시키며, 그것이 미치는 파급효과는 적지 않은 것으로 분석된다.

사면 이민자들은 해외근무 경험을 통해서 또는 한국에서 미군을 위해 일하면서 이미 차별을 당하거나, 다른 이를 차별한 경험이 있는 경우가 허다하였다. 이는 기술, 사업 이민자들과 다른 측면으로서 사면 이민자들이 호주사회에서 인간관계에 적응하는 데 중요한 기제로 작용했을 것으로 짐작된다.

2) 기술 이민(1980년대~)

1970년대에 정착한 사면 이민자들이 여행가방을 들고 입국했다는 것을 근거로 그들은 흔히 '수트케이스' 이민자라고 불렸다. 호주사회가 이들로부터 원했던 것, 또는 이들이 호주사회에 제공할 수 있던 것은 노동력이었다. 한편, 1980년대 이후에 정착한 교포들은 컨테이너에 이삿짐을 싣고 왔다고 해서 '컨테이너 이민자'라고 알려졌다. 물론 1980년대에도 사면 이민자를 가족이 입국하여 정착하였지만, 1980년대 중반에 접어들면서는 기술이민, 그리고 1980년대 후반부터는 사업 이민자들의 정착이 주요 이민형태로 자리 잡았다. 호주사회가 기술 이민자들로부터 원했던 것은 그들의 노동력과 기술이었고, 사업 이민자로부터는 노동력과 기술·경영지식 그리고 자본이었다.

컨테이너 이민자들은 호주에 정착하게 된 배경부터 거의 '빈손'으로 입국한 사면 이민자들과 매우 다르다. 예를 들어 다수의 사면 이민자들이 월남에서 일에 종사하다가 전쟁이 끝나자 급박한 상황에서 호주로 오게 된 반면, 1980년대에 정착한 이민자들은, 그들의 관점에서든 또는 그들을 선택한 호주 정부의 관점에서든, 결국 자신들의 자발적 의지로 호주에 정착한 것이다. 1974년과 1976년, 그리고 1980년에 있었던 사면령 이후, 10여 년간 호주의 이민정책은 매우 엄격해졌다. 이민정책이 엄격해졌다는 것은 호주로의 이민 희망자를 선택하는 기준이 까다로워졌다는 것이다.

기술 이민자들은 호주에 도착한 후 정부에서 제공하는 영어강좌에 등록하여 6개월간 공부를 하였고, 수업이 없는 오후 시간에는 시드니 하버브리지나 오페라하우스 등 꿈에 그리던 여행지를 찾아다니는 여유를 누릴 수 있었다. 하지만 뿌리 뽑힌 몸으로 호주에서 재정착을 꾀하는 것은 그리 쉽지 않았다. 이들 대부분이 한국에서는 전문직종에 종사했던 사람들이지만 영어권에서 전문인으로 생활하기엔 부족한 영어능력 등으로 말미암아 실망스럽게도 단순노동에 종사하게 된 경우가 많았다.

이미 언급하였듯이 사면 이민자들은 체력을 이용하는 단순노동에 기꺼이 종사하겠다는 생각이었지만, 기술 이민자들은 그렇지 않은 경우가 대부분이었다. 그들은 교육수준이 비교적 높았고, 전문직종에서 일해 왔으며 호주 정부에 의해 '선택받은' 사람들이라는 자부심이 강한 사람들이었다. 따라서 사면 이민자들이 적응하는 과정과는 다르게 기술 이민자들이 적응하는 과정에는 다른 측면이 결부되었다. 1980년대 말 경제가 침체되면서 국외에서 취득한 자격증을 호주에서 인정하는 자격증으로 전환하기가 어려웠고, 영어능력이 부족한 이민자들이 취업하는 데 어려움을 겪었다(Laurence, 1986; Inglis and Philps, 1995). 비렐과 호손(Birrell and Hawthorne, 1997)의 연구에 의하면 1980년대 중반에 이민 온 사람들은 그 이전에 정착한 사람들보다 취업에 많은 어려움을 겪었다고 한다. 한인교포들도 예외가 아니었다.

사면 이민자들이 겪었던 노골적인 인종차별과는 달리, 기술 이민자들이 겪은 차별은 애매하거나 미묘한 측면이 있었다. 지나가는 사람을 향해 위층에서 물을 끼얹거나 욕설을 통한 차별과는 다른 양태의 차별이기 때문이다. 예를 들어 전산직종에서 유능한 이민자가 장기간의 구직 노력에도 불구하고 면접 한번 해보지 못하거나, 직장을 구해도 영어에 능숙하지 못하기 때문에 스스로 죄책감이나 미안한 감정을 계속 갖고 있다가 결국에는 사표를 내는 경우도 있었다.

한편, 사회 전반과 직장에 깊숙이 뿌리내린 인종차별을 극복하기 위해서 개인적으로 각별한 노력을 기울이는 경우도 있다.

> 내가 다니던 직장에는 직원이 많았는데, 그중에 영국계 호주인이 있었다. 좀 특이한 사람이었다. 그 직장에서 35년간 일했는데 해외여행을 한 번도 해본 적이 없다. 비행기는 딱 한 번 타보았는데, 태즈메이니아에 여행을 갔을 때였다. … 그에게 차 한잔 대접하려고 여러 번 시도해 보았지만 허사였다. 그는 가끔 나를 곤경에 처하게 하곤 했는데, 나는 때로 한국말로 그를 놀려주곤 했다. 무슨 말을 했느냐고 물어오면, '너 나쁜 놈이다'라고 했다고 말해줬다. 시간이 흐르면서 우리는 서로 친근감을 갖게 되었다. 그의 생일날 축하카드를 건네자 그는 매우 기뻐하며 나를 포옹하는 것이었다. 그가 받은 정식교육은 단지 6년인데, 대부분의 고등교육을 받은 사람들은 이민자를 차별하지 않는 것이 일반적이다. 그들은 다른 사람들의 출생지에 따라서 사람을 차별하거나 존중하지 않고 사람을 능력에 따라 판단한다는 것이 나의 소견이다(이윤세, 기술 이민자).

하지만 이 씨처럼 모든 직장에서 대부분의 비영어권 출신 이민자가 인종차별에 대한 피해의식 때문에 서로 간의 화합을 위해 의도적으로 끈질기게 노력해야 한다는 것이 지속가능한 일은 아닐 것이다. 이 씨가 남다른 방법으로 동료와의 친화적 관계는 얻었지만, 반대로 이 씨처럼 노력을 통해 동료와의 친화관계를 만들지 못한다고 해서 그 책임이 이민자에게 돌려질 수는 없다. 동료 간의 화목한 관계를 위해서 유럽계 이민자들보다 비영어권 출신들의 노력이 혹시라도 더 기대된다면 이는 공평하지 못한 처사라 할 것이다.

당시 교민사회에서 흔히 받아들여지고 있는 견해는, 비영어권 이민자들에 대한 차별과 불충분한 영어능력 때문에 기술 이민자들이 직상을 구하거나 승진을 하는 데 어려움이 있으며, 심지어 자녀 세대도 이런 어려움을 겪는 경우가 많다고 한다(한국일보, 1997년 2월 7일, A4). 필자와 인터뷰를 한 기술 이민자들에 의하면, 현재 그들이 전문직에 종사하고 있지만, 직장을 구하기도 어려웠을 뿐만 아니라 승진 기회는 지극히 적다고 한다.

> 내게 MBA 학위를 가진 친구가 있는데, 면접은 여러 번 봤지만, 직장을 구하지 못했다. 아마 그가 유럽계 호주 사람이었다면 많은 회사가 채용하려 했을 것이다. 그 친구는 결국 비영어권 출신 이민자들을 환영하지 않는 경직된 채용과정에 신물을 느끼고 말았다. 그는 회계학 관련 과목을 이수하고 기술학교에서 가르치고 있는데 자신의 능력을 발휘할 기회를 찾지 못하여 안타까워하고 있다(김관영, 기술 이민자).

> 내 친구 중 하나는 호주 은행에서 몇 년을 일하다가 그만두고 교민 신문사에 취직하였다. 호주에서 성장하였기 때문에 영어능력엔 문제가 없지만, 호주 은행에서의 승진 전망이 좋지 않았기 때문이다 (최범진, 기술 이민자).

전산 직종에 다년간 종사하다가 호주로 이민하여 수년을 버티지 못한 양진우 씨는 다음과 같이 말하였다.

> 직장에서의 승진은 거의 불가능하다. 직장에 오래 근무할수록 컴퓨터 관련 기술과는 무관하게 더 높은 수준의 언어소통 능력이 요구된다. 승진의 기회가 누구에게나 주어진 것같이 보이지만 실상은 그렇지 않다. 유럽계 호주인들이 앞에서는 웃지만 뒤돌아서면 뒤통

수를 칠 수 있는 사람들이라는 생각이 든다(양진우, 기술 이민자).

대학교육을 받았는지가 한 사람의 작업 능력을 결정짓는 요소가 될 수는 없지만, 한국에서 대학을 졸업하고 컴퓨터 직종에 다년간 근무한 전문가임에도 불구하고 호주의 컴퓨터 직종에서 오래 버틸 수 없는 이유는 무엇이었을까? 앞서 언급하였듯이 호주사회는 유럽계 호주인들을 중심으로 구성되고 운영되는 사회이기 때문이다. 한편, 인종을 둘러싼 고용의 문제를 더욱 복잡하게 하는 것은 새로운 나라와 직장에서 요구되는 자질이 부족한 상태로 이민한 기술 이민자들이 문제를 자신의 역부족보다는 호주사회 탓으로 돌리는 경향도 한몫한다고 할 수 있다.

21세기에 들어서 기술이민은 현격히 줄어들었다. 세계화의 물결 속에서 영어능력을 구비하고 이민한 독립, 기술 이민자들이 소수 있지만, 이민 1세대로서 자신의 전문 직종에 활약하는 이들은 극소수인 것으로 알려져 있다.

3) 사업 이민(1990년대)

호주 정부가 호주경제에 활력을 불어 넣기 위한 방책의 일환으로 적극적으로 추진한 것이 사업 이민이었다. 이를 통해 이주한 사업 이민자들도 호주사회에서 정착을 하는 과정에서 어려움을 겪었다. 사업 이민은 프레이저(Malcolm Fraser)의 자유당 정부가 1970년대에 처음으로 실시하였는데 밥 호크(Bob Hawke)가 이끄는 노동당 정부에 의해서 1985년 대대적으로 추진된 정책이다. 1980년대 말 호주에 이민하는 한국인들의 40% 정도가 사업 이민자였다. 자본의 이동을 수반해야 했던 사업이민은 1990년대에도 꾸준하게 추진되었다. 사업이민의 목적달성 여부에 대해서는 부정적인 시각이 지배적이며, 호주경제가 침체된 상황에서 기술 이민자들이나 사업 이민자들이 겪은 어려움은 심각한 수준이었다. 이들은 언어장벽이나 문화장벽 등으로 취업을 하거나, 창업 그리고 사업을 하는 데 많은 어려움을 겪었으며, 이런 과정에서 그들의 이민에 대한 꿈과 희망이 좌절된 경우가 많았다. 그들이 꿈꾸던 '오스트레일리안 드림'을 이루지 못한 경우가 대부분이다(Kim, 2000).

시드니의 한 이민대행업자에 의하면, 사업 이민자들의 10%는 한국으로 돌아갔고, 10%는 가족들을 호주에 두고 한국과 호주를 오가며 사업을 하고 있으며, 30%는 호주에서 사업을 하고, 나머지 50%는 골프나 낚시로 소일한다고 전한다(Han, 1996, 2002). 사업 이민자 대부분이 1980년대 말 최소 3억 5천만 원 이상의 자본을 갖고 이민을 했고 실제로는 그보다 많은 액수를 가져왔다. 주택가격이나 생활비가 저렴했던 1990년대 당시, 그 정도의 현금을 가지고 있으면 생활을 위해 급히 구직을 할 필요는 없었다고 한다. 그런데 한국에서 비교적 안정된 삶을 누렸던 사업 이민자들의 이민에 대한 열망과 꿈은 다른 이민자들보다 비교적 컸기 때문에 이들이 적응하는 데는 그만큼 어려움도 많았다.

사업 이민자들은 사면 이민자들이나 기술 이민자들에 비해 인종을 둘러싼 차별에 관해서 뚜렷한 경험이나 의견이 없는 경우가 대부분이었다. 물론 그들도 차별을 가끔 경험하긴 했지만 두 집단에 비하여 그리 크게 문제 삼지 않는 경우가 대부분이다. 아마도 그들이 호주에 정착한 이래 차별의 양태가 매우 미묘해졌으며 그들이 호주로의 이민을 간절히 갈망한 것 못지않게 호주 정부도 그들의 이민, 정착을 적극적으로 유치했다는 사실 때문일 것이다.

필자가 1990년 중반에 인터뷰한 사업 이민자들이나 다른 교민들에 의하면 대부분의 사업 이민자는 그들이 가져온 현금이 벌어주는 이자에 의존하여 생활하고 있었다. 그들이 사업을 시작하면서 어려움에 봉착하면 끝까지 노력해서 극복하기보다는 쉽게 사업계획을 접는 것은 그들이 가져온 현금에 의존하기 때문으로 분석되었다(Han, 1996). 결과적으로 호주의 주류사회에 접근하면서 부딪힐 일이 적으니 차별을 그만큼 덜 겪는 것이다. 그들은 호주 이민을 위해 서류를 준비하면서 호주 대사관 직원들이 예비 사업 이민자들을 특별히 친절하게 대한다고 느꼈다고 한다. 대부분이 고학력에 사업경력, 그리고 거액의 현금까지 가지고 있기 때문이었을 것이다. 대사관 직원들의 그런 '친절 서비스'는 그들이 사업가능성을 타진해 볼 수 있도록 특별히 준비된 호주 답사를 다녀올 때까지 계속되었다.

한편, 사업 이민자들은 거액의 현금을 소유하고 있었지만, 직업 없이 계속 '곶감만 빼먹으면서 살 수는 없기 때문에' 가능하면 어떤 분야에든지 창업을 하는 것이 대부분 사업 이민자들이 원하는 바였다. 그럼에도 불구하고 사업 이민자들이 비즈니스에 종사하기를 꺼리는 또 다른 이유가 있었다. 그들은 호주사업체들이 준수해야 하는 임금 관행이나 노동조합에 대한 이해가 매우 부족할 수밖에 없었다. 과거 한국의 70년대나 80년대처럼 값싼 노동력을 이용하기도 어려웠다. 혹시 교민사회 내에서 창업을 하여도 성공률이 낮은 이유는 교민사회의 규모가 비교적 작았을 뿐만 아니라, 사업의 성공에 필수적으로 요구되는 네트워크 형성과 확장에 어려움을 겪었기 때문이라고 한다. 또한, 최소한의 자금을 갖고 이민한 경우에는 주택과 자동차 그리고 필요한 생활필수품을 구입하고 나면 막상 사업에 투자할 충분한 자금이 없어서 사업에 송사하지 못하게 되는 예도 있었다(Han, 1996).

5. 나가는 말

9·11사태 이후 특히 유럽에서는 이슬람권 출신 이민자들의 정착에 관한 논란이 계속되고 있으며, 다문화주의가 비교적 안정적인 정착을 한 곳으로 알려진 호주에서도 Hansonism[4] 이나 '크로눌라 인종폭동'[5])과 같은 일이 종종 일어나 다문화주의에 대한 냉소적인 반응이 곳곳에 자리 잡아가고 있음을 절감하게 된다.

앞서 언급한 것처럼 호주사회는 유럽계 호주인을 중심으로 이루어져 있고 운영되고 있다. 한인 교민을 비롯한 비영어권 출신의 이민자들이 많이 있지만 그들의 정치적 진출이나 전문 분야에의 고용기회는 인구 대비만큼 열려 있지 않다. 그러나 호주사회가 이 같은 구조적 한계를 극복하기 위한 노력을 기울여 왔음에 주목할 필요가 있다.

---

4) 폴린 핸슨은 반아시아감정을 정치화하여 호주국회의원에 당선되었으며, 그녀는 국회 처녀연설을 통하여 호주는 아시아인들에 의해서 포위될 수 있다고 경고하였다. 그녀는 2010년 아시아인으로 오염된 호주를 떠나 영국으로 이민하려다 마음을 바꾸고 현재 호주에 거주하고 있다.

5) 크로눌라 폭동은 2007년 극우파 백인계 청년들과 비영어권 청년들이 시드니의 한 해변에서 충돌했던 사건으로 호주의 다문화주의가 아직 완숙하지 못하다는 경각심을 호주사회에 주었다. 법정 진술에 의하면, 크로눌라 해변에서 몇 명의 중동계 청년들이 해변의 안전요원들에게 접근하여 "우리가 이 해변을 소유하고 있으니 이곳을 떠나라. 그렇지 않으면 당신들을 죽일 것이다"라고 말했다. 안전요원 중 한 명이 "나는 여가를 이용하여 이곳에 와서 해변에서 위험에 처한 사람을 구하는 안전요원이니, 당신들이 이곳을 떠나 주시오"라고 응답했다. 중동계 청년들은 그를 무의식 상태에 빠지도록 때리고 사라졌다. 이는 백인계 주민들의 거센 반발을 일으켰고, 결국 호주 다문화주의에 오점이 될 만한 인종 간 격돌로 사태가 전개되었다(Higgins and Cleary, 2011).

인종을 근거로 차별할 수 없다는 법이 오래전에 제정되었으며, 소수민족의 호주사회 적응을 위해 수많은 프로그램들이 운영되고 있다.

하지만 킴리카(Kymlicka, 1998, 16)는 다문화주의를 바탕으로 한 각종 혜택이나 프로그램이 소수민족을 지배사회에 통합시키기보다는 분리나 게토화시키고 있다는 주장을 한다. 또한 아피아(Appiah)에 의하면 인종 간의 갈등에 근본적인 원인이 되는 정치경제적인 측면, 즉 계급이나 부의 재분배 등 근본적인 문제를 외면한 채 인종 간의 문화적 소통을 꾀하는 것은 문제의 근본을 버려두는 꼴이라는 것이다(문경희, 2008, 270에서 재인용). 이를테면 소수민족을 위한 프로그램의 존재 자체가 소수민족을 주류사회로부터 제도적·근본적으로 분리한다는 것이다. 다문화주의가 가진 약점을 신랄하게 비판하는 의견이라고 할 수 있으며, 다문화주의에 정면 대응하는 듯한 이 같은 주장은 소수민족의 차별을 정당화시키거나, 소수민족과 주류 지배문화 간의 갈등을 심화시키기도 한다.

지금까지 호주사회에서 인종을 둘러싼 차별의 양태가 노골적인 것에서 미묘하고 애매한 그것으로 변화하였음을 편견과 차별의 관점에서 한인교포들의 경험을 통해서 살펴보았다. 차별로 인한 상처와 결과는 많은 이민자의 삶에 치명적인 영향을 미치고 있음은 두말할 나위가 없다. 호주사회가 백호주의를 공식적으로 무효화한 이래 차별이 누그러지고 좀 더 관용하는 사회가 되었음은 널리 인정되고 있다. 하지만, 9·11사태 이후 국수주의적인 '폴린 핸슨 현상'뿐만 아니라 인종 등을 바탕으로 하는 차별적 처우나 태도 그리고 기류가 호주의 다문화 사회에서도 사회 기저에 흐르고 있음을 완전히 부인할 수는 없다. 상황에 따라서는 현재 대세로 형성된 타문화에 대한 관용의 분위기가 쉽게 무너지면서 차별의 기류가 고개를 쳐들 수 있음을 최근 몇 년의 동향을 통해서 알 수 있다. 호주 정치를 이끄는 주요 정당인 노동당과 보수당의 다문화주의에 대한 정책적 실행이 때로 불분명해진 것 또한 부인하기 어렵다.

문화적 배경이나 인종이 다른 이민자들이 서로를 이해할 수 있도록 돕는 교육프로그램의 중요성은 매우 크다. 더욱이 사회 저변에 깊숙이 자리 잡은 차별적 처우 때문에 높은 교육수준이나 직장경험이 있음에도 불구하고 자신들의 기량을 발휘할 기회를 얻지 못하는 경우를 최소화할 수 있는 법적 제도적 장치와 정책적 실행이 필요하다. Castles와 Kalantzis 외(1990)의 진보적 학자들에 의하면 직장에서 최대한의 생산성뿐만 아니라 다양성이 인정될 수 있는 제도적 장치가 필요하며, 이 같은 법적 노력은 단지 유럽계 이민자들뿐만 아니라 아시아계를 포함한 모든 시민이 혜택을 볼 수 있도록 해야 한다. 아마도 아시아 국가들의 경제가 호주경제의 미래를 결정하는 주요 요소로 자리 잡아가는 과정에서 호주사회는 '타인'에 대한 이해의 깊이를 더함으로써, 호주의 다문화주의가 더욱 건강하게 자리 잡을 수 있는 기반이 형성되고 있을지도 모른다는 기대를 해본다.

이 글을 마치면서 염려되는 것은 호주가 '인종차별 국가'로 오해될 소지가 있다는 것이다. 앞서 언급하였듯이, 이는 이 글이 차별이라는 개념에 초점을 두고 전개되었기 때문이다. 마지막으로 강조하고 싶은 점은 호주의 다문화주의는 실천적인 면에서 나름 한계를 드러냈지만, 다른 나라의 다문화주의에 비해 상대적으로 매우 성공적이고 진취적인 특성을 가졌다는 것이 학자들의 일반적인 평가이다. 이는 무엇보다도 이민자 개인의 삶은 개인의 능력과 책임에 좌우되는 측면이 있지만, 국가가 나서서 돕고 국가의 책임을 완수할 때, 다문화주의가 국가의 정책으로서 성공적일 뿐만 아니라 개인과 국가 번영의 근간이 될 수 있다는 저변의 이해가 있기 때문이다. 호주는 이 같은 이념을 뒷받침하는 제도와 정책수립 및 집행위원회가 나름 역할을 다하고 있다고 하겠다. 예를 들면, 인종차별은 법적인 차원에서 금지 처벌되고 있다. 법적인 차원에서 다문화주의를 옹호할지라도 법과 규율을 준수해야 할 시민들이 법을 어기거나 '피상적으로' 법을 준수함으로써 다문화주의가 시민 개인들의 삶에 생활화되지 않는다면 다문화주의의 진정한 실현은 요원할 수 있다. 그뿐만 아니라 이민자 자신들도 호주사회에 깊이 융화되고 여타의 호주사람들과 공생하려는 마음가짐과 태도가 요구되는데, 다양한 문화배경과 사고방식, 그리고 천태만상의 개인의 특성이 다문화주의의 실천에 야기하는 문제가 있을 수 있음은 인간사회에서 그리 놀라운 일이 아니다.

이를 테면 근년에 유럽이 겪고 있는 문제와 유사하지만, 중동 회교권 출신 이민자들의 종교적 신념의 고수, 유지, 그리고 버카와[6] 같은 문화·종교적 옷차림이 호주사회의 기본 신념과 '상반'될 수 있다는 의견이 팽배하다. 한편으로는 국가가 그들의 문화·종교적 신념을 지켜주어야 할 책임과 더불어 호주사회의 '주류'적인 문화·종교적 신념도 계승되어야 한다는 측면도 공존한다. 여기에서 호주 정부와 시민들이 갈등하고 있는데, 이것이 호주 다문화주의가 겪고 있는 몸살이기도 하다(Sheridan, 2011). 하지만 호주사회가 그동안 정책입안과 집행에서 보여준 성숙의 정도를 감안한다면 때로 '난항'도 있겠지만,

---

6) 몸 전체를 둘러 감싸는 이슬람 여성의 의상.

결국은 '순항'하리라는 것이 필자의 전망이다.

이미 언급한 바와 같이 호주의 이민정책은 호주의 중·장기 사회, 경제, 문화 전반에 걸친 정책의 골격을 이루는 부분이다. 따라서 정치적 보수 진영은 호주의 적극적인 이민자 유입에 대하여 비판적인 의견을 꾸준히 피력하고 있다. 또한 비영어권 출신 이민자들에 대한 정책적 호의에 냉소적인 반응을 보이고 있다. 필자가 경험하고 이해하는 호주사회 역시, 적어도 소수민족을 대하는 태도에 관한 한 비교적 건전한 시민정신이 굳게 자리 잡고 있기도 하고, 때로는 이해하기 어려울 정도의 차별적 태도를 경험함으로써 필자를 혼동시키는 경우도 많았다. 그럼에도 불구하고 호주사회의 인간관계에는 상식과 논리가 비교적 강하게 작용할 뿐 아니라 대부분의 사람들이 그런 상식과 논리에 맞게 행동한다고 생각한다. 이와 같은 호주사회의 모습들이 다인종 사회로 접어든 한국사회가 어떻게 하면 빠른 시일 안에 한국의 실정과 상황에 걸맞은 다문화 사회로 탈바꿈 할 수 있는지에 시사하는 바는 매우 크다고 할 수 있다.

<h1><참고문헌></h1>

문경희. 2008. "호주 다문화주의의 정치적 동학: 민족 정체성 형성과 인종·문화 갈등." 『국제정치논총』, 48(1), pp.267-291.

이태주. 2007. "호주 다문화주의 역사와 정책 담론." 다민족·다문화사회 진전에 있어서의 사회갈등 양상과 극복과정: 호주와 일본의 사례. 한국여성정책연구원, 서울, pp.1-44.

줄리아 마티네즈(Julia Martinez). 2007. "호주 다문화 프로그램 및 갈등 조정 사례." 다민족·다문화사회 진전에 있어서의 사회갈등 양상과 극복과정: 호주와 일본의 사례, 한국여성정책연구원, 서울, pp.45-156.

Birrell, Bob, and Lesleyanne Hawthorne. 1997. *Immigrants and the Professions in Australia*. Clayton, Vic.: Centre for Population and Urban Research, Monash University.

Castles, Stephen, Mary Kalantzis, Bill Cope, and Michael Morrissey. 1990. *Mistaken Identity: Multiculturalism and the Demise of Nationalism in Australia*. Sydney: Pluto.

Castles, Stephen, and Mark J. Miller. 2009. *The Age of Migration: International Population Movements in the Modern World*. Basingstoke, England: Macmillan.

Collins, Jock. 1988. *Migrant Hands in a Distant Land: Australia's Post-war Immigration*. Pluto Press: Sydney.

Coughlan, James. 2008. "Korean-Australians: present and impending contributions to Australia's future-an outsider's perspective." *Cross-Culture: Journal of Theology & Ministerial Practice*, 1(1), pp.51-52.

Han, Gil-Soo. 1994. *Social Sources of Church Growth: Korean Churches in the Homeland and Overseas*. Lanham, MD., New York and London: University Press of America.

__________. 1996. "Korean business migrants in Australia." *Asian Migrant* 9(3), pp.80-5.

__________. 1999a. "From professional to manual workers: the immigrant life of Korean skilled/family reunion migrants in Australia." *Korean American Historical Society: Occasional Papers*, 4, pp.133-158.

__________. 1999b. "Immigrant life and work involvement: Korean men in Australia." *Journal of Intercultural Studies*, 20(1), pp.5-29.

__________. 2000a. "Grabbing 3D works: Korean men in Australia." In *Korea between Tradition and Modernity: Selected Papers from the Fourth Pacific and Asian Conference on Korean Studies.* Edited by Y.-S. Chang, D. L. Baker, N.-L. Hur and R. King. Vancouver: Institute of Asian Research, University of British Columbia.

___________. 2000b. *Health and Medicine under Capitalism: Korean Immigrants in Australia.* London & Madison, N.J.: Associated University Presses & Fairleigh Dickinson University Press.

___________. 2002. "From overt to covert racial discrimination in Australia: the experiences of Korean migrants." *Korean Social Science Journal* 9(2), pp.1-13.

___________. 2003. "The pathways of Korean migration to Australia." *Korean Social Science Journal,* 30(1), pp.31-52.

___________. 2004. "Korean Christianity in multicultural Australia: dialogical or segregating Koreans?" *Studies in World Christianity: the Edinburgh Review of Theology and Religion,* 10(1), pp.114-135.

___________. 2008. "Leaping out of the well and into the world: a reflection on the Korean community in Australia with reference to identity." *Cross-Culture: Journal of Theology & Ministerial Practice,* 1(1), pp.33-50.

___________. 2012. *Korean Diaspora and Media in Australia: In Search of Identities.* Lanham, MD., and New York: University Press of America.

Hanguk Ilbo. 1997. 2 February(a Korean ethnic newspaper published in Sydney).

Higgins, Ean, and Paul Cleary. 2011. "Multiculturalism has a long way to go." *The Australian,* 18 February 2011, p.4.

Inglis, Christine, and Reg Philps. 1995. *Teachers in the Sun: The Impact of Immigrant Teachers on the Labour Force.* Canberra: AGPS.

Kalantzis, Mary. 1990. "White Man Dreaming Drawing Australia's Cultural Boundaries, Changes in Commonwealth Immigration and Aboriginal Policies, 1945-1962." Ph.D., Macquarie University.

Kim, Sang-Soon. 2000. "Oseuteuralian deurim-eul neomeoseo(Beyond the Australian dream)." *Shin Dong-A*(December), pp.474-511.

Kymlicka, Will. 1998. *Finding Our Way.* Toronto: Oxford University Press.

Laurence, Murray. 1986. "Recently arrived professional migrants in Sydney." In *Why Don't They Ask Us? We're Not Dumb!: A Study of the Experiences of Specific Target Groups in Australia.* Edited by P. R. Shergold and L. Nicolaou. Canberra: Department of Immigration and Ethnic Affairs.

Rizvi, Fazal. 1998. "Multiculturalism in Australia: the construction and promotion of an ideology." *Journal of Education Policy,* 3(4), pp.335-50.

Sheridan, Greg. 2011. "How I lost faith in multiculturalism." *The Weekend Australian*, April 2-3, Inquirer, pp.1-2.

Stratton, Jon, and Ien Ang. 1998. "Multicultural imagined communities: cultural difference and national identity inthe USA and Australia." In *Multicultural States*. Edited by D. Bennett. London: Routledge.

기후변화와 호주의 사회·정치적 균열 [1]

박순열

1. 서론

2012년 5월 국제에너지기구에 따르면 2011년도 이산화탄소배출량은 2010년에 비해 3.2% 증가한 316억 톤으로 역대 최고치를 기록하였다. 이런 추세가 지속된다면 2050년에는 지구 평균기온이 섭씨 6도까지 올라 치명적인 결과를 낳을 것이다.[2] 기후변화에 관한 정부 간 위원회(IPCC: Intergovernmental Panel on Climate Change)에서 농경이 불가능해지고 빙하가 녹아내리는 등의 파국을 막을 수 있는 최대 증가치를 섭씨 2도로 설정한 것과 비교해 본다면 현재의 상황은 대단히 우려스러운 것이다. 기후변화의 원인이 되는 지구온난화는 일부 정치·경제세력과 소수 과학자 집단의 지속적인 부정에도 불구하고 석유·

---

1) 이 글은 『공간과 사회』 통권 41호 실린 논문을 일부 수정한 것이다.

2) 경향신문. 2012년 5월 27일자. "2050년에는 지구 평균기온 6도가량 상승."

석탄·가스와 같은 화석연료에 기반한 자본주의 정치·경제의 성공에 따른 이산화탄소 배출의 급증이라는 '인위적인 것'이다.

이러한 인위적인 기후변화는 더욱 빈번해지고 강력해진 이상기후 현상들(Climate change events)로 나타나고 있다. 또한 장기적으로는 생물종의 대량상실, 가뭄, 홍수, 기근, 물 부족 등의 생-물리적인 변화를 야기하고, 이에 따른 사회·경제적 곤란과 혼란을 가중시켜 지역·국가·세계적 수준에서의 갈등을 야기할 것이라고 예측된다. 기후변화의 원인과 그에 따른 부정적인 결과 등에 대해서는 대부분의 사람들이 동의하지만, '누가' 또 '어떻게' 완화와 감축의 비용을 지불할 것인가에 대해서는 국내적·국제적 논쟁이 지속되고 있다. 특히 온실가스 감축을 위한 저탄소 사회로의 이행에서 석유·석탄·가스·자동차 기업을 중심으로 한 탄소의존 정치경제 세력의 저항이 문제를 더욱 어렵게 만들고 있다(Neal, 2011, 204-227).

기후변화와 그 사회적 대응의 복잡성은 기후변화가 생-물리·기후적 요인들이 복잡하게 얽혀 있다는 자연과학적 '사실'에서의 복잡성과 더불어 기후변화의 원인, 효과, 대응, 비전에 대한 사회적 '담론'에서의 복잡성으로 인해 더욱 가중된다.[3] 기후변화는 지리적 위치, 기후 등과 같은 자연적인 요인과 더불어 산업구조와 사회·경제적 지위 등과 같은 사회적 요인에 따라 불균등하게 영향을 미친다. 더구나 기후변화의 대응과 비전 역시 자연적·사회적 요인에 따라 다르기 때문에 기후변화에 대한 공동의 합의와 행동을 이끌어내기는 쉽지 않다. 이는 교토의정서를 대체할 기후변화에 대한 세계적인 합의뿐 아니라

---

3) 환경문제와 환경담론의 복잡성에 대한 자세한 논의는 Dryzek(2005) 1장 참조.

개별 국가의 기후변화 정책이나 사회·정치적 대응에서도 마찬가지이다.

그럼에도 국가는 기든스가 세계적인 기후변화에 대한 정치적 해결책으로 제안한 것처럼 기후변화정책을 선도하는 사회의 여러 다양한 집단들이 충분한 역량을 발휘하도록 격려하고 자극할 수 있어야 하며, 탄소배출의 점진적 감축을 통하여 자국의 국민들뿐 아니라 다른 나라로부터 충분한 신뢰를 받는 책임국가(Ensuring state)의 책무를 수행하여야 한다. 이를 위해서는 기후변화정책이 다른 가치나 정치적 목표들과 긍정적으로 융합되어야 하고, 경제적·기술적 혁신들이 기존의 기술들에 비해서 경쟁우위를 가질 수 있도록 정치적·경제적 통합을 이루어낼 수 있어야 한다(Giddens, 2009, 18-20). 문제는 규범적으로 바람직한 것으로 제안된 책임국가, 그리고 그런 국가의 정치경제적 통합이 국내외적인 상황들에 의해 지연되고 방해받는다는 것이다.

특정 국가의 기후변화와 관련된 정책이나 사회·정치적 대응은 이상기후현상의 경험, 산업구조, 국민들의 기후변화에 대한 인식과 여론의 추이, 정치흐름 등 국가 내적인 요인들뿐 아니라, 세계 자본주의 정치경제와 국제 분업구조에서의 위치, 국제 정치환경 등 국가의 외적 요인에 의해서도 영향을 받는다. 이 논문은 기후변화와 연관된 이상기후현상의 경험, 산업구조, 기후변화에 관한 여론과 정치적 흐름 등의 국가 내적 요인들이 어떻게 특정 국가의 기후변화정책에 영향을 미치는지를 호주 사례로 살펴본다.

호주는 1998년 세계에서 첫 번째로 온실가스 감축을 전담하는 정부 기구인 Australian Greenhouse Office를 설립하였다. 그러나 2007년 정권이 교체될 때까지 하워드(수상 재임: 1996~2007년)가 이끄는 자유·국민당연합은 기후변화에 대한 국민들의 높은 관심에도 불구하고 빈번해지고 강력해진 가뭄·열대폭풍·산불(Bushfire)·폭우 등의 극단적인 이상기후현상들에 적절하게 대처하지 못하였다.[4] 뿐만 아니라 국제적으로도 미국, 캐나다와 더불어 기후변화 대응의 걸림돌로 간주되었다. 호주의 기후변화정치에서 결정적인 전환점은 2007년도 총선으로, 일부 논자들은 이 선거를 '세계 첫 번째의 기후변화 선거'라 부른다(Julian, 2007). 2007년 선거에서 기후변화 대처방안은 'Work Choices'로 대표되는 노사관계 문제와 더불어 핵심 이슈였다.[5] 선거결과는 국내외적으로 기후변화에 대한 적극적 대응을 주장한 러드(Kevin Rudd, 수상 재임: 2007~2010년)가 이끄는 호주 노동당(Australian Labor Party, ALP)의 대승리였다.[6] 러드 수상이 첫 번째 대외활동으로 교토의정서를 비준할 만큼 호주는 기후변화에서 '책임국가'로의 전환기를 맞이하는 것으로 보였다. 그러나 러드 수상의 기후변화대응정책인 탄소감축기획(Carbon Pollution Reduction Scheme, CPRS)은 비우호적인 국내외적 여건으로 지연되고 굴절되었다. 이후 노동당은 기후변화 대응책을 포함한 러드 수상의 리더십에 대한 당내 반발로 2010년 6월 길러드(Julia Gillard, 수상 재임: 2010~2012년 7월 현재)가 수상이 되어 선거를 이끌었으나 패배하였다. 선거결과 1940년 이후의 첫 번째 소수정부(Hung parliament)를 가까스로 구성하였다.[7] 이후 길러드 수상의 주

---

4) 호주의 자유·국민당연합은 Liberal Party of Australia, Liberal National Party of Queensland, National Party of Australia, 그리고 Country Liberal Party로 구성되어 있다.

5) Work Choices는 1996년 도입된 The Workplace Relations Act를 개정하여 2006년부터 시행하고 있는 Workplace Relations Amendment Act를 의미한다.

6) 2007년 선거결과 노동당은 60석에서 23석 늘어난 83석을, 자유·국민당연합은 87석에서 22석 줄어든 65석을 획득하였고, 무소속은 3명에서 2명으로 줄었다.

7) 2010년 선거 결과 하원 150석 가운데 노동당과 자유·국민당연합은 동일하게 72석을 획득하였다. 그러나 길러드의 노동당은 무소속과 호주녹색당과의 연합으로 76석을 확보하고, 자유·민족 연합이 74석을 확보함으로써 노동당 중심의 소수정부(Hung parliament)가 구성되었다.

도로 2012년 7월 1일부터 실시되는 탄소배출권 거래제를 포함한 청정에너지법(Clean Energy Bill)이 2011년 11월 상원을 통과하였지만, 내용에서는 2007년도 러드 수상이 제안한 CPRS에 비해 크게 완화된 것이다. 2007년도 선거에 패배하여 야당이 된 자유·국민당연합은 애봇(Tony Abbott, 당수 재임: 2009년 12월~2012년 12월 현재)이 당수가 되기까지 넬슨(Brendan Nelson, 당수 재임: 2007년 12월~2008년 9월), 턴벌(Malcolm Turnbull, 당수 재임: 2008년 9월~2009년 12월)로 지도부가 교체되는 내홍을 겪었다. 당수 교체의 핵심 사안은 기후변화 대응책이었다.

2007년의 정권교체, 야당 당수의 연이은 교체, 새로운 수상의 등장과 실각, 2010년 선거에서 노동당의 패배에 보여주는 것처럼 기후변화는 호주의 정치체계를 급격하게 재배치하고(Glover, 2010, 156-158), 그 과정에서 호주의 기후변화정책은 굴절되고 지연되어 왔다. 본 논문은 호주의 기후변화정책의 굴절과 지연을 풍부한 천연자원과 화석연료에 의존하는 산업구조, 기후변화에 취약한 자연적 특징, 기후변화에 대한 여론의 부침(浮沈), 그리고 기후변화에 대한 적극적인 대응을 거부하는 언론과 탄소정치경제 세력의 저항을 중심으로 살펴본다.

2. Too Much Luck[8]

2012년 5월 OECD는 각국의 주거, 소득, 고용, 공동체, 교육, 환경, 시민참여, 건강, 삶의 만족도, 안전, 일과 생활의 균형 등 11개 항목을

---

8) 'Too Much Luck'은 Paul Cleary가 2011년 출판한 *Too Much Luck: The Mining Boom and Australia Future*에서 따온 것이다. 이 책에서 Cleary는 장기적인 생태·사회·재정적 결과를 고려하지 않고, 단기적인 광산업자의 이익을 극대화하는 방향으로 이루어지고 있는 호주 광산 붐의 문제점과 대안을 설득력 있게 주장하고 있다.

분석한 '행복지수(The Better Life Index)'를 발표하였다. 호주는 36개국 가운데 1위로서 예상 수명은 82세로 OECD 평균치보다 2년이 많고, 국민의 유급 일자리 비율도 72%로 OECD 평균보다 높았다.[9] 이는 호주가 2000~2009년 기간 내 연평균 3%대의 성장률을 기록하며, 선진국 중 유일하게 경기침체를 겪지 않고 꾸준히 성장하였기 때문이다. 호주는 급성장하는 중국과 인도에 대한 자원수출, 시장의 구조적 유연성, 특히 금융과 노동시장의 유연성과 결합된 적절한 거시경제정책 등에 힘입어 OECD 국가들 가운데 2008년의 금융위기에 가장 잘 대처하고 빠르게 회복된 국가로 평가된다(OECD, 2010, 8). 특히, 호주의 풍부한 천연자원과 광업은 세계금융위기에도 불구하고 가장 개방적이고 유연한 경제를 유지하는 핵심적인 요인으로 지적된다(Economist, 2011).

2011년도 기준으로 호주의 GDP는 세계 13위인 1조 4,882억 미국달러, 1인당 GDP는 세계 6위인 6만 5,477미국달러이다(IMF, 2012).[10] 2009년도 기준으로 산업은 서비스업이 73.3%, 제조업이 10.1%, 그리고 농림수산업과 광업이 8.6%이다(OECD, 2010, 7). 호주의 광업은 전체 노동력의 약 1.3%인 12만 9천 명을 고용하고 GDP의 약 5.6%를 차지하고 있으나, 호주 전체 수출의 35%를 담당하고 있다.[11] 석탄의 경우 세계 최대 수출국으로서 국제무역의 35%에 해당하고, 철광석, 납, 다이아몬드, 우라늄, 금 등도 주요 생산국일 정도로 천연자원이 풍부하다.[12] 풍부한 천연자원과 광업에 의존하는 호주경제는 중국, 인도

---

9) 연합뉴스, 2012년 5월 23일자. "호주, 세계 최고 행복국가".

10) 본 논문에서 사용하는 '달러'는 특별한 설명이 없는 경우 호주달러(AUD)를 의미한다.

11) 자료는 호주통계청 웹사이트(http://www.abs.gov.au/ 2012년 5월 21일 접속). 호주와 비슷하게 세계적인 기후변화 대응에서 걸림돌로 간주되는 캐나다와 노르웨이도 수출에서 광업이 차지하는 비중이 대단히 높다. 캐나다의 경우 광업은 GDP의 3.6%이지만 수출은 32%이고, 노르웨이는 석유산업이 GDP의 19%이나, 수출의 46%를 차지하고 있다.

등의 성장국가들로의 원자재 수출로 세계적인 경제위기 상황에도 지속적으로 성장하였다. 그러나 풍부한 천연자원과 높은 광업 의존 경제는 값싼 화석연료에 의존하는 호주의 정치·경제 패턴을 지속시킨다. 정치·사회적으로는 "호주의 정치문화가 광업의 이해관계에 사로잡혀 채굴장 비전에 지배되는 상황을 만들어내고, 광업부문에 종사하는 노동자의 고용은 탄소감축정책을 약화시키는 중요한 명분(Tomaney and Somerville, 2010, 30)"으로 활용된다. 또한 동시에 이산화탄소 배출량 감축시도를 지연시킨다.

[표 1] 부문별 이산화탄소 배출량(2001~2011)

(단위: Mt CO_2-e)

연도	에너지				산업 공정	농업	폐기물	총량[**]
	고정형 에너지	전력	수송	탈루성 배출[*]				
2001	371.2				27.3	93.7	15.0	507.2
	76.1	184.5	74.6	36.0				
2011	421.2				32.6	78.1	14.2	546.1
	96.5	194.5	87.6	42.6				

[*] 탈루성 배출(Fugitive emissions)은 물리적으로는 통제되지 않으나 의도적 또는 비의도적으로 온실가스 방출을 가져오는 배출량으로 일반적으로 생산, 수송, 저장과정 및 연료와 기타 화학물질의 사용으로 인해 발생하며 연결부위, 밀봉부위, 패킹, 개스킷 등에서 주로 발생한다.

[**] 온실배스가스 총량은 토지이용·변화 및 임업에 따른 온실가스 배출량을 의미하는 LULUCF(Land Use, Land Use Change, Forestry)를 제외한 수치임.

자료: Quarterly Update of Australia's National Greenhouse Gas Inventory(2011)

세계 최대 석탄 수출국인 호주는 2011년도에 총 405MT의 석탄을 생산하였다. 생산된 석탄의 54%가량이 전력생산에 사용되어 전력의 80% 정도를

---

12) 호주의 석탄 수출은 일본(39.3%)에 115.3MT, 중국에 42.4MT, 한국에 40.7MT, 인도에 31.92MT, 타이완 26.53MT로 아시아 5개국의 수출물량이 전체의 88%에 이른다(http://www.australiancoal.com.au/exports.html 2012년 6월 20일 접속).

차지하였다.[13] 2011년도의 에너지원별 전력생산은 흑탄이 53%(108,374.1GWh), 갈탄이 27%(54,672.4GWh), 가스는 11%(23,057.5GWh), 수력이 6%(12,856.7GWh)이고, 기타 재생에너지가 3%(6,656.4GWh)로서 석탄의 비중이 절대적이다(DCCFE, 2011). 전력생산의 높은 석탄의존은 다량의 온실가스 배출로 이어지는데, 내수용 석탄생산과 석탄을 이용한 전력생산이 온실가스 배출의 42%를 차지하고, 전력생산으로 인한 온실가스 배출량은 2011년도의 경우 전체 온실가스 배출의 35.6%인 194.5MT에 이른다(DCCFE, 2012, 7). 이 때문에 호주는 2011년도에는 세계에서 네 번째로 많은 546MT 이상의 이산화탄소를 배출하였다. 1인당 배출량으로 보면 24.3톤으로 미국보다도 높다(Cubby, 2012a).[14]

많은 이산화탄소배출량 때문에 호주는 교토협약에서 부속국가I 그룹으로 분류되었지만, 에너지생산에서 높은 화석연료 의존도, 여섯 번째로 넓은 영토에서 기인하는 수송·교통의 측면, OECD 평균을 넘는 인구성장, 토지사용 유형의 지속적인 변화, 수출기반경제, 동아시아 성장국가들과의 강한 무역관계 등(Crowley, 2007, 120-121)을 이유로 2012년까지 의무감축국에서 예외로 지정되었다. 그러나 풍부한 천연자원, 높은 자원수출의존형 경제, 그리고 많은 온실가스 배출은 생태적·지리적으로 취약한 호주에 치명적인 영향을 미친다. 호주는 1990년 이후 고온건조한 기후로 인해 가뭄·폭염·사막화·산불 등이 빈번하게 발생하고, 그에 따른 심각한 사회·경제적 곤란에 처하였다. 특히 2009년도 세계 기후위험지수(Global Climate Risk Index)는

---

13) 주요 지역별로 살펴보면 뉴사우스웨일스(New South Wales, NSW)가 157.4MT, 퀸즐랜드(Queensland, QLD)가 157.3MT, 빅토리아(Victoria, VIC)가 117.9MT이다.

14) 2005년도 경우에는 전체 배출량에서 15위이고, 1인당 배출량에서 27.3톤으로 1위를 기록하였다.

13.17로 세계 6위를 기록하였는데, 572명의 사망자 대부분은 폭염 때문이었다(Harmeling, 2011).[15]

2008년도의 여론조사에 따르면 대부분의 사람들이 호주 전역에 영향을 미친 2000년 이후의 대가뭄이 기후변화 때문이라고 보고 있다(Pietsch and McAllister, 2011, 218). 온실가스 감축이 제대로 이루어지지 않는다면, 머레이―달링 강 유역(Murray-Darling Basin, MDB)의 농업생산물이 92%까지 줄어들고, 대산호초(Great Barrier Reef)의 파국적 훼손이 일어날 것(Garnaut, 2008)이라고 예상된다. 또한 호주경제의 31%를 차지하는 뉴사우스웨일스(주도 시드니)의 경우 금세기 말에는 해수면이 1.1m 상승하여 4만~6만여 채의 집과 250여 km^2의 도로가 침수될 것으로 예상된다(Garnaut, 2011).

그럼에도 호주는 2012년 OECD 19개 나라를 대상으로 평가한 저탄소경제에 대한 대응력이 매우 취약한 16위(1995년에는 12위)이다. 이는 무엇보다도 석탄의존적인 전력생산, 비효율적인 기름 사용, 높은 탈산림화, 저부가가치와 낮은 기술에 의존하는 자원개발에 의존하는 수출이 핵심요인으로 지적된다(Morton, 2012). 가너 리뷰(The Garnaut Climate Change Review, 2008)에 따르면 호주가 온실가스 배출을 감축시키고 적절한 기후변화 대응책을 만들어가는 데 처음 몇 년은 120억에서 130억 달러의 비용이 들지만, 21세기 중반부터는 매년 10억에서 20억 달러의 비용이 들어간다. 기후변화 완화에 이렇게 들어가는 비

---

15) 세계기후위험지수(Global Climate Risk Index)는 극단적인 이상기후 현상의 영향을 보여주는 것으로서 미래에 더 자주 또 심각하게 발생할 수 있는 사건을 준비해야 하는 경고의 의미를 갖는다. 세계기후위험지수 1위는 위험지수 4.33을 기록한 엘살바도르이고, 한국은 위험지수 81.83으로 105위이다. 지난 20년(1991~2010)의 평균 수치로는 CRI가 54.50로 44위, 사망자평균은 45.7명이다. 가장 취약한 국가는 방글라데시로서 CRI 8.17이고, 사망자는 연평균 7,814.35명이다.

용이 현 상태를 유지하는 것과 비교하면 훨씬 낮다는 것이다. 물론 비용이 사회적으로 불균등하게 배분되고, 무역과 배출집중 산업종사자, 저소득 가계는 상당한 영향을 받을 것이다. 또한 석탄, 철강, 알루미늄 산업의 일자리가 줄어들 것이 분명하지만, 연방정부가 의료에 430억 달러, 교육에 180억 달러를 지출한다는 것을 고려한다면 그렇게 많은 비용이 아닐 수 있다(Hetherington and Soutphommasane, 2010, 3-5).

그러나 2007년 정권교체 이전까지 호주 정부는 교토의정서의 비준을 거부하고, 또 국내적으로 뚜렷한 기후변화 대응책을 제시하지 못한 상황이었다. 이 때문에 2007년 총선에서 승리한 노동당 정부의 러드 수상은 교토의정서를 비준하면서, 2050년까지 2000년 기준으로 60%까지 탄소배출량을 감축하겠다고 선언하고, 2010년까지 탄소배출권거래제 도입을 주장하였다.

3. 일상화된 이상기후현상

지구온난화로 지난 100년간 지구의 표면온도가 섭씨 0.7도 증가한 것에 비해 호주는 1910년을 기준으로 섭씨 1도가 증가하였는데, 1980년대 이후 그 상승속도가 지속되고 있다[그림 1]. 상승한 기온이 어떤 영향을 미칠지 정확하게 예측하기는 어렵지만, 현재의 추세가 지속된다면 2030년이면 호주는 또다시 섭씨 1도 이상 증가할 것으로 예측된다. 가뭄은 20% 이상 증가하고, 고온과 심각한 산불의 가능성이 25% 증가할 것이다. 도시에 물 제한이 이뤄지고 농업도 위협에 처할 것이다.[16] 실제로 호주는 2000년 이후 10여 년 지속된 역사상 최악의 대가뭄을 겪었고, 폭염, 산불, 열대폭풍, 홍수 등이 더욱 빈번해지고 있다.

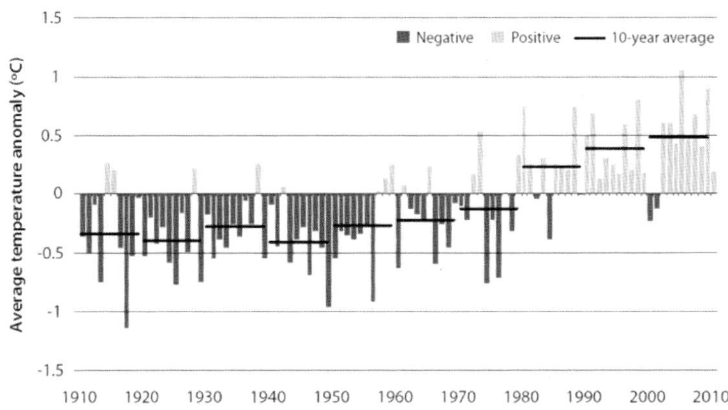

Note: The data show temperature difference from the 1961-90 average.
자료: Bureau of Meteorology Time Series Data(2011)

[그림 1] 호주의 연평균 기온 변화

2012년 5월의 시드니는 153년 만에 가장 건조한 가을이었다. 기온은 평균보다 2.7도가 높은 섭씨 22도를 기록했고, 건조하고 맑은 날씨의 연속이었다(Murphy and McNeilage, 2012). 덥고 건조한 날씨와 그에 따른 가뭄과 물 부족은 호주가 오랫동안 씨름해온 핵심적인 환경문제이다. 호주는 대륙 중간에 이용 가능한 강과 수원지가 거의 없기 때문에, 인구의 80%가 해안으로부터 50km 이내에 거주하고 있다. 호주에서 심각한 가뭄은 연방 대가뭄(The Federation Drought: 1895~1903)[17], 2차 세계대전 기간(1939~1945), 그리고 새천년 대가뭄(The Millennium Drought: 2001~2010)이다. 새천년 대가뭄은 2001년에 시작하여 2006~7년의 정점을 거쳐 2010년 하반기에서야 끝났는데, 퀸즐랜드에서 남호주를 포함한

---

16) http://www.climatechange.gov.au/en/climate-change/impacts.aspx

17) 1895년부터 1903년까지 지속된 대가뭄에 대한 효율적인 대응방안을 모색이 연방정부 수립(1901년)의 중요한 계기 가운데 하나였다.

호주 대륙의 중동부에서부터 남서쪽 전역에 영향을 미쳤다.

가뭄의 영향은 머레이-달링 강 유역에서 두드러졌다[그림 2]. 머레이-달링 강 유역은 퀸즐랜드(QLD), 뉴사우스웨일스(NSW), 남호주(South Australia, SA), 빅토리아(VIC), 호주수도특별자치구(ACT: Australian Capital Territory)의 주요 도시들인 시드니(Sydney), 멜버른(Melbourne), 애들레이드(Adelaide), 캔버라(Canberra)를 포함한 호주 동부, 동남부, 남부 지역을 포괄하는 광대한 영역으로 호주 개간지의 65%, 전체 농산물의 40%를 차지한다.[18] 가뭄으로 해당 유역의 수량이 급격하게 감소하고, 느린 유속 때문에 수질오염도 더욱 악화되었다. 부족하고, 또 오염된 물은 물 사용과 관리를 둘러싼 주정부 간, 주정부와 연방정부 간의 심각한 갈등으로 이어졌다. 머레이-달링 유역은 실제로 누가 어느 정도나 물을 사용할 수 있는지, 어떤 주, 지역, 산업, 작물에 어느 정도의 물을 배분할 것인지, 또 강과 하천의 생태적 유지를 위해 필요한 최소치는 얼마나 되는지, 가뭄으로 인해 발생한 농업과 농촌공동체의 피해와 관광, 지역생태계 등에 미친 영향을 둘러싸고 사회적 갈등이 지속되었다(Lloyd, 2010). 원활한 물의 사용과 관리, 이와 연관된 도시와 농촌공동체의 대응, 농촌·농업의 구조조정, 주정부와 연방정부 간의 협력 방안 등을 협의하고 조정하기 위해 The Murray-Darling Basin Commission(MDBC)이 설립되었다.[19] 그러나 2006년 11월, MDBC 위원장(D. Dreverman)이 당시 하워드 수상에게 천년 빈도의 가장 심각한 가뭄이고, 지구온난

---

18) 머레이(Murray) 강은 2,995km이고, 달링(Darling) 강은 1,472km이다.

19) 위원회는 1992년 Murray-Darling Basin Agreement에 근거해서 만들어졌으며, 기원은 1915년에 체결된 the River Murray Waters Agreement까지 거슬러간다. 2008년 12월 1일부터 The Murray Darling Basin Authority로 바뀌었다. 머레이-달링 유역의 거버넌스 체계의 변화와 구체적인 내용은 MDB Commission(http://www2.mdbc.gov.au/), MDB Authority(http://www.mdba.gov.au/) 홈페이지 참조.

화와 연관된 것이라고 주장하였지만, 하워드는 그 어느 것에도 동의하지 않았다. 뉴사우스웨일스, 빅토리아, 남호주, 퀸즐랜드 주 수상들이 모여서 대책을 강구하였지만 구체적인 성과를 만들어내지도 못하였다(AAP, 2006).

대가뭄에 대한 사회정치적 대응에서 주목할 만한 점은 농부들처럼 치명적인 영향을 받는 사람들이 대가뭄과 같은 이상기후 현상을 탄소기반경제의 가능한 결과로 보는 것이 아니라 개인적인 문제로 간주한

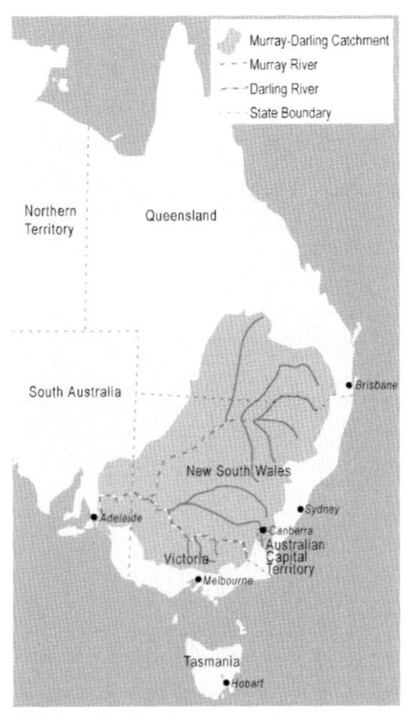

[그림 2] 머레이-달링 강 유역도

다는 것이다(Alston & Whittenbury, 2011, 900). 이는 연방정부가 기후변화 관련 정책을 충분한 검토 없이 성급하게 도입하고, 기후변화와 그 대책으로부터 영향을 받는 사람들의 참여나, 사회·경제적 결과에 충분한 관심을 기울이지 않았기 때문이다. 대표적인 사례로 호주 정부가 물 사용의 우선권을 농장과 농촌공동체가 아니라 환경과 도시에 부여함으로써 농촌공동체의 복원력(Resilience)과 적응능력의 쇠퇴를 야기한 것을 꼽을 수 있다(Alston, 2010). 특히 관개농업이 치명적인 영향을 입었는데, 농부들은 면허를 지녀야만 강으로부터 물을 끌어 쓸 수 있는데, 작물에 따라 설정된 물 할당량이 다르고, 끌어 쓴 물의 양이 아니라 면허 자체에 세금이 매겨졌기 때문에 농촌공동체의 저항이 더욱 거셌다(Alston & Whittenbury, 2011, 901).

　호주 대륙 전체를 뜨겁고 건조하게 만들어 물 부족을 초래한 새천년 대가뭄은 라니냐(La Nina)[20]의 등장으로 해소되었다.[21] 그러나 라니냐는 2011년 2월, 퀸즐랜드 주에서는 한반도의 6배가 넘는 지역에 홍수를 야기한 태풍 야시(cyclone Yasi)를 수반하였다. 주정부와 연방정부가 군까지 동원하여 대처하였으나 천문학적 피해에서 벗어날 수는 없었다. 엄청난 재난지역의 복구경비를 감당할 수 없는 연방정부가 야당의 반대에도 불구하고 한시적으로 홍수세(Flood levy)까지 도입하였다.[22] 최근의 호주를 강타한 열대태풍(cyclone)은 야시(Yasi, 퀸즐랜드, 2011년 2월, 피해액: 9,600만 달러), 조지(George, 서호주, 2007년 3월, 피해액: 800만 달러), 래리(Larry, 퀸즐랜드, 2006년 3월, 30명 사망, 피해액 5,400만 달러) 등이다. 열대태풍과 더불어 홍수 또한 빈번하게 발생하고 있는데, 빅토리아 주(2011년 1월, 피해액 1억 1,400만 달러), 뉴사우스웨일스와 ACT(2012년 1월, 3명 부상, 피해액 1억 800만 달러), 퀸즐랜드(2012년 1월과 3월, 2명 사망, 피해액 1억 2,400만 달러; 2010년 11월~2011년 1월, 37명 부상, 피해액 23억 달러) 등으로 호주 대륙의 동부해안을 따라 지속적으로 발생하고 있다.[23]

---

20) 엘니뇨와 반대현상을 보이는 라니냐 현상은 동태평양의 해수면 온도가 5개월 이상 평년보다 0.5도 이상 낮아지는 것으로서, 호주, 파푸아뉴기니(PNG), 인도네시아 등지에 더 많은 구름이 유입되어 폭우를 야기한다. 엘니뇨(El Nino)와 라니냐는 일정한 주기를 보이는데, 엘니뇨가 지배적인 기간에는 호주에 극심한 가뭄이, 그 반대의 경우에는 폭우와 홍수가 나타난다. 문제는 주기적인 이 현상이 기후변화와 연관되어 더욱 강해짐으로써 호주에 가뭄, 폭우, 홍수가 더욱 심각하게 나타난다는 것이다.

21) 2012년 4월 연방농업장관이 공식적으로 호주에는 더 이상 가뭄지역이 존재하지 않는다고 발표하였다. 연방정부의 공식적인 가뭄해소 선언은 오랜 가뭄 때문에 농업에 취해졌던 낮은 이자율, 농장과 중소사업체에 지급한 연방보조금을 포함한 혜택이 중단된다는 것을 의미한다. 실제로 호주 정부는 2010년 9월까지 45억 달러의 보조금을 농장과 중소사업체에 지급하였는데, 이런 혜택 중단은 아직 충분히 회복되지 않은 농업과 농촌공동체에 또 다른 위기를 야기한다는 우려를 낳았다(Howden, 2012a; 2012b).

22) 홍수세는 태풍 야시의 피해를 입은 공동체의 복구지원을 위해 연방정부가 Temporary Flood and Cyclone Reconstruction Levy(The flood levy)라는 이름으로 도입하였다. 2011년 7월 1일부터 2012년 6월 30일까지의 한시적인 세금으로 5만 달러 이상의 소득에 한하여 부과하였다. 자세한 내용은 http://www.ato.gov.au/content/00276059.htm 참조.

23) 열대태풍, 홍수, 폭염, 산불에 관한 자세한 내용은 호주 정부 재난지원 웹사이트(Australian Government

폭염도 반복적으로 나타나고 있는데, 남호주와 빅토리아 주에서 2011년 12월과 1월 사이에 45명이 사망하였고, 2009년 1월에는 374명이 사망하였다. 최근 호주가 경험한 최악의 자연재난은 '검은 토요일(Black Saturday)'로 불리는 산불(bush fire)이다. 빅토리아 주에서 2009년 2월 7일과 8일 이틀간 발생한 산불로 173명이 사망하고, 414명이 부상을 입었다. 피해액은 약 10억 달러에 이른다. 2010년 이후 사상자가 발생한 산불만 해도 서호주(2011년 5월, 12명 부상, 피해액 3,500만 달러; 2007년 12월~2008년 1월, 3명 사망), 빅토리아(2006년 12월~2007년 1월, 1명 사망, 1,400명 부상, 피해액 1,400만 달러; 2005년 12월~2006년 1월, 4명 사망, 6명 부상, 피해액 2,200만 달러), 남호주(2005년 1월, 9명 사망, 110명 부상, 피해액 2,700만 달러), ACT(2003년 1월, 4명 사망, 492명 부상, 피해액 3억 5천만 달러) 등 호주의 동부와 남부 해안을 따라 전역에서 발생하고 있다.

이처럼 빈번하고 강력해진, 대가뭄·폭염·산불·폭우·열대태풍은 기후변화와 직접적인 인과 관계를 주장하기는 어렵지만 지구온난화에 따른 예측된 영향과 일치한다고 할 수 있다(Garnaut, 2011, xi). 기후변화는 한편으로는 세계적인 현상이지만, 그와 동시에 고온건조한 기후와 취약하고 민감한 자연생태계를 충분히 고려하지 않은 무분별한 개간과 관개, 도시로의 인구 급증 때문에 야기되었음을 부정할 수 없다. 기후변화와 연관된 일상화된 자연재난, 토양 악화와 사막화, 생물종 다양성 상실 등과 같은 환경문제는 호주의 사회정치적인 균열과 대립을 낳고, 바로 그 때문에 환경문제에 대한 시민들의 반응 또

한 상이하게 나타난다. 그 결과 지난 10여 년간 호주에서 기후변화를 둘러싼 이해관계의 대립과 조정의 문제는 정권교체뿐 아니라 정당 수뇌부 교체에도 결정적인 영향을 미쳤다.

4. 기후변화 여론의 부침과 '경제적 광기'

호주가 경험하는 일상화된 이상기후 현상과 시민들의 높은 관심에도 불구하고 하워드가 이끄는 자유·국민당연합 정부는 기후변화에 대한 적절한 국내외적 대응을 취하지 않았다. 이 때문에 기후변화에 대한 호주의 대응방식은 2007년 선거의 핵심 의제 가운데 하나로 부상하였다. 또한 2010년 선거 역시 길러드가 이끄는 노동당 정부의 기후변화 대응이 핵심적인 사안이었다. 기후변화에 대한 시민의 관심은 2007년에는 고용과 함께 가장 중요한 사안이었으나, 시간이 경과하면서 급격히 그 중요도가 낮아졌다. 기후변화와 고용의 중요성을 비교한 자료 [표 2]에 따르면 2007년도에는 기후변화가 고용만큼 중요하였으나, 2011년에는 고용의 중요성(81%)과 비교하였을 때 기후변화 대처의 중요성(46%)은 현격하게 감소하였음을 알 수 있다.

[표 2] 연도별 기후변화와 고용의 중요성 추이

범주	2007	2008	2009	2010	2011
Tackling climate change	75%	66%	56%	53%	46%
Protecting the jobs of Australian workers	75%	79%	80%	79%	81%

자료: Hanson(2011, 18)

2007~2008년 기후변화에 대한 호주인들의 높은 관심은 2006년 영

화 <불편한 진실>의 상영, 앨 고어의 2007년 9월 호주 방문, 스턴(Sir. Nicholas Stern) 보고서 출간, IPCC 4차 보고서 발간 등과 더불어 2000년 이후 지속된 극심한 가뭄, 산불, 홍수, 열대태풍 등의 이상기후현상이라는 구체적인 경험이 보다 세계적이고 추상적인 기후변화를 현실의 문제로 받아들이도록 하였기 때문이다.[24] 그러나 시간이 흐르면서 사람들의 관심은 식, 건강, 개인의 경제적 안녕, 사회복지 등에 관한 것으로 급격하게 이동하였다. 반면 환경, 세계적 안보, 지구적 문제 등에 대한 관심은 현저하게 줄었다. 특히 환경지속가능성에 대한 관심의 감소가 두드러지는데, 산업오염, 기후변화, 재생에너지, 에너지 자원고갈에 대한 관심은 2007년과 비교하였을 때 매우 낮고, 벌목과 서식지 파괴만이 25위 안에 들어 있다(Devinney 외, 2012).

[표 3] 호주인의 가치 변화

범주	2007	2011	변동폭
Food and Health	64%[*]	72%	+8
Local Crime and Public Safety	68%	67%	-1
Rights to Basic Services	66%	65%	-1
Civil and Personal Liberties	57%	60%	+3
Equality of Opportunities	54%	57%	+3
Individual Economic Well-Being	51%	56%	+5
Worker/Employment Rights	58%	55%	-3
Societal Economic Well-Being	43%	46%	+3
Global Security	42%	46%	+4
Societal Social Well-Being	43%	46%	+3
Global Economic Well-Being	44%	45%	+1

---

24) 구체적인 이상기후현상은 사람들의 기후변화인식을 바꾸는 계기가 될 수 있는데, 미국의 경우에는 2012년 6~7월 워싱턴을 포함하여 미국 동북부지역에서 발생한 폭염과 산불로 기후변화에 회의적인 미국인들의 기후변화 인식이 바뀌어 가고 있다(Sydney Morning Herald, 2012년 7월 10일자 "Heatwave in the US turns climate sceptics").

Depletion of Energy/Resources	33.38%(25)[**]	32.05%(31)	
Animal Welfare	42%	41%	-1
Global Social Well-Being	42%	38%	-4
Minority Rights	31%	32%	+1
Commercial Rights	22%	23%	+1
Environmental Sustainability	64%	53%	-11
Deforestation and Habitat Destruction	38.48%(13)	33.54%(24)	
Industrial Pollution	42.15%(5)	32.16%(30)	
Alternative Energy generation	41.21%(8)	29.46%(41)	
Recycling of Materials	30.62%(34)	27.99%(43)	
Climate Change	38.56%(12)	25.45%(51)	
Biodegradability of Materials and products	21.65%(70)	23.32%(64)	
Loss of Biodiversity	20.44%(74)	21.91%(74)	
Personal Pollution	20.47%(73)	15.01%(89)	
Ancillary Pollution	29.98%(40)	14.90%(90)	

[*] %는 중요성을 의미 100%에 가까울수록 중요
[**] 순위는 113개 항목 가운데서 중요한 정도로 1에 가까울수록 중요함

자료: Devinney 외(2012, 48-54)에서 재구성

2009년도의 최악의 빅토리아의 산불, 시드니의 먼지 폭풍, 2010~11년의 퀸즐랜드를 포함한 중동부 해안지역의 폭우, 홍수와 같은 이상기후와 연관된 자연재난(Natural disaster)에도 불구하고 사람들의 기후변화와 환경문제에 대한 관심이 현저하게 떨어진 것은 무엇보다도 환경이슈가 일상화(Routinization)되었기 때문이다. 환경이슈의 일상화는 정치적 행위가 비전통적인 형태에서 주류적 형태로 바뀌고 혁신적이었던 이슈 또한 기존 제도로 흡수되는 것을 의미한다(Tranter, 2011, 80). 다음으로는 연방정부의 기후변화 대응정책의 미숙함이다. 이는 노동당 정부의 기후변화 정책에 39%가 아주 못함, 36%는 못함, 20%가 잘함, 그리고 3%만이 매우 잘한다고 응답함으로써 정부정책에 부

정적인 의견이 더 지배적이라는 점에서 잘 나타난다(Hanson, 2011, 8). 기후변화에 관한 인식의 급격한 부침에 영향을 미치는 마지막 요인은 기후변화 대응에 부정적인 호주의 언론이다. 호주는 대단히 민주적인 국가임에도 불구하고, '정보자유를 위한 국경 없는 기자'에서 발표한 언론자유지수(Press freedom index 2011~2012)는 30위에 해당한다.[25] 이는 무엇보다도 언론의 다양성 부재 때문이라고 지적된다. 호주 언론의 가장 두드러진 특징은 TV방송의 이중체계와 언론의 소유권 집중이라 할 수 있는데(Jones & Pusey, 2008), 언론의 소유권 집중이 언론자유에 부정적인 효과를 가짐을 의미한다.[26]

호주언론은 Fairfax Media[27]와 News Corporation으로 양분되어 있다. Fairfax Media는 2007년 9월 Rural Press와 합병하여 자산규모 90억 달러의 거대 미디어 그룹으로 재탄생했다.[28]이 합병으로 Fairfax Media는 Sydney Morning Herald와 The Australian Financial Review, The Age, The Rural Press 등의 170개 지역과 대도시 신문, 60개의 농업출판물, 그리고 The Canberra Times를 소유하게 되었다.[29] Fairfax Media의 경우, 세계적인 기후변화 협상을 지지하고 호주 정부가 보다 적극적으로 기후변화 대응책을 모색하도록 주장하였다. 그러나 2012년 서호주의 전설적인

---

25) 이 조사에서 한국이 44위이고, 호주의 경우 2004년도에는 41위였다는 점을 감한하다면 호주언론의 상태를 추론할 수 있다. '정보자유를 위한 국경 없는 기자회'의 Press Freedom Index 2011/2012의 홈페이지 http://en.rsf.org/spip. php?page=classement&id_rubrique=1043 참조.

26) 호주의 방송국은 공영방송인 The Australian Broadcasting Corporation(ABC)과 the Special Broadcasting Service(SBS)와 나머지 상업방송국으로 분류된다.

27) Fairfax Media는 John Fairfax가 1841년 Sydney Morning Herald를 인수하면서 설립되었다.

28) Fairfax Media는 National Dailies(2개), Metro Dailies(4개), Regional Publications(6개), NSW Communities(12개), VIC Communities(25개), Magazines(21개), Financial Review Group online(7개), Fairfax digital(1개)을 소유하거나 제휴하고 있다. 자세한 내용은 http://www.adcentre.com.au/ 참조.

29) The Age 2007년 5월 9일자.

광산거물로 알려진 핸콕(L. Hancock)의 딸인 라인하트(Gina Rinehart)의 Hancock Prospecting이 Fairfax Media 지분의 10%를 인수하면서 Sydney Morning Herald나 The Age 등의 논조가 News Corporation과 유사해질 것이라는 우려가 제기되고 있다. 라인하트는 공개적인 기후변화 회의론자로서 2011년에는 세계적인 기후변화 회의론자이자 영국의원인 몽크톤(Christopher Walter Monckton)의 호주 방문을 지원하였다. 라인하트는 서호주가 호주연방으로부터 탈퇴하는 것을 지지하고, 호주 북서해안에 항구를 만들기 위해 원자폭탄을 사용하는 것도 검토하기도 했다. 그녀는 호주의 미래는 제조업이 아니라 중국에 더 많은 자원을 공급하는 광업에 달려 있다고 믿기 때문에 호주 정부가 자원부문에 더 많은 관심을 기울이도록 하기 위해 Fairfax Media의 지분을 획득했다고 밝혔다(Rourke, 2012).

Fairfax Media 계열이 기후변화 대응에 상대적으로 적극적인 것에 비해 세계적인 언론재벌인 머독(R. Murdoch)의 News Corporation은 기후변화에 대한 거부와 회의적 입장을 강하게 표출하고 있다.[30] News Corporation 계열이면서, 호주 유일의 전국적 일간지인 The Australian은 시장근본주의, 기후변화에 대한 최소대응, 호주 원주민 문제에 대한 연방정부의 최소개입, 이슬라엘 문제에 있어서 미국에 대한 무조건적인 지지, 정치적·도덕적 상대주의에 대한 거부, 그들이 좌파라 간주하는 ABC와 Fairfax에 대한 지속저인 폄하로 잘 알려져 있다. 호주에서 기후변화부정기계(Climate change denial machine)의 핵심으로 간주되는

---

30) 머독의 News Corporation은 The Australian and Information(6개), Metropolitan Newspapers(7개), Sunday Papers(7개), News in Education(6), Regional and Community Papers(13개), Newspaper Archives(2), Lifestyle(8개) 등을 소유하고 있다.

The Australian은 '반과학캠페인(Anti-science campaign)'을 벌이고,[31] 기후변화에 관한 가짜 전문가를 진짜인 것으로 포장하고, 확인되지 않은 정보를 공개하고, 동일한 인물을 반복적으로 중요 인물로 노출시키고 있다.[32] 기후변화 관련 사설에서는 기후변화는 환상이고, IPCC의 1,500여 페이지에 달하는 4차 보고서에서 발견된 2개의 에러에 대한 4번에 걸친 사설을 통하여 과학적 증거가 세계적으로 의문시된다고 주장하였다. 또한 과학자공동체 내부에서 인정된 중요한 과학적 사실을 부정하고, 기후변화와 관련된 핵심 쟁점을 흐리면서 교토협약을 '광기'와 '쓰레기'로 묘사하였다. 이들은 호주 정부가 교토의정서에 비준하는 것을 강하게 반대하였다. 2010년, 자유·국민당연합의 애봇(T. Abbot)이 배출권 거래제(Emission trading schemes; ETS)의 상원통과를 무산시키자, 러드 수상이 호주를 궁지로 몰아가면서 무모하게 호주의 경제를 위험에 노출하는 것을 야당이 막아냈다는 찬사를 보냈다(Manne, 2011a; 2011b). The Australian은 기후변화 정책의 거부와 회의론을 부각시키기 위해 호주의 가장 전형적인 신자유주의 싱크탱크인 IPA(the Institute of Public Affairs)와 긴밀한 관계를 맺고 있다. IPA의 스태프는 'The Australian'에 정기적으로 여론·시론 등에 기고하여 사람들이 기후변화 과학과 온실가스 감축정책을 믿지 못하도록 하고, 주요 신문과 방송에 '전문가'로 출현하였다. 이들이 주로 사용한 수사는 지대를

---

31) 기후변화부정기계(Climate change denial machine)는 기후변화가 있다고 하더라고 심각하지 않고, 그것이 인위적인 요인에 의해서 이루어진 것을 부정하고, 기후변화에 대한 조치가 설령 필요하다 하더라도 최소의 수준에서 시장메커니즘에 의해서 이루어져야 한다는 전제하에 보수적인 싱크탱크, 석유·철강·자동차 등 화석연료에 의존하는 기업, 보수적인 풀뿌리 시민단체, 언론, 인터넷의 블로거 등이 서로의 주장을 인용·강화하면서 기후변화에 회의적인 여론을 만들어내는 체계로서 탄소기업과 보수적인 재단으로부터 막대한 재정적 지원을 받아 활동하고 있다. 자세한 논의는 Dunlap 외(2011)와 Jacques 외(2008) 참조.

32) Climate Guest Blogger(2011.8.31.) Scientist: "The Murdoch Media Empire Has Cost Humanity Perhaps One or Two Decades in Battle Against Climate Change." Think Progress 홈페이지 참조(http://thinkprogress.org).

추구하는(Rent-seeking) 사기꾼으로서의 기후학자, 종교적·정치적·경제적 음모로서의 기후변화 대응책, 좌파의 음모로서의 기후과학, 새로운 사회주의로서의 환경주의 등이다(McKewon, 2012).

5. 정치적 길항과 기후정책의 굴절

자유·국민당연합의 하워드가 집권하는 시기 동안(1996~2007년) 기후변화정책은 일자리를 줄이고 값싼 화석연료에 유리한 경쟁력을 약화시키고 생활비 증가를 가져올 것이라는 이유로 지체되었다(Pietsch & McAllister, 2011, 219).[33] 기후변화 대응에 필요한(생태적) 구조조정과 교토의정서 비준에 대한 탄소정치경제세력의 반대는 중요한 요인이었다(Curran, 2009). 그러나 2007년 총선에서 러드는 기후변화에 대한 대응을 "우리 시대의 위대한 도덕적, 경제적 도전"이라고 표현하면서 이산화탄소배출 감축을 적극적으로 주장하였다.[34] 총선에서 승리한 러드 수상은 취임직후 교토의정서에 서명하고 2050년까지의 탄소감축계획인 탄소감축기획(CPRS)을 발표하였다.[35] CPRS에 따르면 온실가스를 2020년까지 2000년 대비 5~25%를 줄이고 2050년까지는 60%를 줄이는 것이다. 그러나 CPRS는 무엇보다도 탄소배출권거래제

---

33) 하워드 정부의 주된 정책은 텔스타(Telsta)의 민영화, GST 도입, 의료·복지·사회서비스 재정 축소, Work Choice로 대표되는 노동시장 유연화, 시장기반 산업관계의 개혁 등 신자유주의적인 것이라고 할 수 있다. 신자유주의 정책을 추진하면서 하워드는 지속적으로 소수자 권리에 대한 무시, 대의민주제도에 대한 불신과 공동체의 냉소주의 조장, 야당의 반대목소리 억압 등과 같이 호주 민주주의의 쇠퇴를 야기했다고 평가된다(Wear, 2008).

34) '우리 시대의 위대한 도덕적, 경제적 도전'이라는 표현은 러드가 2007년 3월에 개최된 The National Climate Change Summit의 개막연설에서 처음으로 사용하였다(Burgmann & Baer, 2010).

35) 기획안은 2020년까지 전체 발전량의 20%를 재생에너지로 충당하는 재생에너지 발전목표(RET: Renewable Energy Target)안과 연동되어 제안되었는데, RET 법안은 통과되었다.

(ETS: Emission Trading Scheme) 도입에 대한 저항 때문에 무산되었다.[36]

2008년 여론조사 결과는 호주국민 대다수가 ETS를 개념적으로 이해하고 있고, 또 정책을 지지하였음을 보여준다. 그러나 상원에서 표결권을 지닌 여전히 의미 있는 소수가 ETS를 반대하였다. 핵심적인 이유는 기후변화가 정말 인위적인지, ETS와 같은 제도가 기후변화를 완화하는 데 실질적인 효과가 있는가였다. 그럼에도 ETS와 같은 정책에서 가장 중요한 요소는 대중의 지지라고 할 수 있는데, 많은 사람들이 정부가 충분히 잘하고 있다는 데 회의적이었다(Pietsch & McAllister, 2011).

게다가 러드 정부가 CPRS 도입의 정당성의 근거로 코펜하겐에서의 국제사회의 의미 있는 협력과 그 과정에서 호주의 주도적인 역할을 제시하였지만, 코펜하겐 회의에서 국제사회가 실질적인 합의에 도달하지 못하자 정책추진의 정당성을 파괴하는 부메랑이 되었다(Baily 외, 2011, 8). 특히 미국, 중국과 같은 주요 배출국의 비슷한 행동이 없는 상태에서 호주의 배출 감축은 세계적인 수준에서 별다른 차이를 만들어내지 못할 것이라는 무용론이 대두되고, 에너지 집약 산업의 경쟁력이 하락할 것이라는 반대주장이 설득력을 얻어갔다. 특히 퀸즐랜드와 서호주와 같은 자원 의존적인 주정부의 반대와 해당 주의 반대 여론은 심각하였다(Baily, 2011, 9). 러드 수상은 코펜하겐 정상회의의

---

36) 호주의 기후변화 정치가 ETS 도입을 둘러싸고 진행되었지만, ETS를 통한 온실가스 감축이 어느 정도나 효과를 가질 수 있을지는 논쟁거리이다. 정부가 법으로 온실가스 감축을 강제하면 기업들은 보다 적극적으로 혁신을 하지만, ETS를 도입하여 초과분에 대하여 세금을 매기면 어느 정도의 비용을 감수하더라도 기존의 방법을 고수하기 쉽다. 또한 대부분의 ETS 당사자는 주요 기업에 국한되는데, 온실가스의 상당부분을 차지하는 가정과 공공부문의 빠져 있다. 또한 배출권을 거래를 가능하게 하는 조항들이 너무 난해하고 복잡할 뿐 아니라 배출권시장이 브로커들이 이해관계 실현의 장소로 바뀐다. 교토의정서의 탄소배출권 거래제의 도입과정과 그 효과에 대한 자세한 논의는 Neel(2011, 238-326)참조. 우리나라의 경우 「온실가스배출권의 할당 및 거래에 관한 법률」이 2012년 5월 국회를 통과하여 2015년부터 1월부터 시행예정이다. 2020년까지 배출권전망치(BAU)의 30% 감축이 목표이다.

에서 의미 있는 합의가 도출되지 않고, 미국의 오바마 정부가 ETS 도입을 추진하지 않는다는 외적인 상황과 더불어 자유-민족연합의 반대를 이유로 2010년 4월 ETS 도입을 2013년까지 연기하기로 결정하였다. 이 결정 직후에 이뤄진 여론조사에 따르면 노동당은 노동-연합 양당선호에서 35% 대 43%로 역대 최저 수준을 나타냈고 러드의 수상직에 대한 만족도 역시 39%까지 떨어졌다. 이는 세계적 합의가 이루어지기 전이라도 호주는 탄소감축 행동에 나서야 한다는 국민여론에 반하는 것이었기 때문이다(Griffiths, 2010, 630). 러드의 노동당 정부는 기후변화에 대한 여론과 국민적 지지를 적절하게 수용하지 못한 것이다.

2007년 선거패배 이후 야당이 된 자유·국민당연합의 지도부는 노동당이 제안한 ETS에 대한 내부 이견의 조정 실패로 당수가 세 차례나 교체되었지만, 지배적인 흐름은 러드의 CPRS에 대한 반대이다. 특히 대표적인 기후변화 회의론자인 애봇은 러드의 ETS 방안을 "모든 것에 대한 엄청난 세금(Great big tax on everything)"이라고 비난하면서 2020년까지 5% 감축을 정책으로 선택하였다. 애봇의 자유·국민당연합과 더불어 탄소의존 기업들은 국제금융위기라는 불확실한 상황에서 세금을 올리는 것은 시기적으로 적절치 않아, 가격 상승으로 일자리가 줄어들고, 해당기업들의 해외이전을 야기하고, 다른 나라들보다 앞서서 호주가 조치를 취하지만 세계적인 배출은 줄이지 못할 것이라는 이유로 거세게 반대하였다.[37] 이들은 각종 인쇄물, 텔레비전과 온

---

37) 핵심 기업은 The Business Council of Australia, the Association of Mining and Exploration Companies, the Australian Chamber of Commerce and Industry, the Australian Coal Association, the Australian Trade and Industry Alliance를 포함하여 석탄채굴기업, 철강과 알루미늄생산기업, 그리고 석탄발전소 등이다.

라인광고를 통하여, 자신들이 호주경제에서 하는 역할을 강조하면서 탄소세와 광물자원세(MRRT: The Mineral Resources Rent Tax)에 대한 거부를 선언하였다. 그러나 이들의 주장과 달리 탄소세는 석탄 1톤당 1.6달러만을 증가시켜 효과가 미미하고, 수출에도 거의 영향을 미치지 않음에도 지속적인 홍보와 로비를 진행하였다(Greenpeace, 2011).

CPRS와 더불어 2010년 러드 수상 당시 노동당에 의해 제안된 MRRT 역시 탄소기업들의 반대에 부딪혔다. MRRT는 자원과 광산 붐의 이득을 호주경제전역으로 확장하려는 의도로 2010년 입안되었다.[38] 초과 이윤을 얻는 2,500여 광산과 원유기업 이윤의 40%의 세금을 부과하는 것이다. 기업가들도 기본적으로는 광산붐의 분배라는 정책 취지에는 동의했지만, 노동당 정부가 해당 주나 기업들과의 충분한 상의 없이 일방적으로 추진하는 것에 반발하였다. 이들은 광고를 통하여 자신들이 경제발전과 지역발전에 기여하였음을 상기시키면서 러드 정부의 정치적 판단과 정책결정에 대한 비판을 담은 광고를 냈다. 러드 정부 또한 기업광고에 대한 반대광고를 제작하는 등 홍보비용으로 3,800만 달러를 사용하였다. 이 때문에 '좋은 아이디어에도 불구하고 제대로 다루지 못한(Good idea, Badly handled)' 정책으로 평가되고 있다(Yeates, 2012).

2010년 초반부터 노동당 내부에서 러드 수상의 국정운영과 지도력에 대한 불만과 이견이 공식화되기 시작하였다. 주된 이유는 당의 공식적인 정책결정 이전에 러드 수상의 개인 집무실에서 먼저 결정이

---

38) MRRT는 2012년 3월에 상원을 통과하였고(찬성 38, 반대32), 2012년 7월 1일부터 시행예정이다. 이 법안에 대하여 녹색당은 금, 우라늄, 희토류 등에도 세금을 부과하고, 그 비율도 40% 이상이 되어야 한다고 주장하였다.

이뤄지거나 내각 내부의 또 다른 내각에 의해서 결정되는 일이 빈번하였기 때문이다. 또한 대중과의 미숙한 커뮤니케이션, 충분히 고려되지 않은 성급한 정책결정 등에 대하여 당 안팎에서 비판이 제기되었다. 혹자들은 러드 수상의 통치스타일을 두고 정책홍보형 수상(Campaign driven PM)이라고도 부르기도 하였다. 2010년 6월 러드 수상으로부터 수상직을 이어받은 길러드(Julia Gilliard, 2010~2012년 7월 현재)는 러드 수상과 정책에서의 큰 차이는 없지만 통치스타일은 더 상의하고(consultative), 더 단호하고, 개혁에 더 헌신하겠다고 밝혔다. 또한 긴급하게 처리할 문제로 광업에 대한 초과이윤세의 조정, 호주 난민정책 및 운용에 대한 보다 단호한 입장, 기후변화와 재생에너지에 대한 대안 제시 등을 제시하였다(Wana, 2010).

길러드 정부가 탄소 감축과 지구온난화 대응책으로 제시한 청정에너지법(Clean Energy Bill)이 2011년 상하원을 통과하여 2012년 7월 1일부터 시행되고 있다. 청정에너지 법은 러드 수상이 추진했던 CPRS에서 많이 후퇴한 것이다. 청정에너지법은 온실가스 배출을 2020년까지 2000년 기준으로 5% 감축하거나 온실가스를 159MT 감축하는 것이다. 또한 농업과 임업 기업을 제외한 500개 기업에만 해당되는 탄소배출권 거래는 2015년부터 배출권거래시장에의 거래를 목표로 하고, 2012년에는 탄소 1톤당 23달러를 책정하였다. 청정에너지법에 대하여 자유－민족연합의 애봇 당수는 노동당이 환경주의를 가장한 사회주의적 정책을 펴는 것이라 비판하고, 자신들이 다음 선거에서 승리한다면 법안을 폐기할 것이라고 공언하고 있고, 연방법원에 소송을 제기한 상태이다. 기업단체와 광산업 쪽에서는 길러드의 정책이 호주의 번영을 위태롭게 할 것이라고 경고하고 있다. 반면 녹색당(지지자)

은 5% 감축은 충분하지 않기 때문에 최소 25~40%의 감축을 목표로 해야 한다고 주장하고 있다(Mercer, 2011). MRRT의 경우에도 러드 수상이 제안한 초과이윤에 대한 40%의 세금에서 길러드 수상이 BHP, Rio and Xstrata 등의 거대 광산기업과의 협상으로 초과이윤의 30%에만 세금을 부과하고, 해당 부문도 석탄과 철광석 기업에 국한하는 것으로 후퇴하였다.

이처럼 호주에서의 기후변화, 그리고 그와 연관된 것으로 가정되는 폭염, 홍수 등의 기상이변은 정권교체, 정당 내부의 권력교체, 그리고 시민들의 정당지지도를 급격하게 변화시킬 만큼 결정적인 사안이다. 호주는 경제구조가 저비용 화석연료의 풍요로움에 기반한 나라 가운데 하나로서, 여전히 세계적인 온실가스 감축 노력의 가장 큰 장애물로 평가된다. 물론 호주 산업계에서는 이런 주장이 선진국과 개도국의 노력을 과장하는 것이고, 석탄(수출)에 의존하는 호주 경제의 특수성을 충분히 감안하지 못한 것이라고 반박한다.[39] 정당 간, 그리고 정당 내부의 기후변화에 대한 입장 차이는 정치가와 정당들의 정책과 이념의 차이지만, 동시에 그들이 대표한 산업적·사회적 집단 간의 이해관계의 차이이기도 하다.

기후변화에 따른 이상기후현상과 그 대응책에 대한 사회적·정치적 균열은 이념, 정책, 정치경제적 이해관계의 차이를 만들어내고 또 그 차이를 반영한다. 이런 차이들을 조정하면서 '탄소배출의 점진적 감축을 통하여 자국의 국민들뿐 아니라 다른 나라로부터 충분한 신뢰를 받는 책임국가'로 만들어가는 핵심적인 과제는 정치의 문제이

---

39) 산업계의 주장에 대해서는 The Australian Industry Greenhous Network' chief executive, Michael Hitchens 와 The Minerals Councils of Australia의 주장을 참고(The Australian, 2011년 2월 7일자)

다. 2007년 정권교체 이후 노동당은 ETS 도입을 위해 노력하였으나, 2010년 선거에서는 노동당과 자유·국민당연합은 모두 그렇게 하지 않기 위해 경쟁하는 중이라고까지 표현된다.[40] 2007년 노동당의 집권 이후 기후변화정책은 숱한 사회적 균열과 논쟁에 비추어볼 때 그 결과는 미약하다. 이는 무엇보다도 호주의 기후변화정치 특히, 노동당의 정치는 '나쁜 정치'에 가깝기 때문이다. CPRS나 청정에너지법의 근거인 가너 리뷰(Garnaut Review)는 수백 개의 표·그래프·시나리오를 포함하고 있었다. 이는 기후변화와 환경문제에 높은 관심을 지니고 있는 국민들도 이해하기에 너무 복잡하였고, 감동적인 줄거리가 없는 사실(facts devoid of an inspiring storyline)의 나열이 대부분이었다. 유력 정치인들은 자신들이 통제하기 어려운 정책임에도 (과)학자들에게 주도권을 넘기고 싶어 하지도 않았다. 제시된 기후변화 대응책은 탄소기업, 환경주의자, 노동자 그 누구도 충분히 만족시킬 수 없는 적당히 에둘러진 형태였다. 이는 두 번이나 CPRS가 상원에서의 거부되었을 때 애봇(T. Abbott)이 이끄는 자유·국민당연합이 그것을 '엄청난 새로운 세금'이라는 이유로, 그리고 녹색당은 그것이 기후변화 대응책으로 충분하지 못하다는 이유로 반대했다는 것에서 잘 나타난다. 또한 정책시행을 위한 산업구조조정이 필연적으로 비용을 야기함에도 불구하고, 노동당 정부는 구조개혁의 과정, 비용의 분배, 개혁으로부터 얻는 이득 등을 충분하게 설명하지 않을 뿐만 아니라 상당한 비용 없이도 ETS 도입 등이 가능할 것이라고만 반복적으로 주장하였다.

---

40) 2010년 총선 이슈는 입헌군주제, 연방제, 중국과의 자원인적 교류, 기후변화, 선거제도, 원주민과의 관계, 산업관계, 이주, 난민 등이다. 그러나 러드의 통치스타일, 빈약한 성취, 광산업에 대한 과도한 세금 등이 전면에 부각되었다. Sydney Morning Herald는 2010년 선거를 앞두고 선거쟁점 15개를 연재하였다. 자세한 내용은 http://www.smh.com.au/federal-election/agenda 참조.

이는 하워드 정부가 WorkChoices 정책에 대하여 '누구도 나빠지지 않을 것'만을 반복적으로 주장하여 2007년 선거에서 결정적으로 패배한 것과 유사한 형태이다(Hetherington & Soutphommasane, 2010, 3).

2007년 이후 기후변화를 둘러싼 노동당과 자유·국민당연합의 길항, 그리고 탄소기업계의 저항과정에서 호주녹색당의 성장과 선전은 주목할 만하다.[41] 흔히 녹색당을 단일 이슈를 주장하는 대단히 이념적이고 급진적인 정당이라고 간주하지만, 호주 녹색당은 정당의 정책과 조직운영에서 강한 실용주의적 경향을 보이기 때문에 급진적 유토피아주의자라라기보다는 명민한 정치적 행위자라고 보는 것이 더 타당할 것이다(Miragliotta, 2006). 호주녹색당은 1990년에서 2004년까지 하원에서는 3.5%이상을 상원에서는 4% 이상의 지지를 꾸준히 받아오면서 실질적인 제3당으로 성장하고 있다. 2010년 선거에서 반트(Adam Bandt, 멜버른 지역)가 하원에 입성하였고, 2011년 9명의 상원의원을 확보하였다. 이는 무엇보다도 노동당 지지층 가운데 상대적으로 젊고, 교육받은 사람들이 녹색당으로 이동하고 있기 때문이다. 녹색당의 근간이 될 수 있는 호주의 환경단체 가입(의향)도 꾸준히 증가하고 있다. 1990년, 2001년, 2007년을 비교해보면 이미 회원인 응답자의 비율이 각각 1.2%, 5.4%, 7.2%, 회원가입을 고려하는 비율은 각각 10.2%, 20.8%, 22.6%로, 지속적으로 증가하고 있다(Pietsch & McAllister,

---

41) 풀뿌리 민주주의, 사회정의, 자연보호, 평화/반폭력을 주창하는 호주 녹색당(Australia Greens)의 뿌리는 1972년의 태즈메이니아(Tasmania)의 Franklin River 댐 반대운동까지 거슬러 올라간다. 1970년대에는 도시에 거주하는 엘리트를 중심으로 한 자연보존이 주된 이슈였다면, 1980대와 90년대를 경과하면서 이상기후 패턴, 독성오염, 기름 유출, 시드니의 물 오염 등이 의제화되는 환경사회운동으로 성장하였다. 호주의 환경정치(지지자들)는 가뭄·홍수와 같은 이상기후, 발암성 복사열 노출, 천연림 벌목, 토착 동·식물의 멸종 등과 같은 녹색(green) 이슈, 건강과 웰빙을 위협하는 오염, 독성 유출, 생태적 위험과 같은 갈색(brown) 이슈를 따르는 사람들로 구분할 수 있는데, 녹색 이슈의 청중이 보다 젊고, 많은 교육을 받은 사람들이다(Pakulski & Tranter, 2004, 223).

2011, 105). 소수당 정부인 현재의 정치적 지형에서, 호주의 기후변화 대응책에서 녹색당의 영향력은 증가하고, 그 정책적 지향 또한 더욱 중요해지고 있다.

6. 결론

하워드의 자유·국민당연합 정권에서부터 현 노동당 정권까지 호주 정부의 기후변화정책은 지연되고 굴절되어 왔다. 2000년 이후에 지속된 대가뭄, 폭염, 홍수, 산불과 같은 이상기후현상에 따른 기후변화와 환경문제에 대한 국민들의 높은 관심은 호주가 탄소감축을 포함한 보다 적극적인 생태적 구조조정을 할 수 있는 유리한 조건이었다. 그러나 Paterson(2006)이 지적하였듯이 특정 국가의 에너지 토대와 기후변화정책 사이에는 밀접한 관련이 있다. 일반적으로 에너지 수입 국가는 상대적으로 강한 생태적 구조조정에, 에너지 수출국은 그 역의 방향으로 움직인다는 것이다. 호주의 경우, 풍부한 천연자원과 석탄을 포함한 값싼 에너지 공급에 기반한 비교우위와 역동적인 아태지역의 에너지 시장과의 밀접한 관계는 생태적 구조조정으로의 이행 필요성을 약화시키고, 현 상태에서의 기술적 조정(technical fix)을 선호하게 만든다. 호주 정부의 기후변화정책의 지연과 후퇴는 현재의 정치경제적 이득을 유지하고자 하는 탄소정치경제 세력의 저항과 로비, 그들과 연관되어 강한 영향력을 행사하는 언론, 특히 기후변화를 부정하는 머독의 News Cooperaton이 정부의 기후변화정책을 크게 제약하기 때문이다. 그럼에도 기후변화에 대한 대응이 '위대한 도덕적, 경제적 도전'이라면 국민들을 설득할 수 있는 새로운 국가적 담론 가령,

자원과 개척의 대상으로서의 자연에서 자연과의 공존으로의 이동과 이를 위한 생태적인 구조조정의 필요성을 포함한 새로운 국가발전 비전을 만들어내지 못하고, 사회적·정치적 균열을 생태적 방향으로 조정하지 못하는 미숙한 정치는 여전히 남아 있는 과제이다.

호주의 풍부한 천연자원, 그에 따른 높은 광업의존형 수출경제, 빈번한 이상기후현상, 기후변화에 대한 국민들의 높은 관심, 그리고 기후변화 선거와 정권교체는 특정 국가의 기후변화 대응 양식이 과학적 '사실'과 사회적 '가치'가 복잡하게 얽혀 있고, 또한 동시에 그것이 사회·정치적 조정의 산물이라는 점을 극명하게 드러낸다. 지구적 기후변화, 지역에서 경험하는 이상기후 현상들의 원인과 영향, 해당 국가의 산업구조와 경제적 특징, 이에 대한 사람들의 인식과 태도, 그리고 그에 대한 집합적 대응, 그리고 이 모든 것을 특정한 방향으로 묶어내는 정치적 능력이 모두 특정 국가의 기후변화대응에 영향을 미친다. 어느 하나의 요인에서 단선적 인과관계를 찾는 것은 불가능하다. 오히려 중요한 것은 각각의 요인들을 연결시키는 고리를 찾아내는 것, 그리고 각각의 고리에서의 생태적 전환의 가능성을 모색하는 것이다.

〈참고문헌〉

Alston, Margaret and Kerri Whittenbury. 2011. "Climate change and water policy in Australia's irrigation areas: a lost opportunity for a partnership model of governance." *Environmental Politics,* 20(6).

Alston, Margaret. 2010. "Gender and climate change." *Journal of Sociology,* 47(1).

Attorney-General's Department Disasters Database: http://www.disasters. ema.gov.au/ Default.aspx

Australian Associated Press(AAP). 2006.11.7. "Drought declared 'worst in millenium'." *The Age.*

Baily, Ian, Hugh Compston and Iain MacGill. 2011. "The demise of the Australian Carbon Pollution Reduction Scheme: A Political Strategy analysis." Presented paper to the 6th ECPR(European Consortium for Political Research) General Conference. Reykjavik Iceland(2012년 5월 3일 접속).

Bulkeley, Harriet. 2000. "Discourse coalition and the Australian Climate change network." *Environment and Planning C: Government and Policy,* 18.

Burgmann, Verity and Hans Baer. 2010. "The World's first climate change election." Australian Political Studies Association 2010 Conference.

Clearly, Paul. 2011. *Too Much Luck: the mining boom and Australia's future.* Black Inc. Publishing.

Climate Commission. 2012. The Critical Decade: New South Wales climate impacts and opportunities.

Climate Guest Blogger. 2011. "Scientist: 'The Murdoch Media Empire Has Cost Humanity Perhaps One or Two Decades in Battle Against Climate Change'." Aug 31, 2011 www.thinkprogress.org/climatechange/.

Commonwealth of Australia. 2011. *Securing a clean energy future: The Australian government's climate change plan.*

Crowley, Kate. 2007. "Is Australia faking it? The Kyoto protocol and the greenhouse policy challenge." *Global Environmental Politics,* 7(4).

__________. 2011. "Bounded Governance: The Politics of Carbon Pricing in Australia." Presented paper to the 6th ECPR(European Consortium for Political Research) General Conference. Reykjavik Iceland(2012년 5월 3일 접속).

Cubby, Ben. 2012a. "Greenhouse gas emissions still on the rise, data shows." *Sydny Morning Herald*(이하 SMH), 2012.4.8.

__________. 2012b. "Nation now 'indifferent' to environment." SMH 4.12.

Curran, Giorel. 2009. "Ecological modernization and climate change in Australia." *Environmental Politics,* 18(2).

Davis, Mark and Leonore Taylor. 2011. "Billions blown on carbon schemes." SMH. 2011.2.15.

Department of Climate Change and Energy Efficiency(DCCFE). 2011. *Australian National Greenhouse Accounts: Quarterly update of Australia's national greenhouse gas inventory.*

Devinney, Timothy, Pat Auger, and Rosalind DeSailly. 2012. *What Matters to Australians: Our Social, Political and Economic Values: A Report from the Anatomy of Civil Societies Research Project.*

Dryzek, Johh. 2005. 『지구환경정치학 담론』. 에코리브르.

Dunlap, Riley E. and Aaron M. McCright. 2011. "Organized Climate-Change Denial." In J. S. Dryzek, R. B. Norgaard and D. Schlosberg.(eds.) *Oxford Handbook of Climate Change and Society.* Oxford University Press.

Dyrenfurth, Nick and Tim Soutphommasane.(eds.) 2010. *All That's Left: What Labor should stand for.*

Giddens, Anthony. 2009. 『기후변화의 정치학』. 에코리브르.

Glover, Dennis. 2010. "A Red-Green coaltion." In *All that's Left: What labor should stand for.* Nick Dyrenfurth & Tim Soutphommasane 2010 UNSW Press.

Glover, Julian. 2007. "The lucky country?" *The Guardian,* 2007.11.23.

Greenpeace International. 2011. *Who's holding us back? How carbon-intensive industry is preventing effective climate legislation.*

Griffiths, Martin, 2010. "Issues in Australian Foreign Policy: January to June 2010." *Australian Journal of Polititics and History,* 56(4).

Hanson, Fergus. 2011. *The Lowy Institute Poll 2011: Australia and the World.* Lowy Institute for International Policy.

Harmeling, Sven. 2011. *Global climate Risk index 2011.* Germanwatch e.V.

Harmeling, Sven. 2012. *Global Climate Risk Index 2012.* Germanwatch e.V.

Hetherington, David and Tim Soutphommasane. 2010. *What's the story? Nation-building narratives and climate politics.* Policy network essay.

Howden, Saffron. 2012a. "It's official: Australia no longer in drought." *Brisbanetimes,* 2012.4.27.

Howden, Saffron. 2012b. "Farmers fight with mines for land." SMH. 2012.5.5

IMF(International Monetary Fund). 2012. World Economic Outlook Database-April 2012(2012년 6월 20일 접속).

Jacques, Peter J, Riley E. Dunlap and Mark Freeman. 2008. "The organization of Denial: Conservative think tanks and environmental scepticism." *Environmental Politics,* 18(3)

Jones, Paul and Michael Pusey. 2008. "Mediated Political Communication in Australia: Leading issues, new evidence." *Australian Journal of Social Issues,* 43(4).

Kwek, Glenda. 2011. "Drought and floods: what's coming next?" SMH 2011.1.19.

Lloyd, Graham. 2010. "Fresh hope for nation as drought breaks." *The Australian,* 2010.11.13.

MacNeil, Robert and Matthew Paterson. 2012 "Neoliberal climate policy: from market fetishism to the developmental state." *Environmental Politics,* 21(2).

Manne, Robert. 2011a. "Newspaper wages campaign against climate change science." SMH. 2011.9.3.

__________. 2011b. "Bad News: Murdoch's Australian and the shaping of the nation." *Australian Quarterly Essay,* 43.

McAllister, Ian and Juliet Pietsch. 2011. *Trends in Australian Political Opinion: Results from the Australian Election Study, 1987-2010.* The Australian National University.

McAllister, Ian. 2011. *The Australian Voter: 50 years of change.* UNSW Press.

McKewon, Elaine. 2012. "Talking points ammo: The use of neoliberal think tank fantasy themes to delegitimise scientific knowledge of climate change in Australian newspapers." *Journalism Studies,* 13(2).

Mercer, Phil. 2011 "Carbon tax devides Australia." BBC News: Asia-Pacific. 2011.7.11.

Miragliotta, Narelle. 2006. "One Party, Two Traditions: Radicalism and Pragmatism in the Australian Greens." *Australian Journal of Political Science,* 41(4).

Morton, Adam. 2012a. "Australia fails carbon test." SMH, 2012.3.19.

__________. 2012b. "Climate sceptic ad backfires." SMH, 2012.5.7.

Neal, Jonathan. 2011. 『기후변화와 자본주의: 시장이 지구를 구할 수 있을까?』. 책갈피.

OECD. 2010. OECD Economic Surveys: Australia 2010.

Pietsch, Juliet and Ian McAllister. 2011. "A diabolic challenge: public opinion and climate change policy in Australia." *Environmental Politics,* 19(2).

Reporters without borders for freedom of information. 2012. Press freedom index 2011-2012.

Rootes, Christopher. 2011. "Profile: Denied, deferred, triumphant? Climate change, carbon trading and the Greens in the Australian federal election of 21 August 2010." *Environmental Politics,* 20(3).

Ross Garnaut. 2008. *The Garnaut Climate Change Review.* Cambridge University Press.

__________. 2011. *The Garnaut Review 2011: Australia in the Global Response to Climate Change.* Cambridge University Press.

Rourke, Alison. 2012. "Gina Rinehart, Australian mining magnate and now media mogul." *The Gudian,* 2012.2.8.

Speck, D. Louise. 2010. "A hot topic? Climate change mitigation policies, politics, and the media in Australia." *Human Ecology Review,* 17(2).

The Economist. 2011.05.28.

Tomaney, John and Margaret Somerville. 2010. "Climate Change and Regional Identity in the Latrobe Valley, Victoria." *Australia Humanities Reviews,* 49.

Tranter, Bruce. 2011. "Political divisions over climate change and environmental issues in Australia." *Environmental Politics,* 20(1).

Verity Burgmann and Hans Baer. 2010. "The world's first climate change election." Presented paper at Melbourne APSA(Australian Political Studies Association) Conference 2010.

Wanner, John. 2010a. "Political Chronicles, Commonwealth of Australia, January to June 2010." *Australian Journal of Politics and History,* 56(2).

__________. 2010b. "Political Chronicles, Commonwealth of Australia, January to June 2010." *Australian Journal of Politics and History,* 56(4).

Wear, Rae. 2008. "Permanent Populism: The Howard Government 1996–2007." *Australian Journal of Political Science,* 43(4).

Yeates, Clancy. 2012. "I might pay no tax, says mine magnate." SMH 2012.5.3.

중견국가(Middle-power)로서의 호주와 한국: 유사점과 차이점

제프리 로버트슨(Jeffrey Robertson)

호주와 한국 두 나라는 중견국가로서 유사한 면을 지니고 있다. 이는 한·호 관계 증진 차원에서 종종 언급되는 바이기도 하다. 호주 외교통상부 웹사이트 내 국가별 소개란에는 다음과 같이 한국을 설명하고 있다:

"한국은 스스로를 '중견국가'로 평가하며 군비축소와 경제운영과 같은 세계적, 지역적 현안 해결에 있어 중추적인 역할을 하기에 적합한 것으로 판단하고 있다. 한국은 호주가 추구하는 가치와 이해관계가 자국의 그것과 유사하다고 판단하고 있기 때문에, 호주와의 협력을 긍정적으로 평가하고 있다(Department of Foreign Affairs and Trade, 2011)."

유사성은 사회적 관계를 형성함에 있어 매우 중요한 기반을 마련한다. 치알디니와 골드스타인은 사람들이 "근본적으로 타인과 유의미한 사회적 관계를 맺고 유지하고자 한다"는 점에서, 유사성이 상호

순응적인 관계 형성에 유용하다고 언급했다(Cialdini & Goldstein, 2004, 609). 또한, 상호유사성의 정도가 높아질수록 관계에 있어 상호순응 및 협력의 정도가 높아진다(Cialdini & Goldstein, 2004, 598).

중견국가의 유사성에 대한 언급은 케빈 러드가 총리로 역임한 기간에 특히 강조되었으나 후임인 줄리아 길러드 총리가 대외정책에 있어 다른 입장을 보이면서 그 중요성이 다소 감소되었다. 유사성의 중요함에 대한 언급이 절정에 이르렀을 때에는 주요 언론에까지 그 영향이 미쳤다. 호주와 한국이 모두 중견국이라는 이유로 두 국가가 유사하다는 의견은 거의 자기기만에 가까웠는데 이는 *The Australian* 신문기사의 첫 문장에서도 보여졌다:

> "우리와 많은 유사성을 지니고 있는 우호적 중견국가인 한국과 더욱 긴밀한 관계를 구축하는 데 있어 지금보다 더 좋은 시기는 없었다(Sheridan, 2008, 12)."

하지만 호주와 한국이 중견국가라는 이유만으로 두 국가가 유사하다고 말할 수 있을까? 이 글에서 밝히는 바와 같이 호주와 한국이 모두 중견국가라는 사실을 바탕으로 국가가 서로 유사하다고 보는 것은 잘못된 견해일 수 있다.

1. 호주와 한국: 중견국가로서의 위치

중견국가가 되기 위한 첫 번째 조건은 정치적, 경제적 그리고 군사적 힘에 있어 강대국과 약소국 사이에 위치해야 한다(Holbraad, 1984;

Ping, 2005)는 것이다. 호주와 한국은 이 조건을 충분히 만족시키며, 두 국가 모두 이 조건을 오랜 기간 충족시켜 왔다(Robertson, 2006, 155 -158).

중견국가가 되기 위한 두 번째 조건은 외교활동에 있어 특정한 성격을 보여주는 것이다. 이 특징들은 1994년 가레스 에반스와 브루스 그랜트가 쓴『호주의 외교정책』(*Australia's Foreign Relations*)을 계기로 널리 알려졌다(Evans & Grant, 1995, 344-348). 이는 활동적 외교(Diplomatic activism), 틈새외교(Niche diplomacy), 연합 구축(Coalition building), 그리고 '국제사회에서 바람직한 구성원의 역할을 행하는 것(Good international citizenship)'이라 요약된다.

활동적 외교는 국가의 목적을 추구하는 데 있어 혁신적, 지적, 창의적, 적극적인 행태로 외교하는 것을 일컫는다. 한국은 1980년대 후반에 아시아태평양 경제협력체(Asia-Pacific Economic Cooperation, APEC) 포럼을 추진할 때 처음 이러한 외교적 활동 행태를 보였다. 그러나 같은 시기에 호주는 APEC의 설립을 후원하는 데 있어 중견국으로서는 모호한 입장을 취하였다. 두 국가의 활동적 외교의 특징은 최근 국제 금융 위기 당시 G20이 최고 국제 협의체로 부상하는 데 강력한 지지를 보여준 것에서 드러났다.

틈새외교는 제한적이면서도 상당히 구체적인 외교 목적을 추구하는 것을 뜻한다. 중견국가는 그 특성상 목적을 추구하기 위한 자원의 양이 제한되어 있다. 그래서 그들은 보유하고 있는 자원을 특정 분야에 집중적으로 사용하여 이익을 최대화하여야 한다(Evans & Grant, 1995, 346). 1980년대와 1990년대 호주가 농업 무역 자유화를 위해 노력한 것이 틈새외교의 예로 종종 언급된다. 한국이 2012년 3월 핵안보정상회의 개최를 지원한 것도 이러한 외교활동 중 하나라고 볼 수 있다. 핵안보정상회의의 개최는 특정한 틈새 분야인 핵안보 분야를 비롯해 이와 관련하여 한국이 관심을 갖고 있는 원자력 개발, 원자력발전소 건설 그리고 핵확산방지에서 한국이 자리매김하는 계기가 되었다.

연합 구축은 중견국가의 외교활동에 있어 핵심적이다. 중견국들은 국제 차원에서 자국의 목적을 이루기 위한 정치적 영향력은 충분히 갖고 있지 못한 반면, 자국과 유사한 견해를 보이는 다른 국가들과 협력하여 공동의 목적을 달성하도록 유도할 만큼의 정치적 영향력은 보유하고 있다. 연합 구축은 중견국가들이 외교목적을 달성하는 원동력을 제공하여 각국이 지닌 능력의 한계를 뛰어넘을 수 있게 한다(Evans & Grant, 1995, 345).

호주의 연합 구축 노력은 케언스 농업수출국가 협력체(Cairns Group of Agricultural Exporting Nations) 활동을 통해 알 수 있다. 이는 GATT/WTO 내 구체적 목적인 농업 무역 자유화를 지향하는 국가들로 구성된 협력체이다. 한국은 경제적 측면에서 두드러진 연합 구축 국가로 활동하여 왔다. 한국은 현재 개발, 인권, 자원투자 그리고 자원추출과 같은 다양한 분야에서 연합을 도모하는 국가로 성장하고 있다. 한국의 글로벌녹색성장연구소(Global Green Growth Institute, GGGI) 설립이 좋은 예라고 할 수 있다. 2008년 8월, 세계 금융위기에 대한 대응책 중 하나로 한국은 '그린뉴딜' 정책을 출범시켰다. 이는 녹색산업의 성장을 도모하기 위하여 마련된 협조적이면서 포괄적인 프로그램이다. 비슷한 시기에 한국은 중견국의 전형적인 연합 구축 방식을 활용해서, 보완적인 외교 캠페인을 벌였다. 이를 통해 글로벌녹색성장연구소가 설립된 것이다. 이 연구소는 비영리 재단으로 세워져, 3년간의 성장계

획을 거쳐 2012년까지 정부 간 기관으로 거듭나는 것을 목표로 하였다. 연구소의 출범은 비슷한 이해관계를 갖고 있는 주요 중견국(호주, 덴마크, 일본 등)의 즉각적인 지지를 받았으며, 노르웨이, 필리핀, 인도네시아, 브라질 등 여러 나라가 파트너로서 참여했다. 한국이 연합 구축을 통해 한국 내에 정부 간 기관을 설립한 것은 중견국 외교의 전형적이고 고전적인 예라 할 수 있다.

'국제사회에서 바람직한 구성원의 역할을 행하는 것(Good international citizenship)'은 국가가 세계의 보편적 가치인 평화와 안보에 기여하고 인권, 정의 및 평등을 증진시키는 데 있어 책임과 역할을 다한다는 것을 의미한다. 실질적으로 이는 범세계적 문제를 해결할 때 국제적 협력이 필요하다는 인식과 국제적 기준에 합당한 인권을 보장하는 것, 그리고 개발활동에 있어 인도주의적 원조와 지원을 제공하겠다는 다짐 등을 수반한다.

호주는 오랜 기간 위의 조건들을 충족시키려 노력해 왔는데, 1950년대 경제개발을 위한 '콜롬보 계획(Colombo Plan for Cooperative Economic Development)'과 1990년대에 지속적이면서도 변화를 거듭한 핵확산방지대책과 군비축소 활동이 그 예라고 할 수 있다. 한국의 '바람직한 국제사회 구성원'에 대한 인식과 이를 위한 자발적 노력은 지난 10년간 늘어난 원조 및 개발 프로그램에서 엿볼 수 있다. 2010년에 경제개발협력기구 내 개발원조위원회[Organization for Economic Cooperation and Development(OECD) Development Assistance Committee(DAC)]에 정식으로 가입하고 2011년에 제4차 세계개발원조총회를 주최하면서 한국은 오늘날 바람직한 국제사회의 구성원으로 인식되고 있다.

중견국가가 되기 위한 마지막 조건으로 국제사회의 핵심부에 위치하는 것을 꼽을 수 있다. 국제사회란 여러 나라들로 구성된 국제적 공동체로, 국가들이 공통적인 목적, 가치 및 규칙을 바탕으로 보다 넓은 영역의 사회 구성원으로 스스로를 인식하는 사회를 뜻한다(Wight 외, 1979, 138). 국제사회에서 핵심부에 위치한다는 것은 이러한 공통적인 목적, 가치 및 규칙을 강력히 지지하고 강화시키는 것을 의미한다.

국제사회의 핵심부에 위치한다는 것은 국제사회에서 바람직한 구성원의 역할을 행하는 것과 차이가 있다. 전자는 세계 거버넌스 체제에서 특정 국가가 차별적이면서 중요한 역할을 한다는 것을 국제사회가 어느 정도 인정한다는 것을 의미한다. 한국은 국제사회에서 바람직한 구성원의 역할을 행하면서도 동시에 세계 거버넌스 체제에서 중요한 위치를 인정받지 못할 수도 있다. 베네수엘라가 그 예이다. 베네수엘라는 정치적, 경제적, 군사적 측면에서 주요 강대국과 약소국 사이에 위치한다. 베네수엘라의 외교활동은 활동적 외교, 틈새외교, 연합구축의 특징을 보이고 '국제사회의 바람직한 구성원(Good international citizenship)'의 면모를 어느 정도 보여준다. 그러나 현재의 정치적 상황으로 인해 국제사회를 뒷받침하는 공통의 목적, 가치 및 규칙을 강력히 지지하고 강화시키기보다는 오히려 그것에 역행하고 있다. 이는 국제사회의 중심부에서 벗어난 것이라고 볼 수 있다.

호주와 한국은 둘 다 현재 국제사회의 중심부에 위치하고 있다. 두 나라가 모든 안건을 결정하지는 않을지라도, 자주 그러한 결정에 관여하고 있다. 그들의 위치는 유럽협조체제(The Concert of Europe) 시기의 중견국가와 견주어 볼 수 있다. 스페인, 스웨덴, 노르웨이, 네덜란드 그리고 스위스와 같은 국가들은 합의를 도출하는 데 큰 기여를 하였으며, 영국, 프러시아, 러시아, 오스트리아 그리고 이후 프랑스와 같은 강대국 사이에서 중재자 역할을 하였다. 호주와 한국도 이와 비슷하게 G20에서 G8과 BRICs 사이에서 중재자 역할을 하였으며, 합의를 도출하는 데 큰 기여를 하였다.

앞에서 밝힌 바와 같이, 호주와 한국이 중견국가라는 점은 분명하다. 두 국가 모두 중견국가가 되기 위한 세 가지 주요 조건을 충족시킨다. 경제적, 정치적 그리고 군사적 영향력에 있어 약소국과 주요 강대국 사이에 위치하고 있다. 외교적 동태를 보았을 때, 두 국가 모두 활동적 외교, 틈새외교, 연합 구축 그리고 '바람직한 국제사회의 구성원으로서의 역할'과 같은 중견국가와 관련된 특징을 보여주고 있다. 마지막으로, 두 국가 모두 국제사회의 핵심부에 위치하고 있어 주요 국가들에 접근할 수 있는 역량을 가지고 있고, 상대적 약소국들과는 신뢰를 유지하며 관계를 맺고 있다. 그러나 다음에서 보는 바와 같이 위의 사실들 때문에 두 국가가 유사하다고 평가하기에는 무리인 점이 있다.

2. 중견국가론에서 비롯된 유사성에 대한 재고

중견국가 외교정책 이론을 정립하는 데 중요한 기여를 했던 학문적 발견이 왜 호주와 한국이 중견국가라는 이유만으로 서로 유사하다고 볼 수 없는지를 잘 설명해준다. '중견국가의 활동 주기: 호주와 캐나다 대외정책의 제한적 요소와 선택(Cycles of Middle Power Activism: Constraint and choice in Australian and Canadian foreign policies, Ravenhill, 1998)'에서 존 라벤힐은 호주와 캐나다가 대내외적으로 중견국가로 인식됨에도 불구하고 지리적 위치로 비롯된 점들을 포함한 정책대안적 차이로 인해 서로 유사하다고 볼 수 없다고 밝혔다(Ravenhill, 1998, 325).

라벤힐은 호주와 캐나다의 중견국가로서의 행동이 때때로 활동적 중견국가의 특성과 일치한다고 기술하였다. 그러나 그 밖에 다른 경우에는 국내 정치와 국가적 이해관계가 활동적 중견국가로서의 역할을 제한한다고 보았다. 그는 중견국가들이 항상 중견국가로서의 행동을 동시에 보여주지 않을 뿐만 아니라, 동일한 목적을 달성하기 위해 중견국가로서 행동하지 않을 때도 있다고 주장했다. 그는 중견국가들이 '중견국가의 활동적 주기'를 갖고 있으며, 이러한 주기들은 항상 일치하지 않는다고 설명했다. 특정 국가가 중견국가라는 것은 외교적 행동에 있어 다른 중견국가와 유사성을 갖는 것을 의미할 수 있지만, 외교활동의 시기와 그 목적에 있어 다른 중견국가와 다를 수 있다 (Ravenhill, 1998, 320-325).

APEC의 설립은 호주와 캐나다가 가지고 있는 중견국가로서의 활동 주기의 차이를 잘 보여준다. 1980년대 후반은 호주의 중견국가 활동이 고조에 달했던 시기였다. 냉전체제 말기에 국제적 상황은 중견국가로서의 활동을 촉진시켰다. 반면 APEC 설립에 있어 초기에 캐나다가 보인 관심 정도는 미미했다. 캐나다는 APEC 설립을 통해 얻을 수 있는 국익의 측면에서 호주와 동일한 입장이 아니었기 때문이다.

호주는 영국의 유럽 공동 시장(European Common Market) 가입과 함께 유럽 시장에서 제외되었었다. 또한 호주는 동아시아 경제협의체(East Asia Economic Caucus)에서 비롯된 배타적 동아시아 지역주의에 대해 우려를 갖고 있었으며, 북미자유무역협정(North American Free Trade Agreement, NAFTA)을 위한 협상노력과 협정 체결로 인해 북미 시장에서 배제될 가능성에 대해서도 조심스러운 입장을 표했다. 호주는 자국이 잠재적

으로 배제될 수 있는 지역 블록 간의 무역이 활성화되어야 한다는 관
점에서, 그것을 전담할 지역기구 신설을 통해 자국의 이익을 추구하
고자 했다. 한편, 캐나다의 NAFTA 가입은 캐나다가 호주와 중견국가
로서 갖는 유사성을 무색하게 했다. 두 국가가 각각 중견국가 활동이
절정에 달한 기간에 호주와 캐나다는 중견국가로서 비슷한 이해관계
를 갖고 있지 않았다.

지역주의에 대한 호주와 한국의 접근방법 또한 중견국가 활동 주
기의 차이를 보여준다. 한국은 동아시아 지역주의를 강력히 지지해
왔다. 1999년 한국의 김대중 대통령은 동아시아 비전그룹(East Asia Vision
Group, EAVG) 설립을 제안하였다. EAVG는 미래 동아시아 사회의 '비
전' 형성을 위해 형성된 비공식모임이었다. 2002년에는 EAVG의 조사
결과가 동아시아연구그룹(East Asia Study Group, EASG)의 설립 추진을
뒷받침하였다(Acharya, 2006, 415-416). EASG는 EAVG의 연구결과를
실질적으로 이행할 구체적 정책방안을 모색하기 위해 공식대표들을
한자리에 모았다.

EAVG와 EASG는 ASEAN+3 그룹 등을 통해 동아시아 지역주의 형
성에 큰 기여를 했다. 호주와 뉴질랜드가 동아시아 정상회의(East Asia
Summit, EAS)에 포함되었지만, 압둘라 바다위 말레이시아 수상은 이
국가들이 "아시아의 비전 구축에 있어 2차적 참여자이며, 'ASEAN+3'
가 통합의 '원동력'이 될 것"이라고 밝혔다(Beeson & Yoshimatsu, 2006, 237에
서 재인용).

한국의 정책은 중견국가로서의 특징을 드러낸다. 한국은 활동적
외교 측면에서 혁신적이고 지적으로 창의적이며 적극적인 형태의 외
교를 통해 자국의 목적을 추구했다. 또한, 틈새외교의 측면에서 외교

자원을 특정 틈새분야에 집중시킴으로써 이익을 최대화시켜 제한적이면서도 구체적인 국가 목적을 추구했다. 더불어, 한국은 정치적 영향력을 발휘해 유사한 견해를 가진 나라들을 설득하여 공동의 목적을 달성하기 위해 힘썼다. 마지막으로 한국은 평화와 안보 기여에 있어 책임감을 갖고 노력하여 '바람직한 국제사회의 구성원'의 역할을 해냈다. 만약 EAVG와 EASG가 호주로부터 시작되었다면 호주 국민들이 APEC, 케언스 협력체 그리고 캄보디아 평화협정(The Cambodia Peace Accords)을 고려하듯이 EAVG와 EASG를 중견국가 외교의 전형적인 예로 삼았을 것이다. 한국은 지역주의를 촉진시킴으로써 전형적인 중견국가로서의 면모를 보여주었다.

그러나 한국은 일본, 싱가포르와 달리 호주가 동아시아 지역주의에 참여자로 포함되는 것을 강력히 지지하지 않았다(Ravenhill, 2009, 231). 호주, 뉴질랜드, 인도의 EAS 참여 허용 여부와 관련해 한국은 주로 말을 아끼는 편이었다. 한국의 아시아태평양공동체(Asia Pacific Community, APC)에 대한 지지 또한 미미했다. 한국은 자국이 이미 상당한 투자와 함께 적극적이고 주체적인 행위자로 활동 중인 지역 프로젝트 수행에 APC가 추가적으로 설립되는 것은 불필요하다고 판단했다. 근본적으로 APEC 초기에 보였던 캐나다의 행태처럼, 한국의 지리적 조건이 중견국가로서의 특성보다 더 중요하게 작용하였다. APC에 대한 한국의 '제한된' 지지는 2009년 12월 10일자 중앙일보의 한 기사에서 잘 드러난다. 2008년 APC 시드니 총회에 참석해 달라는 러드 수상의 개인적 초청에도 불구하고, 외교통상부와 외교자문들은 참석하지 말라는 자문을 했다. 왜냐하면 참석하게 되면 APC에 대한 너무 강력한 지지로 보일 수 있기 때문이었다. 이런 점에서, 호주와 한국이 늘 중간

국가로서 비슷한 이해관계를 보이는 것은 아니라고 볼 수 있다.

3. 중견국가의 행태에 대한 양국의 다른 인식

호주 학계나 주요 언론에서 호주와 한국이 중견국가로서 공통점을 지닌다는 주장과 달리 두 국가는 '중견국가'라는 개념에 대해 달리 해석하고 있으며, 그 차이가 명확하다.

이러한 이유 중의 하나는 서로 다른 역사에 있다. 호주는 국가수립 초기부터 하위 파트너(Junior partner)의 역할을 수행했으며, 처음에는 영국의, 그리고 이후에는 미국의 하위 파트너로 성장했다. 호주인들은 호주가 하위 파트너로 지칭되는 것에 대해 부당하거나 옳지 않다고 생각하지 않는다. 호주인들은 넓은 범위의 서양 연합 내에서 하위 파트너의 역할을 수행함으로써 호주가 속한 지리적 위치에서 상위 파트너(senior partner)로 자리매김하는 것을 긍정적으로 생각한다.

호주인들은 호주가 중견국가라는 것에 자부심을 느낀다. 중견국가라는 개념은 제2차 세계대전 말기에 호주가 분쟁 이후 세계운영체제를 마련하는 데 분명한 역할을 하기 위해 호주 학계 및 정계가 사용한 것에서 유래된다(Ungerer, 2007, 540-543). 이는 호주가 약소국과는 차별성을 두면서 다자간 협의 시 연합 구축을 통해 주요 강대국들에게 최대한의 영향력을 행사하기 위함이었다.

호주에서 중견국가의 개념은 정계, 학계, 언론계 내에서 자주 쓰이는 개념이다. 칼 웅거러는 "불명료하고, 일관성이 없으며, 1945년부터 여러 정치적 지도자를 거치면서 때때로 그 뜻이 변하기도 했지만, 중견국가라는 개념은 호주의 외교정책 시행에 있어 단일의, 어쩌면 유일한, 일관적인 체계를 제공했다”라고 말한 바 있다(Ungerer, 2007, 551).

한국에서 특정 관계 내에서 하위 파트너의 위치에 있다는 것은 부정적인 의미를 지닌다. 이러한 태도는 19세기 말 한국의 계몽기 때 국제정세가 주요 강대국이 약소국을 지배하는 것으로 대표되었고 한국의 주권이 지속적으로 위협받았던 시기에 형성된 초기 여론으로부터 비롯된 성향이라 볼 수 있다. 또한 그러한 부정적 의미는 냉전 시기 남북 간 주체사상과 ‘사대주의(Flunkeyism)’ 담론에서 유래되었다고도 볼 수 있다. 당시 외세에 의존하는 것은 계몽운동에 반하는 부정적인 것으로 간주되었고 이는 일제강점기 동안 한국의 독립운동을 전개하는 것과 연관되어 있었다(Cho, 2011, 316-319).

중견국가라는 것은 자국이 중견국이라는 정체성을 가지는 것에 대해 어느 정도 만족하고 있다는 것을 의미한다. 그들은 자국의 경제적 풍요로움과 정치적 영향력, 그리고 현재의 군사적 세력균형에 만족한다. 중견국들은 국제정치에서 안정을 도모하는 주체로서 활동하며 그들의 국익을 위해 현재의 정치 상황이 유지되도록 돕는다. 그러나 오늘날 한국에서는 ‘현상유지’ 국가라는 것이 부정적 의미로 여겨진다. 그러한 호칭은 남북한 통일에 대한 무관심을 나타내며, 영구적 분단을 의미한다고 생각하기 때문이다.

어쩌면 이것이 ‘중견국가’라는 개념이 소수의 학자들 사이에서만 유통되고 있는 이유인지도 모르겠다. 이 단어는 한국과 호주(혹은 캐나다)의 정치인 및 공직자들이 논의할 때 사용한다. 그러나 이는 호주가 중견국가라는 개념에 긍정적인 의미를 두고 있는 것을 바탕으로 원만한 논의 진행을 위해 쓰인다. 하나의 예로 주 호주 한국대사를 역임했던 김우상 전 대사를 통해 이 점을 알 수 있다. 그는 중견국가들에 대한 이론을 연구한 학자출신으로, 케빈 러드 총리 임기기간 대사를 지내면서 한국과 호주가 모두 중견국가라는 점을 바탕으로 두 국가 간 협력을 강조하고 실제로 도모했다. 호주의 정계 및 학계 인사들은 김 전 대사의 이러한 발표 및 언실내용을 들으며 매우 열광했다.

그러나 한국에서는 중견국가라는 개념이 아직 불명료하고 정치적 논의에서는 거의 쓰이지 않는다. 또한 이 용어는 국내외 정치에 관심이 깊은 지식인들 사이에서조차 잘 사용되지 않는다. 한국 내에서 김우상 전 대사의 연구를 제외하고 중견국가들에 대한 연구는 비교적 새로운 분야로, 그 대다수가 2000년대 중반부터 시작되었다.

더불어, 한국의 몇 안 되는 연구 대부분이 일정한 특징을 보이는데 이는 호주와 캐나다의 접근 방식과 사뭇 다르다. 한국의 중견국가 관련 연구는 크게 세 가지로 분류할 수 있다. 첫 번째 흐름은 호주와 캐나다가 1990년대에 연구한 주제와 비슷한데, 바로 인도적 개입, 핵 확산방지, 분쟁중재, 다자 간 군비축소와 같은 영역에서 중견국가들의 리더십을 평가하는 것이다(김준석, 2010; 성동기, 2011; 이수석, 2009).

두 번째 흐름은 주요 강대국들과 비교하여 중견국들의 역할을 분석하는 것이다. 이때 중견국들은 주요 강대국 사이에서 '균형을 잡아주는 중심점' 혹은 '균형유지자'의 역할을 수행하는 것으로 나타난다(윤대엽, 2011; 이수형, 2008; 이수형, 2009). 미국과 중국 사이에서 한국이 중심점 혹은 균형자의 역할을 하는 것은 노무현 정부 초기 대외정책의 흐름이었다. 이들 연구는 1990년대 호주와 캐나다의 중견국 연구를 토대로 하지만, 세계열강의 이해가 충돌하는 지역으로부터 멀리 떨어진 곳에 자리 잡은 호주와 캐나다의 연구자들이 중요하게 보지 않았던 측면들을 강조한다.

세 번째 흐름은 1990년대 호주와 캐나다의 연구 범위에서 다소 벗
어나 있다. 이는 실질적이면서 정책지향적인 결과를 강조하며 중견국
가의 개념을 재조명한다(김상배, 2009; 김상배, 2011; 김치욱, 2009; 최
영종, 2009). 이 연구들은 중견국가의 외교정책을 이해하는 새로운 접
근방법을 모색하는데, 네트워크 이론, 군집분석(Cluster analysis) 등을
이용한다. 또한 이러한 접근방식을 동아시아 지역주의와 같은 현안에
적용한다.

요약하면 호주나 캐나다에서와는 달리 한국에서 중견국 담론을 고
취하는 것은 정치적으로 매력적이지 않다. 또한 한국에서는 중견국가
에 대한 언급이 공식적 논의에서 핵심적이지도 않다. 지금까지 한국
의 중견국가와 관련된 학술 연구들을 살펴볼 때, 중견국가론이 공공
의 담론이 된다 하더라도 호주에서의 논의와는 그 방향이 다를 것으
로 예상된다. 결론적으로, 호주와 한국은 중견국가라는 용어를 다르
게 인식하고 있다.

4. 중견국가로서 호주의 역할에 대한 재고

호주가 중견국으로서 대외정책을 성공적으로 수행한 시기는 1980년
대 말부터 1990년대 중반 사이이다. 이 기간은 호주가 '중견국가'로서의
역할을 가장 충실히 추구했던 기간이라고 여겨진다(Ungerer, 2007, 1-2).
또한 케언스 협력체 및 APEC의 출범, 1989년 정부−산업체 간 반화학
무기 회의와 호주 그룹 창설, 그리고 유엔 캄보디아 평화 논의(The United
Nations Cambodian Peace Process)가 이루어진 시기이기도 하다.

최근 호주의 중견국가로서의 역할 시도는 그리 성공적이지 못했다.

아시아태평양공동체(APC)에 대한 논의가 잠잠해졌으며, 핵 확산방지
와 핵군축에 관한 국제위원회(The International Commission on Nuclear
Non-Proliferation and Disarmament, ICNND)는 보고서 작성을 완료하였
지만 국제적으로 미세한 영향을 미쳤을 뿐이고, 관련 연구에 오랜 기
간 높은 신뢰와 헌신을 보여준 비정부기관에 밀려났다. 또한 유엔안
전보장이사회의 비상임이사국 자리를 확보하려는 노력은 가능성이
높지 않으면서 비교적 경쟁력이 낮은 룩셈부르크와조차도 심각한 경
쟁구도를 보였다.

호주의 중견국으로서의 역할이 줄어들고 있다는 주장은 점점 불어
나는 외교손실을 통해 볼 수 있다. 2009년 로위 연구소가 작성한 "호
주의 외교손실: 국제정책수단에 관한 재투자"라는 특별자문단 보고
서는 호주의 중견국가로서의 실질적 영향력과 이상적인 위치 사이의
괴리에 대해 언급하고 있다(Gyngell 외, 2009).

이 보고서는 호주국립대학교 아시아태평양 외교학부 재단 이사 월
리엄 메일리 교수, 주 중국 호주대사, 주 인도네시아 호주대사, 국방
장관을 역임한 릭 스미스, 전 총리실장이자 로위 연구소장인 알렌 귀
넬을 포함한 주요 외교이론 전문가들과 실무자들에 의해 작성되었다.
이는 호주 정부, 관련국 정부 그리고 민간기업에 대한 광범위한 조사
과정을 거쳐 쓰였다.

보고서에 나타난 연구 결과는 명확하다. 자문단은 호주의 대외적
외교활동이 "감당할 수 없을 정도로 광범위하고 실질적 내용이 빈약"
한 것으로 판단한다. 호주 외교통상부의 직원 수는 지속적으로 줄고
있으며, 타국 정부 및 주요 국제적 주체들과의 필수적인 관계 형성을
통해 신흥세력과 관련한 현상들을 해석하고, 호주의 국익을 대변하

며, 어려운 상황에 처한 호주인 여행객들을 돕는 외교 활동이 불충분
하고, 실력 있는 외교관의 수가 부족하다고 보았다(Gyngell 외, 2009,
xviii). 보고서에서도 인용되었듯이, 유능한 전직 외교관 및 외교통상
부 장관으로 인정받았던 리처드 울코트는 2008년 6월 13일 한 인터뷰
에서 다음과 같이 말했다: "제 생각에도 외교통상부는 위험할 정도로
낮은 위치로 내려왔습니다. 적은 자원으로 더 많은 일을 해낼 수는
없습니다. 이러한 업무들은 적절히 지원되어야 합니다(Gyngell 외, 2009,
xviii)."

외교적 측면에서만 호주의 실무능력이 감소하고 있는 것이 아니다.
주변 지역에서 새롭게 성장하고 있는 국가들에 비해서 호주는 군사
적 어려움을 겪고 있다. 호주의 외교관들과 마찬가지로 호주 군인들
은 업무량이 지나치게 많으며 실질적인 업무수행능력이 낮은 것으로
보인다. 그들은 점점 늘어나는 양의 업무를 적은 자원으로 해결해야
하는 현실에 놓여 있다. 그들은 점차 늘어나는 비핵심 업무량에 대비
해야 하는데 이는 행정당국지원(세관관리, 치안, 화학적, 생물적 및
핵물질 관련 긴급상황 대응), 자연재해 및 인도적 위기상황에 대한 지
원, 그리고 호주를 비롯한 주변 지역에서의 조사 및 구호활동 등을
포함한다. 이는 적과의 전투적 대립상황과 같은 핵심업무수행에 불가
피한 악영향을 끼친다. 휴 화이트는 "우리(호주)는 중견국처럼 행동하
고 우리가 중견국이라고 주장하지만 우리의 군사적 능력은 약소국의
수준이다"라고 말한 바 있다(Hartcher, 2012).

오늘날 호주가 중견국으로서 충분한 자질을 갖추고 있는지에 대해
점차 의견이 분분해지고 있다. 호주 학계와 주요 언론이 호주가 중견
국가로 인식되길 바라는 만큼이나 중견국이라고 하기에 현재 호주의

역량은 부족하다. 호주인들은 자국이 한 체급 위의 '능력 이상의 힘'을 발휘할 수 있게 해준 중견국 외교를 기억한다. 현재 호주의 외교역량을 고려해 볼 때, 호주는 한 체급 위에서 고군분투하고 있다. 그러나 호주의 영향력은 성장하는 다른 중견국가 사이에서 점점 감소하고 있다. 논란의 여지가 있지만, 호주가 오늘날 활동적인 중견국가라는 점이 의문스러운 것은 사실이다.

5. 비슷하면서도 다른 두 나라

호주와 한국은 외교방식에 있어서만 중견국가로서의 유사성을 보인다. 중견국들은 비슷한 이해관계를 갖지 않을 수도 있으며 같은 시기에 중견국가로서의 역할을 수행하지 않을 수 있다. 또한, 한국과 호주는 중견국가라는 개념을 다르게 해석한다. 호주는 한·호 관계에 대한 포럼 및 출판물의 제목에 '중견국가'라는 용어를 종종 사용하지만, 한국에게 이 단어는 다른 의미로 파악된다. 끝으로, 오늘날 호주가 중견국가로서의 자질을 충분히 갖췄는지도 의문의 여지가 있다. 1990년대를 회상한다면 호주의 중견국 역할은 인정받을 만하다. 그러나 현재 호주 외교역량의 현실을 감안할 때, 이는 보다 냉정한 평가가 필요하다. 호주와 한국은 중견국가의 위치에 있어서 유사성을 띠고 있지 않다. 다른 많은 이유들로 인해 비슷하다고 판단할 수도 있지만, 이것들이 두 국가가 중견국가라는 이유로 도출되는 유사성은 아니다.

김상배. 2009. "스마트 파워의 개념적 이해와 비판적 검토: 중견국 네트워크 권력론의 시각."『국제정치논총』, 49(4), pp.7-33.

______. 2011. "네트워크로 보는 중견국 외교전략: 구조적 공백과 위치권력 이론의 원용."『국제정치논총』, 51(3), pp.51-77.

김준석. 2010. "중견국가와 인도적 국제주의 외교정책: 스칸디나비아 국가들의 대외원조정책을 중심으로."『세계지역연구논총』, 28(1), pp.263-291.

김치욱. 2009. "국제정치의 분석단위로서 중견국가(Middle Power)."『국제정치논총』, 49(1), pp.7-36.

성동기. 2011. "중앙아시아 역내 민족갈등 해결을 위한 다자간 협력기구 설립의 가능성 제고-타지키스탄 내전 사례와 중견국가로서 한국의 역할을 중심으로."『민족연구』, 46(1), pp.4-38.

윤대엽. 2011. "미-중 관계의 변화와 한국의 중견국가 전략: 이론, 인식과 정책."『통일연구』, 15(2), pp.135-176.

이수석. 2009. "핵비확산체제와 중견국가의 역할."『동서연구』, 21(2), pp.81-108.

이수형. 2008. "중추적 중견국가론과 참여정부의 균형적 실용외교."『한국과국제정치』, 24(1), pp.217-249.

______. 2009. "중추적 중견국가로서의 폴란드와 국제안보제도: 안보딜레마 극복전략과 나토(NATO) 가입 결정 배경."『한국과 국제정치』, 25(4), pp.63-86.

최영종. 2009. "지역제도와 중견국가."『국제관계연구』, 14(2), pp.63-90.

Acharya, A. 2006. "The Imagined Community of East Asia." *Korea Observer*, 37(3), pp.407-421.

Anon. 2012. "Australian Prime Minister Julia Gillard." *Yonhap News Agency*.

____. 2006. "N-Korea may take gloss off South visit." *The Age*. Available at: http://www.theage.com.au/news/National/N-Korea-may-take-gloss-off-South-visit/2006/12/05/1165080943385.html.

Beeson, M. & Yoshimatsu, H. 2006. "Asia's odd men out: Australia, Japan, and the politics of regionalism." *International Relations of the Asia-Pacific*, 7(2), pp.227-250.

Bloom, L. R. 1996. "Stories of One's Own: Nonunitary Subjectivity in Narrative Representation." *Qualitative Inquiry*, 2(2), pp.176-197.

Campbell, E. 2011. "Changing South Korea: Issues of Identity and Reunification in Formulating the Australia-Korea Security Policy, Foreign Policy, and Wider Relationship." *Korea Observer*, 42(1), pp.117-143.

Cannandine, D. 2003. "A "special relationship" as unbalanced as ever US-Britain." *International Herald Tribune*, p.6.

Capling, A. 2008. "Twenty years of Australia's engagement with Asia." *The Pacific Review*, 21(5), pp.601-622.

Charmley, J. 2001. "Churchill and the American alliance." In *Royal Historical Society(London, England). Transactions of the Royal Historical Society*. Cambridge: Cambridge University Press, pp.353-371.

Cho, Y.-C. 2011. "North Korea's Nationalist Discourse: A Critical Interpretation." *Korea Observer*, 42(2), pp.311-343.

Cialdini, R. B. 1993. *Influence: the psychology of persuasion*. New York: Morrow.

Cialdini, R. B. & Goldstein, N. J. 2004. "Social Influence: Compliance and Conformity." *Annual Review of Psychology*, 55(1), pp.591-621.

Department of Foreign Affairs and Trade. 2011. "Republic of Korea country brief." *Republic of Korea Country Brief*. Available at: http://www.dfat.gov.au/geo/rok/brief_index.html[Accessed May 4, 2011].

Evans, G. J. & Grant, B. 1995. *Australia's foreign relations : in the world of the 1990s*. Carlton, Vic.: Melbourne University Press.

Garnaut, J. 2012. "Gillard strikes wrong note with ordinary Koreans." *Sydney Morning Herald*. Available at: http://www.smh.com.au/opinion/politics/gillard-strikes-wrong-note-with-ordinary -koreans-20120327-1vvsr.html[Accessed April 16, 2012].

Gillard, J. 2012. "Australia and Korea: Partners and friends." Speech to Yonsei University, Seoul.

________. 2011. "Australia in the Asian Century." *Australian Government Department of Prime Minister and Cabinet*. Available at: http://www.pm.gov.au/press-office/australia-asian-century[Accessed April 30, 2012].

Gyngell, A. et al. 2009. *Australia's diplomatic deficit: Reinvesting in our instruments of international policy*, Sydney: Lowy Institute for International Policy.

Hartcher, P. 2012. "Dear Foes: Invade Us in 2028." *Sydney Morning Herald*. Available at: http://www.smh.com.au/business/federal-budget/dear-foes-invade-us-in-2028-201 20503-1y1vl.html.

Higgott, R. A. & Nossal, K. 1997. "The international politics of liminality: Relocating Australia in the Asia Pacific." *Australian Journal of Political Science*, 32(2), pp.169–185.

Holbraad, C. 1984. *Middle powers in international politics*. New York: St. Martin's Press.

Jayasuriya, K., 2008. "From British subjects to Australian values: a citizenship-building approach to Australia–Asia relations." *Contemporary Politics*, 14(4), pp.479–495.

Jones, D. M. & Benvenuti, A. 2006. "Tradition, myth and the dilemma of Australian foreign policy." *Australian Journal of International Affairs*, 60(1), pp.103–124.

Kang, D. 2009. "Between Balancing and Bandwagoning: South Korea's Response to China." *Journal of East Asian Studies*, 9(1), pp.1–28.

Lee, J. N. 2008. "The Rise of China and Soft Power: China's Soft Power Influence in Korea." *China Review*, 8(1), pp.127–154.

Lepgold, J. & Shambaugh, G. E. 2002. "Who owes whom, how much, and when? Understanding reciprocated social exchange in international politics." *Review of International Studies*, 28(02). Available at: http://www.journals.cambridge.org/abstract_S0260210502002292[Accessed April 17, 2012].

McGregor, R. 2006. "The necessity of Britishness: ethno-cultural roots of Australian nationalism." *Nations and Nationalism*, 12(3), pp.493–511.

Ping, J. H. 2005. *Middle power statecraft : Indonesia, Malaysia, and the Asia Pacific*. Aldershot, Hants, England; Burlington, VT, USA: Ashgate. Available at: http://www.loc.gov/catdir/toc/ecip0510/2005008927.html.

Ravenhill, J. 1998. "Cycles of middle power activism: Constraint and choice in Australian and Canadian foreign policies." *Australian Journal of International Affairs*, 52(3), pp.309–327.

__________. 2009. "East Asian regionalism: Much Ado about Nothing?" *Review of International Studies*, 35(S1), p.215.

Roberts, G. 2006. "History, theory and the narrative turn in IR." *Review of International Studies*, 32(04), p.703.

Robertson, J. 2009. "Australia and Korea: A healthy level of disinterest no more." *Korea Herald*.

__________. 2006. "South Korea as a middle power: Capacity, behavior and now opportunity." *International Journal of Korean Unification Studies*, 16(1), pp.151–175.

Sato, M. 2007. "The Archetype of History in the Confucian Ecumene." *History and Theory*, 46(2), pp.218–232.

Shanahan, E., Jones, M. & McBeth, M. 2011. "Policy Narratives and Policy Processes." *The Policy Studies Journal*, 39(3), pp.535-561.

Sheridan, G. 2008. "The plucky country and the lucky country draw closer." *The Australian*, p.12.

Tims, A. R. & Miller, M. M. 1986. "Determinants of attitudes toward foreign countries." *International Journal of Intercultural Relations*, 10(4), pp.471-484.

Ungerer, C. 2007. "The "Middle Power" Concept in Australian Foreign Policy." *Australian Journal of Politics and History*, 53(4), pp.538-551.

Walker, D. 2002. "National Narratives: Australia in Asia." *Media History*, 8(1), pp.63-75.

Ward, A. 2003. "Korean War memories fade." *Financial Times*, p.1.

Wheatcroft, G. 2007. "Our imaginary friend Britain and America." *International Herald Tribune*, p.8.

Wight, M., Bull, H. & Holbraad, C. 1979. *Power politics*. Harmondsworth: Penguin.

이희진

연세대학교 국제학대학원, 호주연구센터(연세대학교 동서문제연구원)

서울대학교에서 경영학·사회학 학사와 석사를 마치고, 1997년 London School of Economics and Political Science에서 정보시스템 박사학위를 취득했다. 이후 영국 브루넬대학교를 거쳐, 2002년부터 2006년까지 호주 멜버른대학교에서 재직하고, 2007년부터 연세대학교 국제학대학원 교수로 재직하고 있다. 주 연구 분야는 정보통신기술과 개발도상국 발전(ICT4D), 그리고 중국의 정보통신 분야 표준정책이다. 2008년 연세대학교 동서문제연구원 산하에 '호주연구센터'를 설립하여 호주 관련 교육 및 연구 활동을 펼치고 있다.

장해성

가톨릭대학교 사회학과에서 석사를 마치고 여성운동가와 기자로 활동하다, 2011년 시드니대학교에서 한국인 최초의 호주 20대 원주민 연구로 문화학(Cultural Studies) 박사학위를 받았다. 시드니대학교의 호주 원주민 역사학자인 Dr. Vicki Grieves와 함께 호주 원주민 공동체의 역사와 계보학에 대한 연구를 진행하고 있으며, 탈/후기식민주의(post/neo-colonialism) 이론을 토대로 식민지를 경험한 다양한 탈/후기식민국가들을 비교연구하고 있다. 현재 대학교에서 사회학 및 문화학 관련 강의를 진행하고 있으며, 연세대학교 동서문제연구원 호주연구센터에서 객원연구원으로 활동하고 있다.

김형식

1969년 중앙대학교 사회복지학과를 졸업하고 LSE에서 Graduate Diploma in Social Policy/Development Studies를 마친 후 영국 맨체스터대학교에서 사회경제학 석사, 독일로 건너가 프랑크푸르트대학교에서 비스마르크의 사회정책을 연구하고, 호주 모나쉬(Monash)대학교에서 사회정책학으로 박사학위를 받았다. 1975년부터 호주 퀸즈랜드대학교를 비롯하여 모나쉬대학교와 에디스 코완(Edith Cowan)대학교에 재직했다. 1994년 중앙대에 부임하여 1995년 한국 최초로 호주학연구소 설립했고, 『호주의 사회와 문화』(1997) 등을 저술하여 호주 관련 연구를 시작했다. 현재 한반도국제대학원대학교 국제협력학과 명예교수, 호주 커틴(Curtin)대학교 인권학과 겸임교수이자 UN장애인권위원회 위원(2010~2014)으로 활동하고 있으며, 국제개발협력전문가이다.

장혜영

이화여자대학교에서 정치외교학 학사, 커틴대학교에서 honours를 마치고, 2005년 시드니대학교에서 사회정책 박사학위를 취득했다. 이후 UTS(University of Technology Sydney)를 거쳐, 시드니대학교의 Ageing, Work & Health Research Unit에서 연구원으로 재직하고 있다. 주 연구 분야는 노인문제, 노인복지, 가족관계, 다문화이슈, 여성문제, 소수민족 건강 문제이다.

정경자

이화여자대학교 여성학과를 졸업하고, 호주 뉴사우스웨일스대학교(UNSW: University of New South Wales)에서 박사학위를 받았다. 현재 호주 UTS 사회학과(Social Inquiry)에 재직하고 있다. UNSW Social Policy Research Centre에서 선임연구원으로 일했으며, 뉴사우스웨일스 주 정부기구에서 이민여성정책담당관으로 일하기도 했다. 한국과 호주의 여성운동·여성정책에 관한 비교연구, 북한 여성, 호주 이민여성, 성매매 여성 연구 등을 해오고 있다. 2013년 한국의 여성운동에 관한 책(*Practicing Feminism in South Korea: sexual violence and the women's movement*)을 출간할 예정이다.

정용문

서울대학교 사회복지학과에서 학사와 석사과정을 마치고, 시드니대학교에서 사회정책 박사학위를 취득했다. 2007년부터 2012년까지 UNSW 미래도시연구소(City Futures Research Centre)에서 환경노년학 연구원으로 재직했고, 현재 시드니대학교에서 교육 및 사회정책 관련 연구프로젝트들을 수행하고 있다. 주요 관심분야는 사회보장, 노년학, 이민 및 비교사회정책 등이다.

신준식

성균관대학교 경영학과에서 학사학위를 마쳤다. 1987년 호주로 이주해서 오랜 기간 사회운동가로 활동했다. 2009년 시드니대학교의 School of Business and Economics에서 박사학위를 받았다. 이후 호주국립대학교(Australian National University)의 박사 후 연구원을 거쳐, 현재 UTS의 Cosmopolitan Civil Society Research Centre(CCS)에서 연구원으로 일하고 있다.

한길수

성결대학교 지역사회개발학과를 졸업하고, 1987년에 인도 네루대학교에서 사회학 석사, 호주 뉴잉글랜드대학교에서 사회학 석사와 박사학위를 받았다. 1997년부터 1999년까지 뉴잉글랜드대학교에 재직하였으며, 이후 모나쉬대학교 교수로 재직하고 있다. 2005년부터 2007년까지 쿠알라룸푸르 소재 모나쉬대학교 인문사회학부장을 역임하였다. 주요 연구 관심분야는 종교, 의료, 이민, 미디어사회학이며, 호주 교민사회에 관하여 3권의 책과 다수의 학술논문을 발표하였다.

박순열

2007년 서울대학교 사회학과에서 박사학위를 취득하고, 호주국립대학교 Research School of Social Sciences에서 박사 후 연구원을 하고, 같은 대학 Research School of Pacific and Asian Studies에서 Research Associate로 재직하였다. 2009년 11월부터 서울대학교 아시아연구소의 선임연구원으로 오세아니아센터 설립에 참여하고 있다. 주 연구 분야는 생태시티즌십, 생태민주주의, 자연/기술재난, 환경운동 등이다.

제프리 로버트슨(Jeffrey Robertson)

한국개발연구원 국제정책대학원(KDI School)에서 객원교수로 재직하고 있으며, 동시에 한반도 정세 관련 자문활동을 하고 있다. 호주 연방정부에 근무했으며, 또한 호주 의회에서 북아시아 지역 수석고문으로 활동하면서 상원과 하원의원 및 다양한 의회 위원회에 북아시아 정세에 관한 정보와 자료를 제공한 지역전문가이다. 주요 연구 분야는 외교 정책, 특히 중견국가 외교이다. 현재 한국의 외교 방식(South Korean diplomatic style)에 관한 책을 집필하고 있다.

현대 호주사회의 이해 Ⅱ 변화하는 호주

초 판 인 쇄 | 2013년 2월 8일
초 판 발 행 | 2013년 2월 8일

지 은 이 | 연세대학교 동서문제연구원 호주연구센터 이희진·장해성 외
펴 낸 이 | 채종준
펴 낸 곳 | 한국학술정보㈜
주　　　소 | 경기도 파주시 문발동 파주출판문화정보산업단지 513-5
전　　　화 | 031) 908-3181(대표)
팩　　　스 | 031) 908-3189
홈 페 이 지 | http://ebook.kstudy.com
E-mail | 출판사업부　publish@kstudy.com
등　　　록 | 제일산-115호(2000. 6. 19)

ISBN　　978-89-268-4096-2 93340 (Paper Book)
　　　　978-89-268-4097-9 95340 (e-Book)